/ 湖泊学研究系列丛书 /

薛滨 姚书春 编著

中国湖泊历史图谱

南京大学出版社

图书在版编目(CIP)数据

中国湖泊历史图谱 / 薛滨,姚书春编著. ——南京：南京大学出版社,2020.12
ISBN 978-7-305-23964-9

Ⅰ.①中… Ⅱ.①薛…②姚… Ⅲ.①湖泊-历史-中国-图谱 Ⅳ.①K928.43-64

中国版本图书馆CIP数据核字(2020)第226329号

出版发行　南京大学出版社
社　　址　南京市汉口路22号　　　邮　编　210093
出 版 人　金鑫荣

书　　名　**中国湖泊历史图谱**
编　　著　薛　滨　姚书春
责任编辑　田　甜

照　　排　南京南琳图文制作有限公司
印　　刷　南京玉河印刷厂
开　　本　787×1092　1/16　印张 16.25　字数 234 千
版　　次　2020年12月第1版　2020年12月第1次印刷
ISBN 978-7-305-23964-9
定　　价　68.00元

网址：http://www.njupco.com
官方微博：http://weibo.com/njupco
官方微信号：njupress
销售咨询热线：(025) 83594756

＊版权所有，侵权必究
＊凡购买南大版图书，如有印装质量问题，请与所购
　图书销售部门联系调换

序

我国湖泊众多,无论是高山、平原、大陆、岛屿,还是湿润区、干旱区,都有湖泊的分布。湖泊及其流域历来是人类的栖息基地,是人类文明重要的起源地。

湖泊处在不断发展和变化过程之中,构造运动、气候变化和人类活动是湖泊环境变化主要的驱动力。构造驱动主要表现在湖盆形成、流域变化等长时间尺度演化方面,气候驱动表现为多时间尺度的生态水文过程的变化,而人类活动的驱动发生在历史时期,经历了从早期的人类被动适应环境变化到主动改造环境的过程,在一些地区甚至已经超出自然驱动力的影响。

目前全球变化与人类活动加剧影响下,湖泊及其流域出现一系列的环境问题,如湖泊富营养化趋势严重导致的水质性缺水,流域侵蚀加强、水土流失带来的湖泊加速淤积及相应的沼泽化,重金属及有机污染带来的饮用水安全形势严峻,气候干旱、过度围垦或不合理用水导致的湖泊萎缩和消亡,外来种的入侵引起的湖泊流域生物多样性衰退等。《中国湖泊历史图谱》展现了这些问题的出现与发展过程。

湖泊环境的快速变化引起了政府、公众的高度关注。为了适应国民经济不断发展的需要,我国 20 世纪 50 年代就建立了湖泊科学研究机构,开展了湖泊科学研究,取得了丰硕的科研成果,先后出版了《中国湖泊概论》《中国湖泊志》《中国晚第四纪古湖泊数据库》(第一版、第二版)、《湖泊沉积与环境演化》《中国湖泊调查报告》等多部科学专著。这些研究工作从地质构造背景和地貌特征、古气候古环境、湖泊沉积、湖泊水文、水化学、水生生物以及湖泊资源开发利用等方面获取了丰富的第一手资料,涉及的时间跨度从(百)万年到千年的历史时期以及现代。

《中国湖泊历史图谱》一书，运用我国丰富的历史地图，再现了约三百年来我国湖泊的变化，架起了古代和现代之间的桥梁，丰富并形象地展现了百年尺度湖泊环境变化的内容。《中国湖泊历史图谱》按东部平原地区、蒙新干旱地区、云贵高原地区、青藏高原地区、东北平原山区顺序分省进行，以每个湖泊为单元进行记述，共涵盖了91个湖泊。

我相信《中国湖泊历史图谱》一书的出版，将会进一步推动湖泊环境演变的研究，促进湖泊流域经济社会发展与生态环境安全保障，实现人、湖和谐共存，为地方乃至区域的生态文明建设做出科学贡献。

王苏民

2020年9月30日

自序

我国地域辽阔，自然环境区域分异明显，从而使我国的湖泊特征相应呈现出显著的区域特色。我国湖泊分布可划分为5个自然区域，包括东部平原地区湖泊、蒙新干旱地区湖泊、云贵高原地区湖泊、青藏高原地区湖泊以及东北平原山区湖泊。

目前我国湖泊科学研究者已出版了如《中国湖泊志》《湖泊沉积与环境演化》《中国晚第四纪古湖泊数据库》（第一版、第二版）等书，但通过历史地图来了解历史时期湖泊演变的还相对偏少，系统性的表述更是未见。实际上我国历史文献资料丰富，历史地图源远流长，系统收集、整理历史地图，进行分析与编辑，结合文献，最终图文并茂地呈现湖泊的历史发展变迁是本书的宗旨。

我国历史文献中很早就有湖泊及其变化的记载。《尚书·禹贡》中记载九大湖泊，称为"九泽"。《周礼·职方》则载有著名的"九薮"。张修桂先生统计，《水经注》中记载了湖、泽、薮、淀、渚、渊、坑七种天然湖沼水体。裴秀在晋代初年制作的《禹贡地域图》则是中国有记载的第一部地图集，但已经失传。相比早期，明清以来的存世的历史地图则丰富得多。

我国传统的制图方法是建立在平面测量的基础上，因此在小范围内可以达到一定的精度，而大空间的全国地图或世界地图就难以企及了。16世纪明代末年，西方制图技术开始传入中国。中国历史上第一次运用西方制图技术绘制全国地图则是在康熙年间，《康熙皇舆全览图》是采用西方制图方法绘制的一幅全国地图，在我国测绘史上具有里程碑式的意义。《康熙皇舆全览图》内容丰富，有经纬线，而且绘入的湖泊众多，是本书分析整理清代湖泊状况的主要资料来源。

民国时期，我国的测绘技术向近代测绘转变，渐趋完善。民国六年（1917年）的分省图是本书获取20世纪初期湖泊状况的主要资料来源。除了《康熙皇舆全览图》和民国初期地图外，本书还主要参考了意大利传教士卫匡国于17世纪中期绘制的《中国新地图集》，19世纪60年代的《大清一统舆地全图》《西藏全图》，20世纪60年代至80年代的地形图，以及其他少量地图。此外，为了让读者对不同时期的湖泊有个直观的对比，本书利用ArcGIS技术对大部分地图进行了配准、成图。

本书在编制过程中，多处引用了《中国湖泊志》（1993—1996年的调查成果）以及《湖北省湖泊志》（2014年版）的成果，为了行文流畅，阅读方便，文中引用时不再一一标出作者和成书年代，以免重复过多。对于1949年以前的文献的引用，文中引用时尽可能标出作者和成书年代。文中引用的1949年后的文献，将在参考文献部分列出。

由于资料所限，本书共涵盖了全国18个省的湖泊。本书的西部湖泊由刘金亮执笔，北方湖泊、湖北以及浙江湖泊由姚书春撰写；山东、天津湖泊由张风菊执笔；湖南、江西湖泊由凌超豪、姚书春执笔；安徽湖泊由程龙娟、卞宇峥编写；江苏、上海湖泊由卞宇峥编写。全书由薛滨和姚书春统稿。本书得到国家重点研发计划项目（项目号：2019YFA0607100）、国家自然科学基金资助项目（项目号：42042021）、中科院"天地生人"主题系列科普产品科学传播项目、中科院科普专项、江苏省海洋湖沼学会以及中科院南京地理与湖泊研究所湖泊流域科学数据中心的资助。

目录

序 　　　　　　　　　　　　　　　　　　　　　　　001
自序　　　　　　　　　　　　　　　　　　　　　　001

第一章　　湖南省湖泊　　　　　　　　　　　　　　001
　　　　洞庭湖　　　　　　　　　　　　　　　　　002
　　　　毛里湖　　　　　　　　　　　　　　　　　008
　　　　松阳湖　　　　　　　　　　　　　　　　　010

第二章　　湖北省湖泊　　　　　　　　　　　　　　013
　　　　长湖　　　　　　　　　　　　　　　　　　014
　　　　洪湖　　　　　　　　　　　　　　　　　　017
　　　　童家湖　　　　　　　　　　　　　　　　　020
　　　　王母湖　　　　　　　　　　　　　　　　　022
　　　　野猪湖　　　　　　　　　　　　　　　　　023
　　　　后湖（黄陂）　　　　　　　　　　　　　　023
　　　　武湖　　　　　　　　　　　　　　　　　　024
　　　　涨渡湖　　　　　　　　　　　　　　　　　026
　　　　赤西湖　　　　　　　　　　　　　　　　　028
　　　　赤东湖　　　　　　　　　　　　　　　　　029
　　　　武山湖　　　　　　　　　　　　　　　　　032

太白湖	033
汈汊湖	034
黄盖湖	036
斧头湖	038
西梁湖	040
鲁湖	041
汤逊湖	042
武汉东湖	045
梁子湖	046
保安湖	048
三山湖	049
大冶湖	049
网湖	051
朱婆湖	053

第三章　江西省湖泊　055

鄱阳湖	056
太泊湖	061
赤湖	062
赛城湖	064

第四章　安徽省湖泊　065

巢湖	066
南漪湖	069
菜子湖	072

城西湖 073

城东湖 075

安丰塘 076

焦岗湖 078

瓦埠湖 080

沱湖 081

天岗湖 084

第五章 江苏省湖泊 085

高邮湖 086

洪泽湖 090

骆马湖 092

射阳湖 094

太湖 096

阳澄湖 099

大纵湖 100

滆湖 102

硕项湖 103

固城湖 105

石臼湖 106

第六章 上海市湖泊 109

淀山湖 110

第七章　浙江省湖泊　　113
东钱湖　　114

第八章　山东省湖泊　　117
南四湖　　118
东平湖　　123
巨淀湖—清水泊　　127

第九章　河北省湖泊　　131
白洋淀　　132
大陆泽—宁晋泊　　135

第十章　天津市湖泊　　139
三角淀　　140
七里海　　141

第十一章　内蒙古湖泊　　145
呼伦湖　　146
黄旗海　　151
岱海　　154
乌梁素海　　156

第十二章　新疆湖泊　　159
博斯腾湖　　160
罗布泊　　164

乌伦古湖　　　　　　　　　　　　　　　　166

　　赛里木湖　　　　　　　　　　　　　　　　168

　　喀纳斯湖　　　　　　　　　　　　　　　　170

第十三章　云南省湖泊　　　　　　　　　　　173

　　泸沽湖　　　　　　　　　　　　　　　　　174

　　洱海　　　　　　　　　　　　　　　　　　177

　　程海　　　　　　　　　　　　　　　　　　181

　　滇池　　　　　　　　　　　　　　　　　　183

第十四章　四川省湖泊　　　　　　　　　　　189

　　马湖　　　　　　　　　　　　　　　　　　190

第十五章　西藏湖泊　　　　　　　　　　　　193

　　纳木错　　　　　　　　　　　　　　　　　194

　　巴木措　　　　　　　　　　　　　　　　　196

第十六章　青海省湖泊　　　　　　　　　　　197

　　青海湖　　　　　　　　　　　　　　　　　198

　　茶卡盐湖　　　　　　　　　　　　　　　　202

　　鄂陵湖　　　　　　　　　　　　　　　　　203

　　扎陵湖　　　　　　　　　　　　　　　　　208

　　哈拉湖　　　　　　　　　　　　　　　　　208

　　库赛湖　　　　　　　　　　　　　　　　　210

　　达布逊湖　　　　　　　　　　　　　　　　213

第十七章　黑龙江省湖泊　　215

　　小兴凯湖　　216

　　连环湖　　218

　　镜泊湖　　220

第十八章　吉林省湖泊　　223

　　波罗泡　　224

　　月亮泡　　225

　　查干湖　　227

参考文献　　230

图目录

图 1-1　《大明舆地图》（湖广舆图）之洞庭湖　　004

图 1-2　《中国新地图集》（湖广）之洞庭湖　　005

图 1-3　《康熙皇舆全览图》（湖广舆图）之洞庭湖　　006

图 1-4　《大清一统舆地全图》（湖南全图）之洞庭湖　　007

图 1-5　民国六年湖南省地图之洞庭湖　　007

图 1-6　洞庭湖不同时期对比　　008

图 1-7　《康熙皇舆全览图》（湖广舆图）之七里湖　　009

图 1-8　《大清一统舆地全图》（湖南全图）之七里湖　　009

图 1-9　民国六年湖南省地图之毛里湖、七里湖诸湖　　010

图 1-10　《康熙皇舆全览图》（湖广舆图）之松阳湖　　011

图 1-11　《大清一统舆地全图》（湖南全图）之松阳湖　　011

图 1-12　民国六年湖南省地图之松阳湖　　012

图 2-1　《康熙皇舆全览图》（湖广舆图）之长湖诸湖　　015

图 2-2　鄂省全图（1862年）之长湖诸湖　　015

图 2-3　民国六年湖北省地图之长湖诸湖　　016

图 2-4　长湖不同时期对比　　016

图 2-5　《康熙皇舆全览图》（湖广舆图）之洪湖、黄盖湖　　018

图 2-6　鄂省全图（1862）之洪湖　　018

图 2-7　民国六年湖北省地图之洪湖、黄盖湖　　019

图 2-8	洪湖不同时期对比	019
图 2-9	《康熙皇舆全览图》（湖广舆图）之牛湖、五湖诸湖	020
图 2-10	民国六年湖北省地图之白水湖诸湖	021
图 2-11	20 世纪 80 年代初地形图（黄陂县）之白水湖诸湖	021
图 2-12	白水湖、野猪湖、后湖不同时期对比	022
图 2-13	民国六年湖北省地图之武湖、涨渡湖	025
图 2-14	20 世纪 80 年代初地形图（黄陂县）之武湖	025
图 2-15	武湖不同时期对比	026
图 2-16	《康熙皇舆全览图》（湖广舆图）之五湖、涨渡湖诸湖	027
图 2-17	涨渡湖不同时期对比	027
图 2-18	民国六年湖北省地图之赤西湖、赤东湖	028
图 2-19	20 世纪 80 年代初地形图（黄石市）之赤西湖	028
图 2-20	赤西湖不同时期对比	029
图 2-21	《康熙皇舆全览图》（湖广舆图）之赤东湖、太白湖	030
图 2-22	鄂省全图（1862 年）之太白湖诸湖	030
图 2-23	20 世纪 80 年代初地形图（黄石市）之赤东湖	031
图 2-24	赤东湖不同时期对比	031
图 2-25	民国六年湖北省地图之武山湖、太白湖	032
图 2-26	20 世纪 80 年代初地形图（九江市）之武山湖	032
图 2-27	武山湖不同时期对比	033
图 2-28	太白湖不同时期对比	034
图 2-29	《康熙皇舆全览图》（湖广舆图）之汈汊湖诸湖	035
图 2-30	民国六年湖北省地图之汉川诸湖	036
图 2-31	鄂省全图（1862 年）之黄盖湖	037
图 2-32	黄盖湖不同时期对比	037

图 2-33	《康熙皇舆全览图》(湖广舆图)之斧头湖	038
图 2-34	鄂省全图(1862年)之斧头湖	039
图 2-35	民国六年湖北省地图之黄塘湖、赤城湖、鲁湖	039
图 2-36	斧头湖不同时期对比	040
图 2-37	20世纪60年代末地形图(武汉)之鲁湖	041
图 2-38	鲁湖不同时期对比	042
图 2-39	《康熙皇舆全览图》(湖广舆图)之汤逊湖	043
图 2-40	民国六年湖北省地图之汤逊湖、梁子湖诸湖	043
图 2-41	20世纪60年代末地形图(武汉)之汤逊湖、梁子湖诸湖	044
图 2-42	汤逊湖不同时期对比	044
图 2-43	《康熙皇舆全览图》(湖广舆图)之梁子湖	047
图 2-44	梁子湖不同时期对比	047
图 2-45	三山湖、保安湖不同时期对比	048
图 2-46	《康熙皇舆全览图》(湖广舆图)之大冶湖、网湖、猪婆湖	050
图 2-47	民国六年湖北省地图之大冶湖、网湖、猪婆湖	051
图 2-48	大冶湖不同时期对比	051
图 2-49	网湖、朱婆湖(夹节湖)不同时期对比	052
图 3-1	《康熙皇舆全览图》(江西舆图)之鄱阳湖	058
图 3-2	《大清一统舆地全图》(江西全图)之鄱阳湖	059
图 3-3	民国六年江西省地图之鄱阳湖	060
图 3-4	鄱阳湖不同时期对比	060
图 3-5	《康熙皇舆全览图》(江西舆图)之大泊湖	061
图 3-6	《大清一统舆地全图》(江西全图)之大泊湖	061
图 3-7	民国六年安徽省地图之大泊湖	061
图 3-8	《康熙皇舆全览图》(江西舆图)之杨林湖	062

图 3-9	《大清一统舆地全图》（江西全图）之杨林湖	062
图 3-10	民国六年江西省地图之赤湖诸湖	063
图 3-11	民国二十年江西省地图之赤湖诸湖	063
图 4-1	《中国新地图集》（江南）之巢湖	067
图 4-2	《康熙皇舆全览图》（江南舆图）之巢湖	068
图 4-3	《大清一统舆地全图》（安徽全图）之巢湖	068
图 4-4	民国六年安徽省地图之巢湖	069
图 4-5	巢湖不同时期对比	069
图 4-6	《康熙皇舆全览图》（江南舆图）之南漪湖诸湖	071
图 4-7	民国六年安徽省地图之南漪湖诸湖	071
图 4-8	南漪湖、固城湖和石臼湖不同时期对比	071
图 4-9	《大清一统舆地全图》（安徽全图）之菜子湖	072
图 4-10	民国六年安徽省地图之菜子湖	073
图 4-11	民国初期的菜子湖	073
图 4-12	民国六年安徽省地图之城西湖诸湖	075
图 4-13	民国六年城西湖诸湖数字化	075
图 4-14	《康熙皇舆全览图》（江南舆图）之安丰塘	077
图 4-15	20世纪60年代末地形图（隐贤镇）之安丰塘	077
图 4-16	安丰塘不同时期对比	078
图 4-17	20世纪60年代末地形图（寿县）之焦岗湖	079
图 4-18	焦岗湖不同时期对比	080
图 4-19	瓦埠湖不同时期对比	081
图 4-20	《康熙皇舆全览图》（江南舆图）之沱湖、天岗湖诸湖	081
图 4-21	《大清一统舆地全图》（安徽全图）之沱湖、天岗湖诸湖	082
图 4-22	民国六年安徽省地图之沱湖、天岗湖	082

图 4-23	20世纪60年代末地形图（五河县）之沱湖、天岗湖	083
图 4-24	沱湖不同时期对比	083
图 4-25	天岗湖不同时期对比	084
图 5-1	《康熙皇舆全览图》（江南舆图）之高邮湖	087
图 5-2	《淮扬水道图》之高邮湖	088
图 5-3	《大清一统舆地全图》（江苏全图）之高邮湖	089
图 5-4	民国六年江苏省地图之高邮湖	089
图 5-5	高邮湖不同时期对比	090
图 5-6	《康熙皇舆全览图》（江南舆图）之洪泽湖	091
图 5-7	民国六年江苏省地图之洪泽湖	091
图 5-8	洪泽湖不同时期对比	092
图 5-9	《康熙皇舆全览图》（江南舆图）之骆马湖	094
图 5-10	民国六年江苏省地图之骆马湖	094
图 5-11	骆马湖不同时期对比	094
图 5-12	《大明舆地图》（南直隶）之射阳湖	095
图 5-13	《康熙皇舆全览图》（江南舆图）之射阳河	096
图 5-14	《康熙皇舆全览图》（江南舆图）之太湖	097
图 5-15	《大清一统舆地全图》（江苏全图）之太湖	098
图 5-16	民国六年江苏省地图之太湖	098
图 5-17	太湖不同时期对比	098
图 5-18	《康熙皇舆全览图》（江南舆图）之阳澄湖	100
图 5-19	民国六年江苏省地图之阳澄湖	100
图 5-20	阳澄湖不同时期对比	100
图 5-21	《康熙皇舆全览图》（江南舆图）之大纵湖	101
图 5-22	民国六年江苏省地图之大纵湖	101

图 5 - 23	大纵湖不同时期对比	101
图 5 - 24	《康熙皇舆全览图》（江南舆图）之滆湖	103
图 5 - 25	民国六年江苏省地图之滆湖	103
图 5 - 26	滆湖不同时期对比	103
图 5 - 27	《康熙皇舆全览图》（江南舆图）之硕项湖	104
图 5 - 28	民国六年江苏省地图之硕项湖	104
图 5 - 29	硕项湖不同时期对比	105
图 6 - 1	《康熙皇舆全览图》（江南舆图）之淀山湖	110
图 6 - 2	民国六年江苏省地图之淀山湖	111
图 6 - 3	淀山湖不同时期对比	111
图 7 - 1	20世纪80年代初地形图（姜山镇）之东钱湖	114
图 8 - 1	《康熙皇舆全览图》（山东舆图）之南四湖	120
图 8 - 2	民国六年山东省地图之南四湖	121
图 8 - 3	南四湖不同时期对比	122
图 8 - 4	《康熙皇舆全览图》（山东舆图）之东平湖	125
图 8 - 5	民国六年山东省地图之东平湖	126
图 8 - 6	东平湖不同时期对比	126
图 8 - 7	《康熙皇舆全览图》（山东舆图）之巨淀湖—清水泊	128
图 8 - 8	民国六年山东省地图之巨淀湖—清水泊	129
图 8 - 9	巨淀湖—清水泊不同时期对比	129
图 9 - 1	民国六年京兆直隶河北地图之白洋淀	134
图 9 - 2	民国六年京兆直隶河北地图之大陆泽—宁晋泊	137
图 10 - 1	民国六年京兆直隶河北地图之七里海	143
图 11 - 1	《康熙皇舆全览图》（黑龙江中）之呼伦湖	149
图 11 - 2	民国六年黑龙江省地图之呼伦湖	150

图 11-3	呼伦湖不同时期对比	150
图 11-4	《康熙皇舆全览图》(河套)之黄旗海、岱海	152
图 11-5	20世纪60年代末地形图(集宁市)之黄旗海	153
图 11-6	黄旗海、岱海不同时期对比	153
图 11-7	20世纪60年代末地形图(右玉县)之岱海	155
图 11-8	20世纪70年代初地形图(五原县)之乌梁素海	157
图 12-1	《钦定皇舆西域图志》之博斯腾湖、罗布泊	161
图 12-2	《大清一统舆地全图》(新疆图)之博斯腾湖、罗布泊	162
图 12-3	《汉西域图考》之博斯腾湖、罗布泊	162
图 12-4	民国六年新疆省地图之博斯腾湖	163
图 12-5	民国初期博斯腾湖数字化	163
图 12-6	民国六年新疆省地图之罗布泊	165
图 12-7	民国初期罗布泊数字化	166
图 12-8	《大清一统舆地全图》(新疆图)之乌伦古湖	167
图 12-9	民国初期地图之乌伦古湖	167
图 12-10	民国初期乌伦古湖数字化	168
图 12-11	《大清一统舆地全图》(新疆图)之赛里木湖	169
图 12-12	民国六年地图(新疆省)之赛里木湖	169
图 12-13	民国初期赛里木湖数字化	169
图 12-14	《大清一统舆地全图》(新疆图)之喀纳斯湖	170
图 12-15	20世纪80年代初地形图之喀纳斯湖	171
图 12-16	20世纪80年代初喀纳斯湖数字化	171
图 13-1	《中国新地图集》(云南)之泸沽湖	175
图 13-2	《康熙皇舆全览图》(云南舆图)之泸沽湖	175
图 13-3	《大清一统舆地全图》(云南全图)之泸沽湖	176

图 13-4	20 世纪 80 年代初地形图之泸沽湖	176
图 13-5	泸沽湖不同时期对比	177
图 13-6	《中国新地图集》（云南）之洱海与程海	178
图 13-7	《康熙皇舆全览图》（云南舆图）之洱海与程海	179
图 13-8	民国六年云南省地图之洱海与程海	179
图 13-9	20 世纪 80 年代初地形图之洱海	180
图 13-10	洱海不同时期对比	180
图 13-11	20 世纪 80 年代初地形图之程海	182
图 13-12	程海不同时期对比	182
图 13-13	《大明舆地图》（云南舆图）之滇池	185
图 13-14	《大清一统舆地全图》（云南全图）之滇池、嘉丽泽	185
图 13-15	民国六年云南省地图之滇池	186
图 13-16	20 世纪 80 年代初地形图之滇池	186
图 13-17	滇池不同时期对比	187
图 14-1	《中国新地图集》之马湖	190
图 14-2	民国六年四川省川边地图之马湖	191
图 14-3	20 世纪 80 年代初地形图之马湖	191
图 14-4	马湖不同时期对比	191
图 15-1	《大清一统舆地全图》（西藏全图）之纳木错、巴木措	194
图 15-2	《西藏全图》（1904 年）之纳木错、巴木措	195
图 15-3	民国六年青海川边西藏地图之纳木错、巴木措	195
图 15-4	纳木错不同时期对比	196
图 15-5	巴木措不同时期对比	196
图 16-1	《大清一统舆地全图》（青海合图）之青海湖、茶卡盐湖	199
图 16-2	《西藏全图》（1904 年）之青海湖、茶卡盐湖	200

图 16-3	民国六年青海西藏川边地图之青海湖、茶卡盐湖	200
图 16-4	青海湖不同时期对比	201
图 16-5	茶卡盐湖不同时期对比	203
图 16-6	《大清一统舆地全图》（青海合图）之鄂陵湖、扎陵湖	205
图 16-7	《西藏全图》（1904年）之鄂陵湖、扎陵湖	206
图 16-8	民国六年青海西藏川边地图之鄂陵湖、扎陵湖	206
图 16-9	20世纪80年代初地形图之鄂陵湖、扎陵湖	207
图 16-10	鄂陵湖、扎陵湖不同时期对比	207
图 16-11	《大清一统舆地全图》（青海合图）之哈拉湖	209
图 16-12	民国六年青海西藏川边地图之哈拉湖	209
图 16-13	20世纪80年代初地形图之哈拉湖	210
图 16-14	哈拉湖不同时期对比	210
图 16-15	《大清一统舆地全图》（青海合图）之库赛湖、达布逊湖	211
图 16-16	《西藏全图》（1904年）之库赛湖、达布逊湖	212
图 16-17	民国六年地图之库赛湖、达布逊湖	212
图 16-18	库赛湖不同时期对比	213
图 16-19	达布逊湖不同时期对比	214
图 17-1	《康熙皇舆全览图》（乌苏里江）之小兴凯湖、兴凯湖	217
图 17-2	民国六年吉林省地图之小兴凯湖	217
图 17-3	小兴凯湖不同时期对比	217
图 17-4	《康熙皇舆全览图》（黑龙江中）之连环湖诸湖	219
图 17-5	民国六年黑龙江省地图之连环湖诸湖	219
图 17-6	《康熙皇舆全览图》（盛京）之镜泊湖	221
图 17-7	民国六年吉林省地图之镜泊湖	221
图 18-1	20世纪60年代末地形图（伏龙泉镇公社）之波罗泡	224

图 18-2	《康熙皇舆全览图》（黑龙江中）之洮儿河	226
图 18-3	民国六年吉林省地图之月亮泡、查干湖等湖	226
图 18-4	民国初期地图中月亮泡数字化	227
图 18-5	《康熙皇舆全览图》（热河）之查干湖	228
图 18-6	民国六年黑龙江省地图之查干湖诸湖	229

第一章 湖南省湖泊

洞庭湖

洞庭湖，中国第二大淡水湖，面积仅次于鄱阳湖。据《中国湖泊志》，洞庭湖古称云梦、九江和重湖，位于湖南东北部长江中荆江段南岸，南邻湘阴、益阳，北抵华容、安乡、南县，东滨岳阳、汨罗、沅江和澧县等县市。洞庭湖之名始于春秋、战国时期，因湖中洞庭山（即今君山）而得名，并沿用至今。洞庭湖北纳长江的松滋、太平、藕池、调弦四口来水，南和西接湘、资、沅、澧四水及汨罗江等小支流，由岳阳市城陵矶注入长江。

洞庭湖属扬子准地台江南地轴上的断陷盆地，形成于燕山运动，"江南古陆"洞庭湖段即"洞庭古陆"断裂下陷形成洞庭断陷盆地，从早白垩世到全新世漫长的地质历史时期中，洞庭断陷盆地在地壳升降、气候、流水、泥沙淤积等条件的反复作用下，经历了一个大小反复变化的演变过程。

自唐以来，学者对先秦楚地"云梦"的位置、范围颇多争议，或以云梦为湖泊水体专名，或以云梦为游猎区专名。在两湖平原长江南北，三峡地区，黄淮平原地区分布有：沮水云梦、鄀地云梦、江南云梦、华容云梦、陈地云梦、巫山云梦、巴丘云梦等7处。巴丘云梦，杜预、郭璞、张楫诸家之说及宋《山川志》俱以华容南巴丘湖当之。范蔚宗亦谓：云梦泽在华容南。郑康成、孔颖达又谓：华容之泽则云梦。虽非华容所得专，而以属之华容宜矣。岳郡旧志云：云梦湖与洞庭、青草相连。洞庭在北，青草在南，云梦在西，合为一湖。此说似为得之。按云梦，即君山后湖，巴、华二邑分界之地，过此则为赤沙湖耳。

先秦时期，洞庭湖平原河网密集，沼泽众多，澧水主流于今湖北石首藕池口附近入江，湘、资、沅三水于今湖南岳阳附近汇江，汛期澧水可能已由洪道东南汇入沅水。《尚书·禹贡》曰："山导江，东别为沱，又东至于澧，过九江，至于东陵，东迤北，会于汇，东为中江，入于海。""澧"指澧水或澧水注江形成的湖泊，东陵即洞庭，为古越语读音的汉字异记。

《吕氏春秋·孝行览》载，"鱼之美者，洞庭之鲋"，这句话说明当时洞庭湖区出产的鲫鱼已成名产。东汉桑钦《水经》，"湘水……又过北下隽西，……又北至巴丘山，入于江；资水……又东北过益阳县北，又东与沅水合于湖中，东北入江也；沅水……又东至长沙下隽县西北，入于江；澧水……又东至长沙下隽县西北，东入于江"。这些文字大体反映了汉代湘、资、沅、澧四水与洞庭湖、长江的关系。

隋唐以来洞庭湖水面继续扩展。《全唐书·赋洞庭》一文中曾有"周极八百里，凝眸望则劳，水涵天影阔，山拔地形高"的记载，宋梅尧臣的《舆地记胜》中载有"风帆满月八百里，人从岳阳楼上看""洞庭八百里，幕阜三千寻"等诗句。史书上也有较为翔实的记载，如唐《元和郡县志》载，"洞庭湖在（巴陵）县西南一里五十步，周回二百六十里；青草湖在县南七十九里，周回二百六十里"。洞庭与青草二湖相加周回仅为五百余里，若加上赤沙湖，周回方可达八百里。故宋《皇朝郡县志》云，"洞庭湖在巴陵县西，南连青草亘赤沙，七八百里"。北宋范仲淹所撰的《岳阳楼记》中描述为"北通巫峡，南极潇湘……浩浩荡荡，横无际涯"。"八百里洞庭"应包括洞庭、青草和赤沙三湖及其连接地区。但洞庭湖的"八百里"水域并非长年如此，是季节性的。每年夏秋季节，洪水暴涨，洞庭湖也随之扩张，洞庭、赤沙、青草三湖连成片，这时才成为周极八百里的泱泱大湖。因此，在唐、宋诗人的诗中都有反映"洞庭秋正阔"特色的诗句。如唐代诗人孟浩然的"洞庭秋正阔，予欲泛归舟，莫辨荆吴地，惟余水共天"；"八月湖水平，涵虚混太清"；李白的"明湖涨秋月，独泛巴陵西"；白居易的"洞庭与青草，大小两相敌。混合万丈深，淼茫千里白。每岁秋夏时，浩大吞七泽"；张说的"巴陵一望洞庭秋，日见孤峰水上游，闻道神仙不可接，心随湖水共悠悠"；刘长卿的"秋水连天阔，浔阳何处归"和五代诗人郑遨的"赢得高秋看洞庭"，等等，不胜枚举。

在唐代，洲滩出露仅仅发生在冬春枯水季节，到了夏秋洪水季节，洞庭湖仍是汪洋一片。唐代诗人李群玉对湖水洪、枯的季节性变化，作了生动的描述，"朱官紫贝阙，一旦作沙洲；八月还平在，鱼虾不用愁"。到了宋代，湖泊已进一步淤浅，洲滩出露时间也变长。《岳阳风土记》云，"夏秋水涨皆巨没，不可以陆行往。近年冬深水落，渡江肩舁以行"，即自岳阳至君山可以涉水而过。此时，夏秋季节虽也是汪洋一片，但已没有唐代那样"波撼岳阳城""惟余水共天"的气势。始于北宋时期的围垸造田，大规模开展，使得湖泊面积进一步缩小。湖水亦变浅，到南宋时期湖水深度尚不足一丈。

明代中叶以后，洞庭湖再度扩展，造成此次洞庭湖扩张的主要原因是荆江南岸大堤的不断溃决，荆江大量水、沙进入洞庭湖地区，湖泊在淤浅的同时，水面在扩张。长江荆江段，因泥沙大量淤积，河床不断淤高而成为"悬河"，一遇洪水，溃口决堤就在所难免。据文献记载，明嘉靖《湖广图经志书》是现存最早涉及现今湖北、湖南两省范围的一部省志，该书较为详尽地描绘了洞庭湖流域的山川、古迹、物产和风俗。嘉靖年间成书的《常德府志》，卷五山川条："洞庭湖，每岁夏秋之交，湖水泛滥，方八九百里，龙阳（今汉寿）、沅江则西南之一隅耳。"这说明洞庭湖西吞赤沙之后，继续向西南发展。嘉靖二十六年《大明舆地图》较为形象地描绘了这一时期的洞庭湖水情（图1-1）。明嘉靖以后，明、清政府采取"舍南救北"的治水方针，江北岸穴口尽堵，南岸留有太平和调弦二口与洞庭湖相通，故荆江南岸大堤溃堤

图1-1 《大明舆地图》（湖广舆图）之洞庭湖

情况日趋严重。荆江洪水频发，致使洞庭湖泛滥。清道光年间陶澍、万年淳修撰的《洞庭湖志》载，"东北属巴陵，西北跨华容、石首、安乡，西连武陵（常德）、龙阳沅江，南带益阳而环湘阴，凡四府一州，界分九邑，横亘八九百里，日月出没其中"。在明代中叶之后，清代中叶之前，洞庭湖一直处于不断扩展的过程中。

16世纪初开始，洞庭湖进入了一个前所未有的历史剧变时期，分割成东洞庭湖（包括漉湖与湘江洪道）、南洞庭湖（包括东南湖、万子湖和横岭湖）、西洞庭湖（包括目平湖、半边湖）和七里湖四个湖体。

清顺治七年（1650年），庞公渡堵口后，荆江北岸大堤逐渐连成整体，荆江河床整体形成，此时荆江的水位也逐步升高，这也使得长江中大量的水沙冲积南岸，进入洞庭地区，泥沙沉积通量远大于湖盆下沉量，导致洞庭湖底不断淤高，洞庭湖面不断扩张，进入洞庭湖扩展的全盛时期（图1-2）。明后期王士性就说，"洞

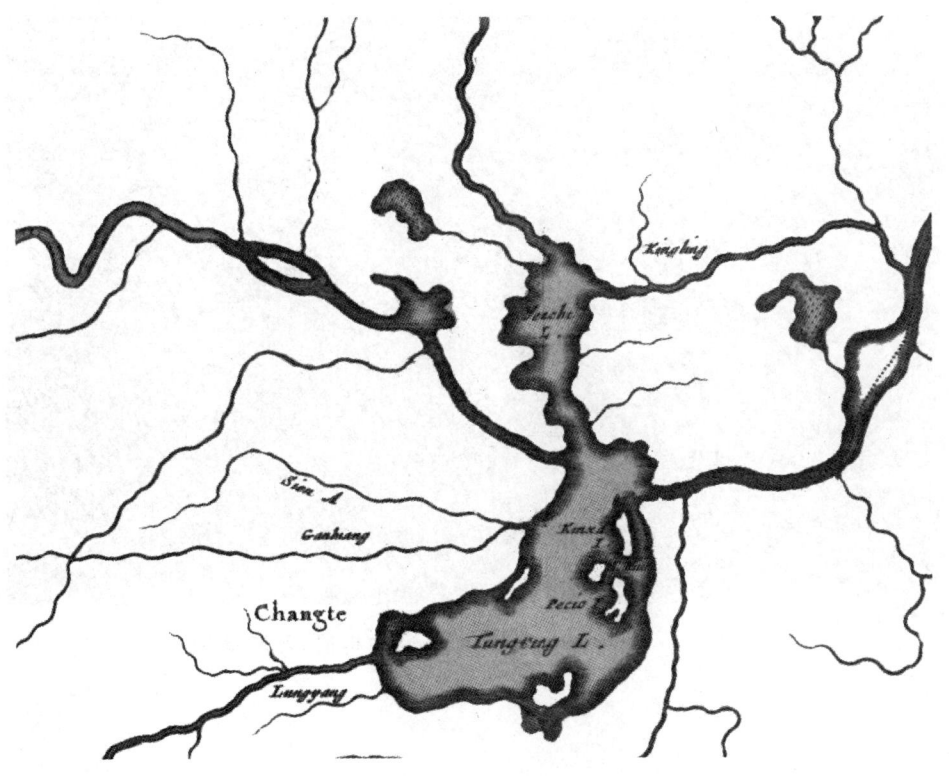

图1-2 《中国新地图集》（湖广）之洞庭湖

庭水浅,止是面阔"。明末清初时,洞庭水变得清澈,含沙量降低使得洞庭湖水浅面阔的局面大约保持到17世纪末。

约从17世纪晚期起,洞庭湖水的含沙量愈来愈高,导致其淤积的速度逐步加快。道光十二年(1832年)举人巴陵吴敏树描述,"往闻故老言湖身淤浅,如艑山取鱼处,渔人言,较往时深减丈许,他处可知"。到清朝中期,人口急剧增加,洞庭湖围垦加剧,洞庭湖的面积大大缩小。道光年间,魏源记载,"自江至澧数百里,公安、石首、华容诸县,尽占为湖田"。18世纪初康熙年间,《康熙皇舆全览图》上洞庭湖水面积只有约4 645平方千米,淤浅和围垦导致面积明显缩小(图1-3)。洞庭湖面积的萎缩,使其调蓄洪水的能力减小,堤垸修建增高。咸丰、同治年间,洞庭湖区的堤垸大规模垮塌,造成洞庭湖面积扩大到约5 104平方千米(图1-4)。

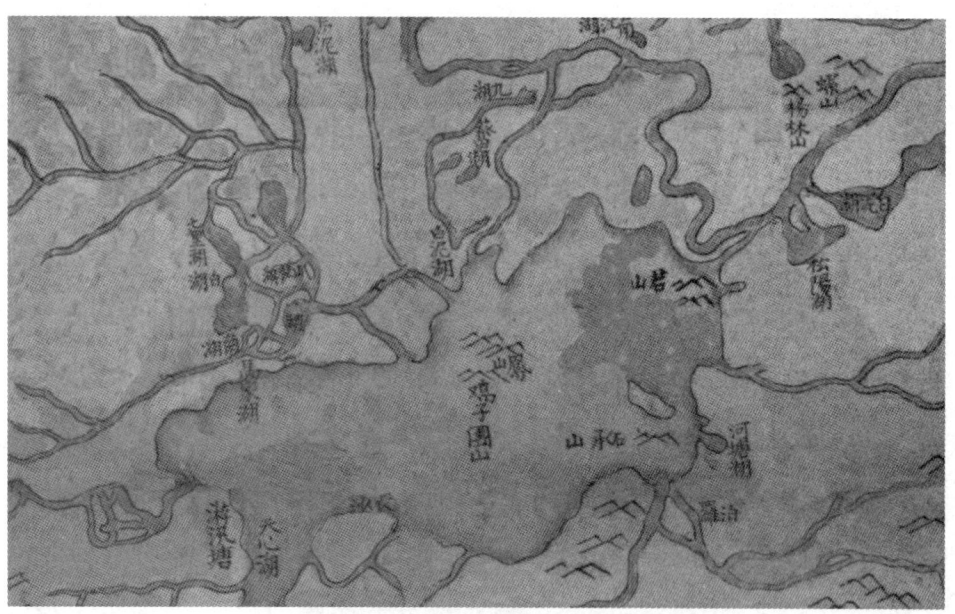

图1-3 《康熙皇舆全览图》(湖广舆图)之洞庭湖

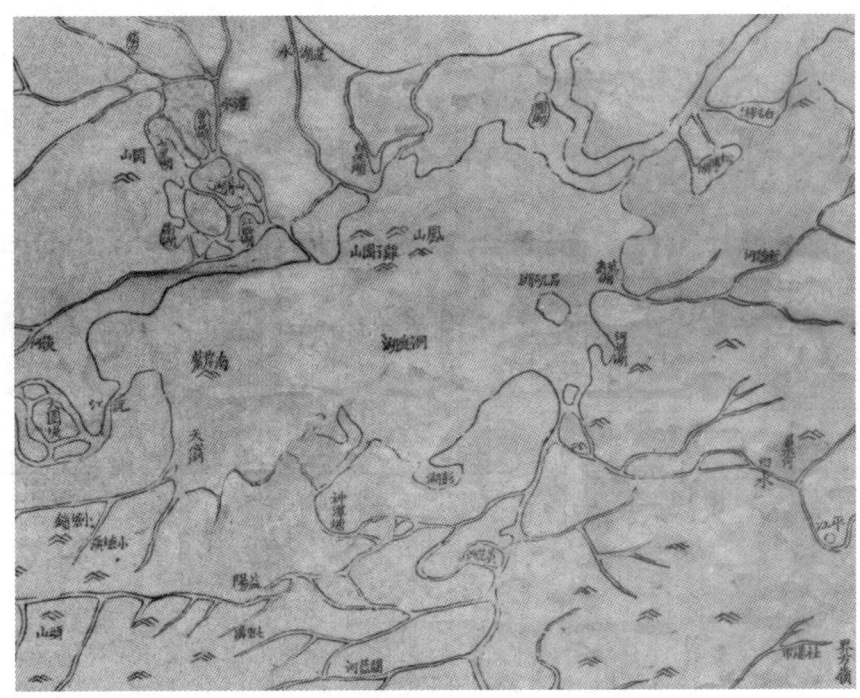

图1-4 《大清一统舆地全图》(湖南全图)之洞庭湖

民国早期地图揭示,洞庭湖开始萎缩,面积约4 225平方千米(图1-5)。到了20世纪40年代中期,洞庭湖已不再是浩渺无垠,"日月出没其中"的湖景观,

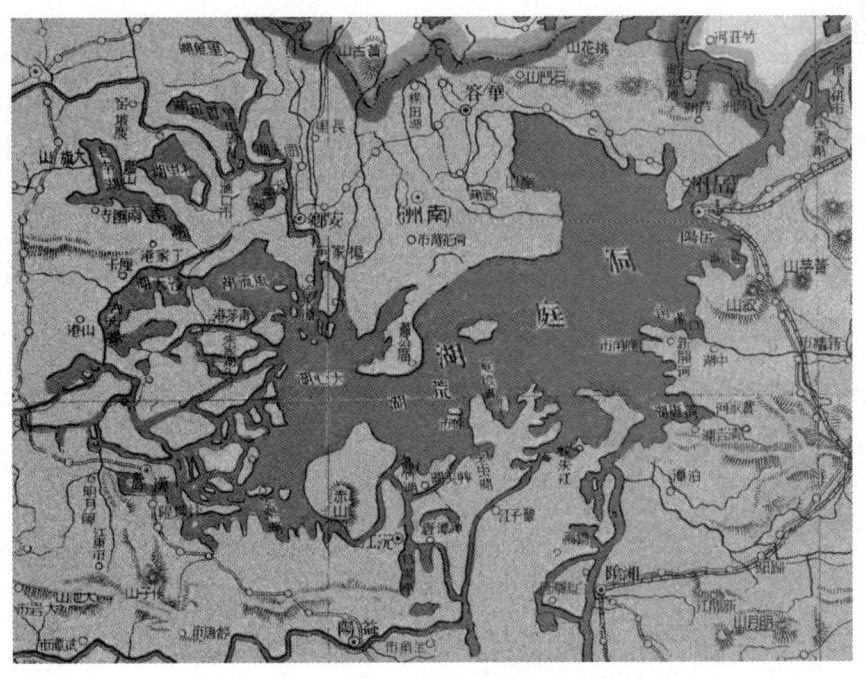

图1-5 民国六年湖南省地图之洞庭湖

变成洲滩广袤，湖体支离破碎，港汊交织的景象。到《中国湖泊志》记载时，洞庭湖面积仅有 2 432.5 平方千米。不同时期对比显示（图 1-6），康熙至民国之间洞庭湖湖泊面积存在波动，民国至现代湖泊面积大幅萎缩。

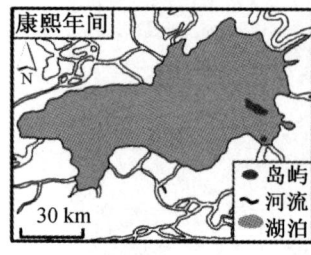 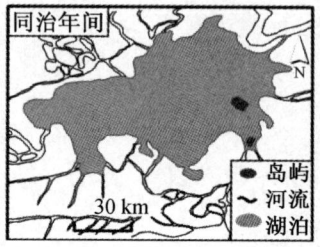 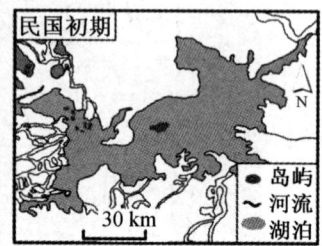

图 1-6 洞庭湖不同时期对比

毛里湖

毛里湖，位于临澧县东约 22 千米处，东与七里湖相距约 1 千米。毛里湖系澧水与松滋两河入湖尾闾处，因泥沙淤积形成洼地，经积水而成，属河迹洼地湖，也是七里湖演变过程中被肢解出的一个子湖。《中国湖泊志》记载其湖泊面积 36.8 平方千米。

18 世纪初《康熙皇舆全览图》（图 1-7）和同治年间湖广行省地图（图 1-8）显示此时南湖和七里湖为一体，毛里湖还属于七里湖的一部分，未标注毛里湖名字。民国六年地图（图 1-9）中，七里湖逐渐肢解成了两部分，西部南部为毛里湖和南湖，东北部为七里湖。从 20 世纪 60 年代到 70 年代，澧水东岸的七里湖已淤积成洲。

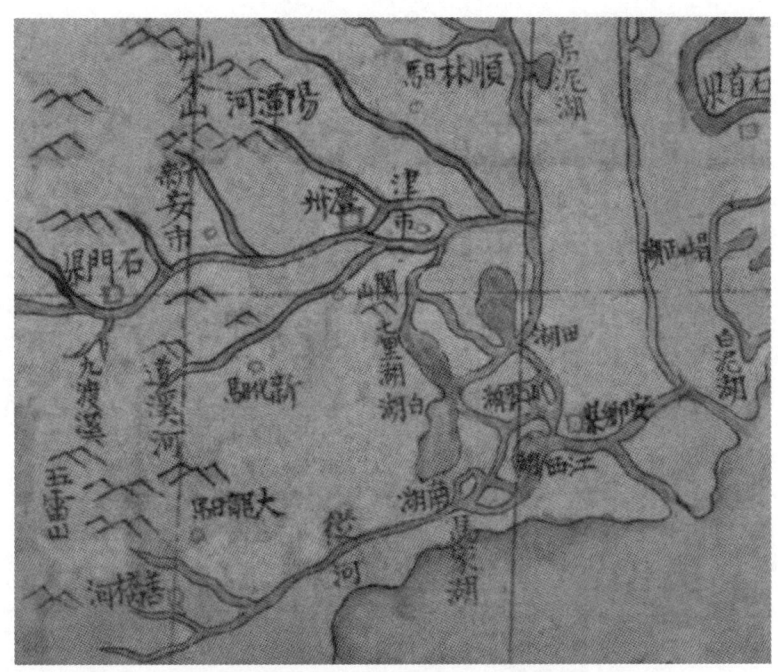

图1-7 《康熙皇舆全览图》(湖广舆图)之七里湖

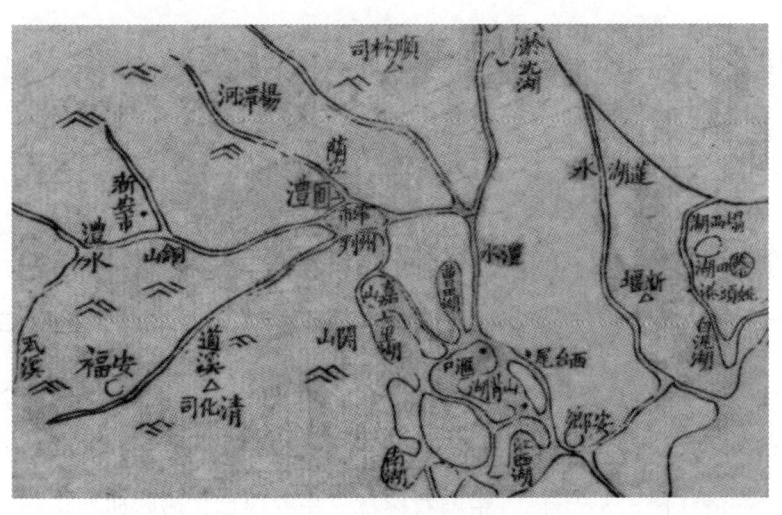

图1-8 《大清一统舆地全图》(湖南全图)之七里湖

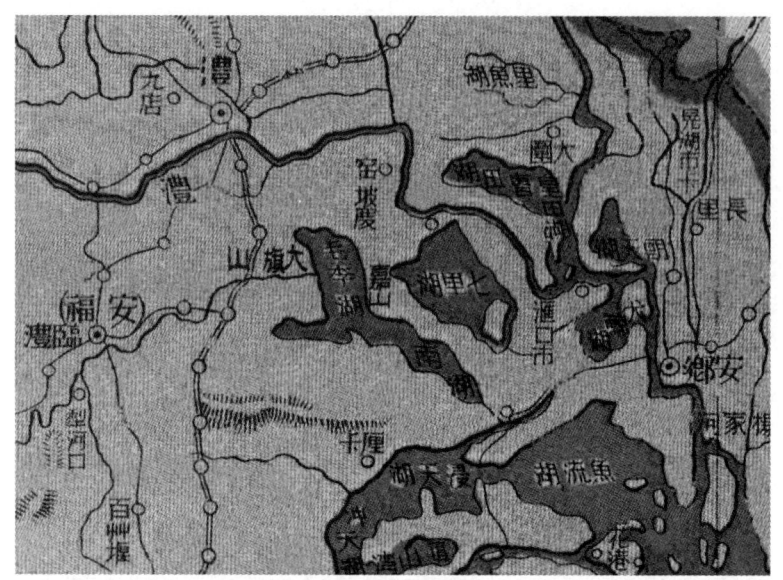

图1-9 民国六年湖南省地图之毛里湖、七里湖诸湖

松阳湖

松阳湖现已萎缩消亡,位置大概在现今岳阳市云溪区松阳湖镇一带。

《清一统志·岳州府一》,松阳湖"在临湘县(治今陆城镇)南二十五里。上通云溪,下连象骨港"。《清史稿》卷六十八志四十三,"松阳湖水自东南来注之。又东北与白泥湖水合,过鸭栏矶,入湖北嘉鱼。黄盖湖在东北,县东诸水皆汇焉,北注清江口,入大江。东南有桃林、长安巡司,城陵矶"。

从《康熙皇舆全览图》(图1-10)和同治年间地图(图1-11)可以看出松阳湖与长江贯通。民国时期松阳湖又称石谭湖(图1-12)。

图1-10 《康熙皇舆全览图》(湖广舆图)之松阳湖

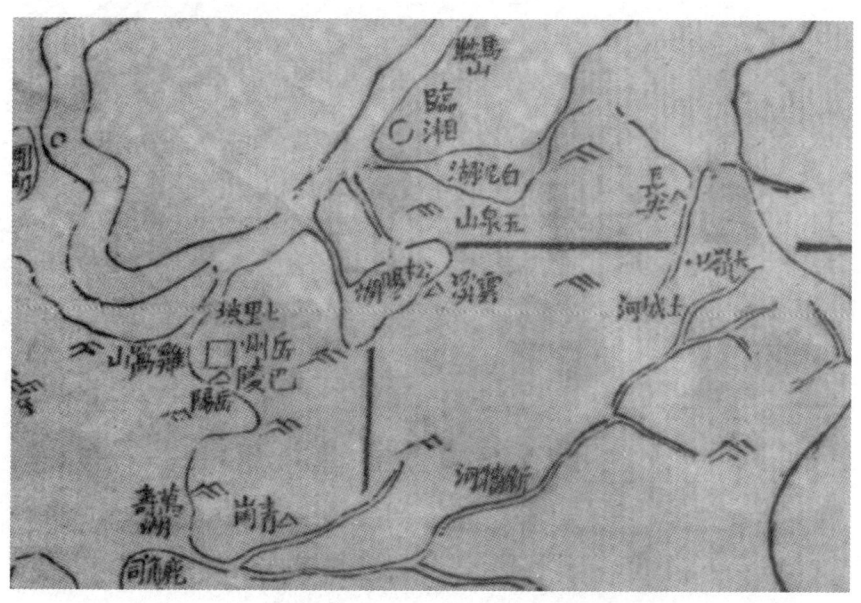

图1-11 《大清一统舆地全图》(湖南全图)之松阳湖

图1-12 民国六年湖南省地图之松阳湖

第二章 湖北省湖泊

长 湖

长湖，位于湖北省荆州、荆门、潜江三市交界处。主要入湖河流有拾桥河、龙会桥河、太湖港和广坪港等，出流由习家闸、刘岭闸入四湖总干渠，沿内荆河和田关河分别排入长江与东荆河（入汉水）。

《湖北省湖泊志》载，长湖又名官船湖，传说因湖内多有官船往来而得名。其名还有三说：一说始于明代诗人袁中道诗"陵谷千年变，川原未可分，长湖百里水，中有楚王坟……"；二说"长湖"以"长林县"去其"林"字而得名；三说以其形长而得名。《荆州府志·山川》载，"长湖，在城东五十里，上通大漕河（今拾桥河），汇三湖之水（白鹭湖、中湖、昏宫湖）。瓦子云者或因楚囊瓦而名欤"。

长湖系在构造洼地上发育而成的洼地滞积湖。唐宋时期长湖北面潴水及汉江大量泥沙堆积，人们开始围湖造田；至元初，长湖基本上已成为农田；元大德年间，在荆江北岸开童卜、郝穴二口，长湖再次蓄水成湖；明代，荆北江堤连成一体，长湖水面波动频繁；直至清代，因江汉堤岸屡次溃口，大量泥沙淤积使荆江北岸和汉水南岸地面明显淤高，加上当时筑堤堵口以治江患，而长湖补给水源又主要来自江陵西北和荆门南部诸水，为免除水患，曾于长湖南面兴修堤岸，遂演变成平原水库型湖泊。

康熙年间湖广舆图显示，长湖所在地标记为太白湖，其南为三湖、红马湖（图2-1）。红马湖，初见于康熙《荆州府志》卷四《山川》，在郡东百里，上承三湖下入白螺（鹭）湖。康熙年间长湖的湖泊面积约147平方千米（图2-1和图2-4）。鄂省全图显示，长湖与白鹭湖相通（图2-2）。民国地图显示（图2-3和图2-4），长湖涵盖了马子湖、瓦湖和长湖，面积约355平方千米。20世纪六七十年代，马子湖被围垦成田。《湖北省湖泊志》载，20世纪50年代初，长湖水位33米时,湖面面积229.38平方千米。2012年,湖北省"一湖一勘"确定长湖水面面积为131平方千米。自康熙至民国,长湖面积大幅增长,但后期的围垦等活动造成"百里长湖"不复存在。

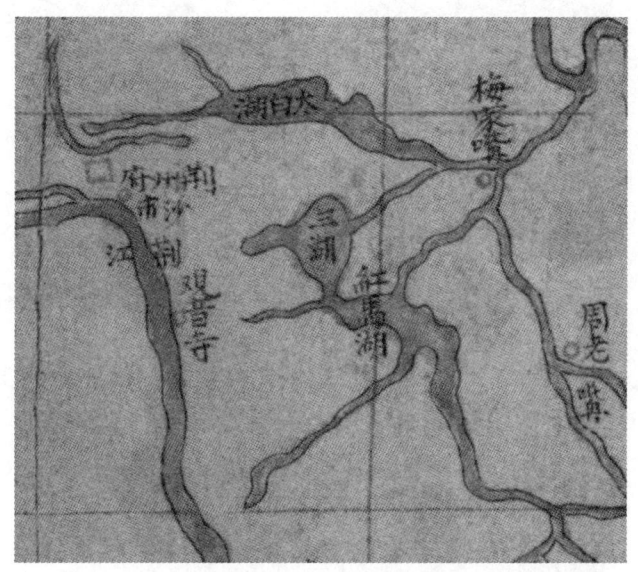

图2-1 《康熙皇舆全览图》(湖广舆图)之长湖诸湖

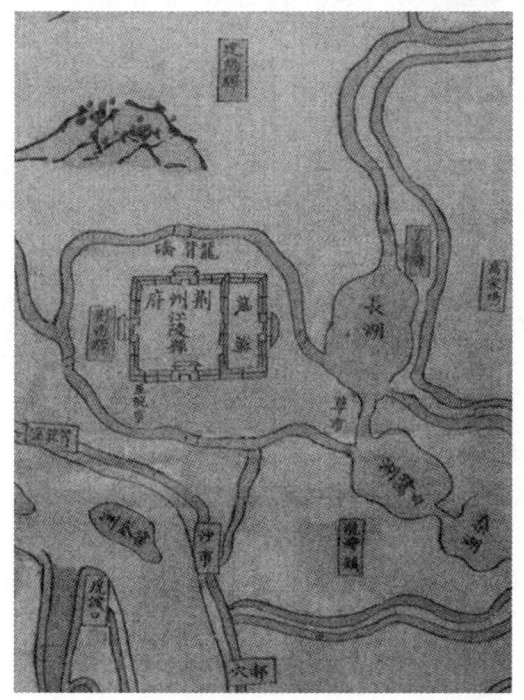

图2-2 鄂省全图(1862年)之长湖诸湖

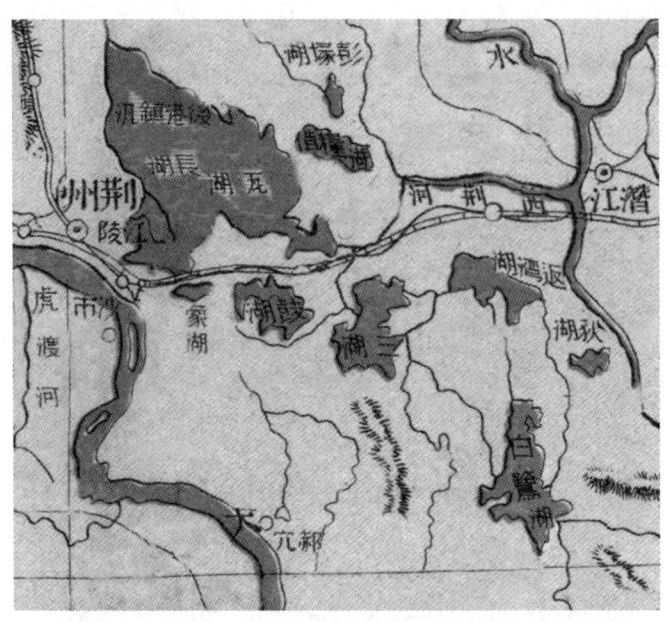

图 2-3　民国六年湖北省地图之长湖诸湖

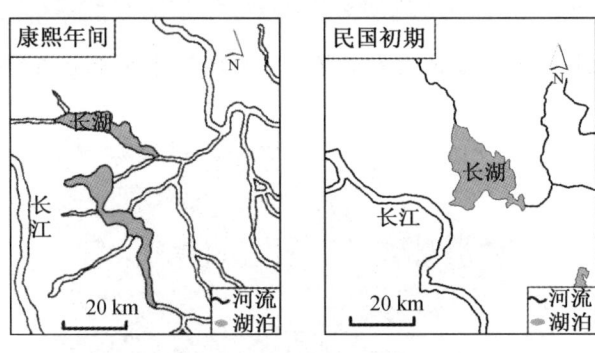

图 2-4　长湖不同时期对比

洪 湖

洪湖，湖北省最大的湖泊，跨湖北省洪湖市与监利县，居长江北岸，东南距长江仅4千米。

清初顾祖禹《读史方舆纪要》沔阳州条引《水利考》记载，明初沔阳州的湖泊"北以李老为大，西以西湖为大，南则黄莲为大，东则太白为大，诸湖皆入太白湖"，当时文献还没有提及洪湖。明清时期，江汉平原湖沼演变中，最瞩目的是太白湖的淤填消失和洪湖的形成与扩展。明末清初，据《读史方舆纪要》湖北省汉阳府条载，太白湖成为江汉平原上最大的湖泊。但由于长期的泥沙淤积，在清末光绪年间的《湖北全省分图》上太白湖基本消失。洪湖之名最早见于明《嘉靖沔阳县志》中的"上洪湖、下洪湖"，彼时上、下洪湖之间，被宽约5千米的民垸与河网分隔。清嘉庆《大清一统志》汉阳府记载，东通黄莲的上、下洪湖，其面积尚不及今洪湖的五分之一。《中国湖泊志》记载，400 a B. P.，湖面迅速扩大，东西湖连成一片，达到鼎盛时期；后又日渐干涸，逐步为沼泽代替；19世纪后，湖面又一次扩大。《江汉平原四湖地区河湖环境与人类活动系统研究》引《洪湖散记》，光绪二十年（1894年），洪湖范围"广六十余里，袤八十余里"。

据意大利传教士卫匡国1655年绘制的《中国新地图集》的湖北地图，江汉平原上比较显著的有太白湖，而不见洪湖。康熙年间湖广舆图（图2-5）显示，洪湖由三部分组成，包括上洪湖、下洪湖和官湖，湖泊总面积约165.3平方千米。1862年鄂省全图，洪湖已经成为一个统一的大湖（图2-6）。这与《中国湖泊志》提到的19世纪后湖面又一次扩大的提法相一致。民国六年地图（图2-7）显示，洪湖由鲤鱼湖、周老湖、九龙湖组成，湖泊总面积约582.9平方千米。《洪湖近1300年来的环境演变研究》引《湖北水利志》，20世纪50年代初，水位25

米时，洪湖水面面积637.3平方千米。《中国湖泊志》载，20世纪50—70年代经受了3次规模较大的围垦活动，使50年代初661.9平方千米的湖面缩减到344.4平方千米（水位25米）。

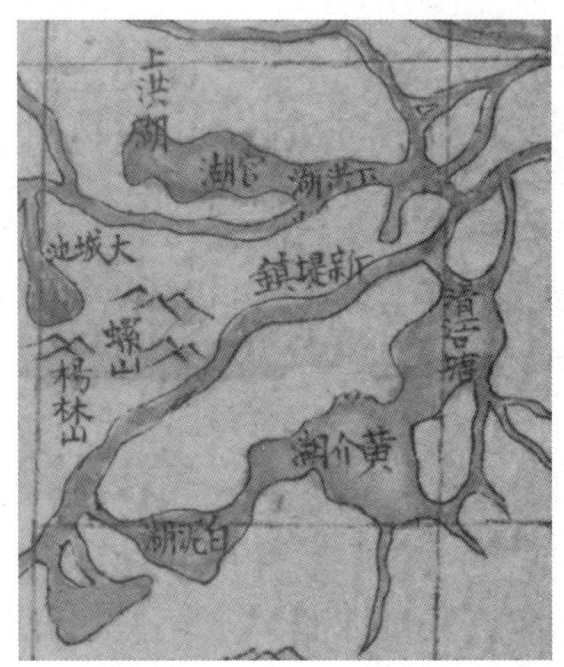

图2-5 《康熙皇舆全览图》（湖广舆图）之洪湖、黄盖湖

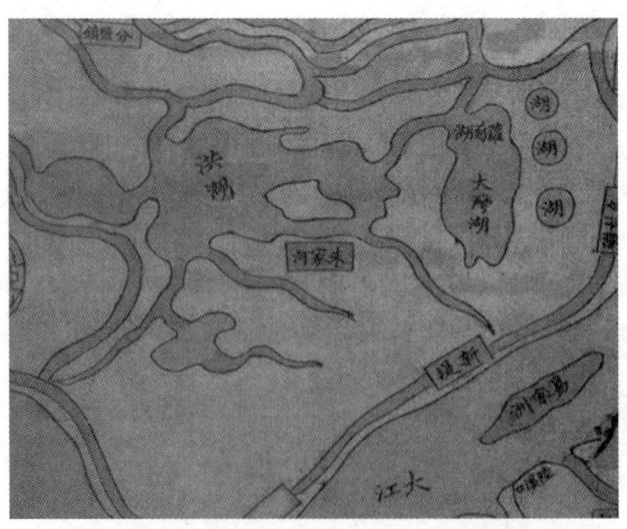

图2-6 鄂省全图（1862）之洪湖

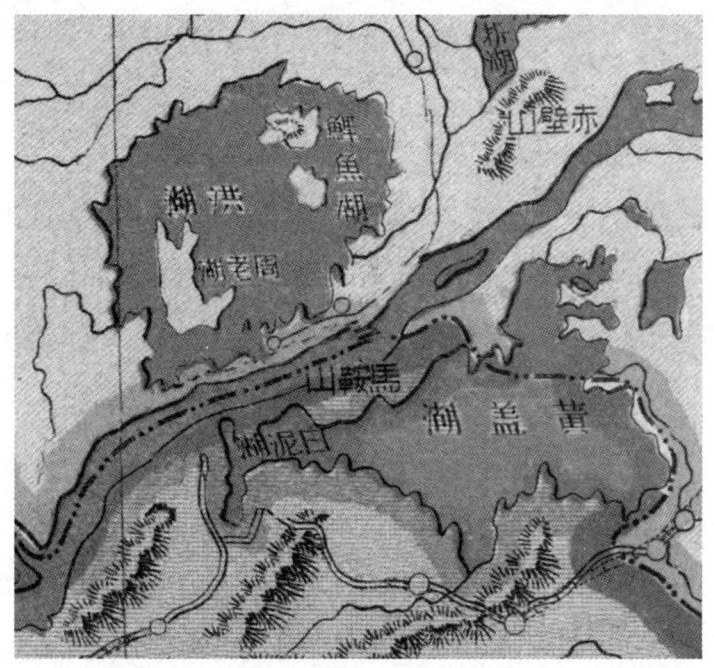

图 2-7 民国六年湖北省地图之洪湖、黄盖湖

综合来看,洪湖是一个年轻的湖泊。由于长江等河流的影响,以及人类活动的作用,洪湖湖盆所在区域会存在较大的变化,如湖泊面积扩大(图 2-8),几个小湖连成大湖,或者大湖逐渐分化成多个小湖,甚至形成陆地。据钻孔研究,在现在的洪湖,其湖泊沉积物的堆积可追溯到 2 000 多年以前。因此,在历史上,由于湖泊的不断变化,其中心位置都有可能发生游移,名字也多变。

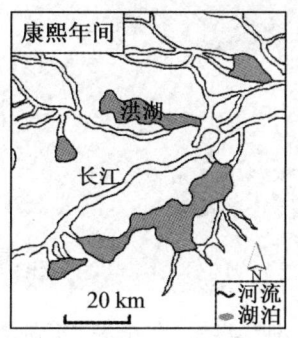

图 2-8 洪湖不同时期对比

童家湖

童家湖,跨湖北孝感市、武汉黄陂区,属岗前洼地积水而成的平原滞积湖。湖水依赖北部岗丘间两条溪流和湖面降水补给,出流向东南经汉口东排入长江。1963年,修筑府澴河童家湖堤防和童家湖闸,河湖分离。自此,童家湖成为封闭湖泊,基本形成现有水系。《中国湖泊志》载,童家湖又名白水湖。

康熙年间湖广舆图显示,孝感的东南存在一较大的湖泊——牛湖(图2-9)。民国六年地图显示,白水湖与蒲湖(野猪湖)相连(图2-10),成为一个统一的湖泊,面积约121.7平方千米。20世纪80年代初童家湖面积仅有约6.6平方千米(图2-11)。《中国湖泊志》载,童家湖原有面积54.5平方千米,围垦后现有面积14.4平方千米。《湖北省湖泊志》载,童家湖原与澴河东支捷径河相连,湖面面积达52.7平方千米。2012年湖北省"一湖一勘",平均水位下的童家湖面积9.12平方千米。据不同时期湖泊对比(图2-12),白水湖、野猪湖、后湖湖泊面积自民国初期至20世纪80年代均显著下降。

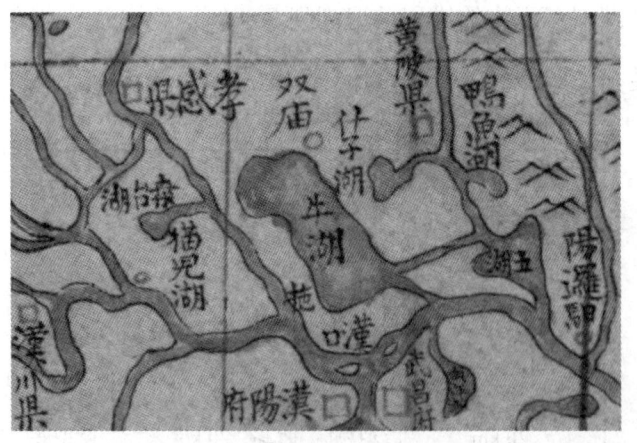

图2-9 《康熙皇舆全览图》(湖广舆图)之牛湖、五湖诸湖

图 2-10　民国六年湖北省地图之白水湖诸湖

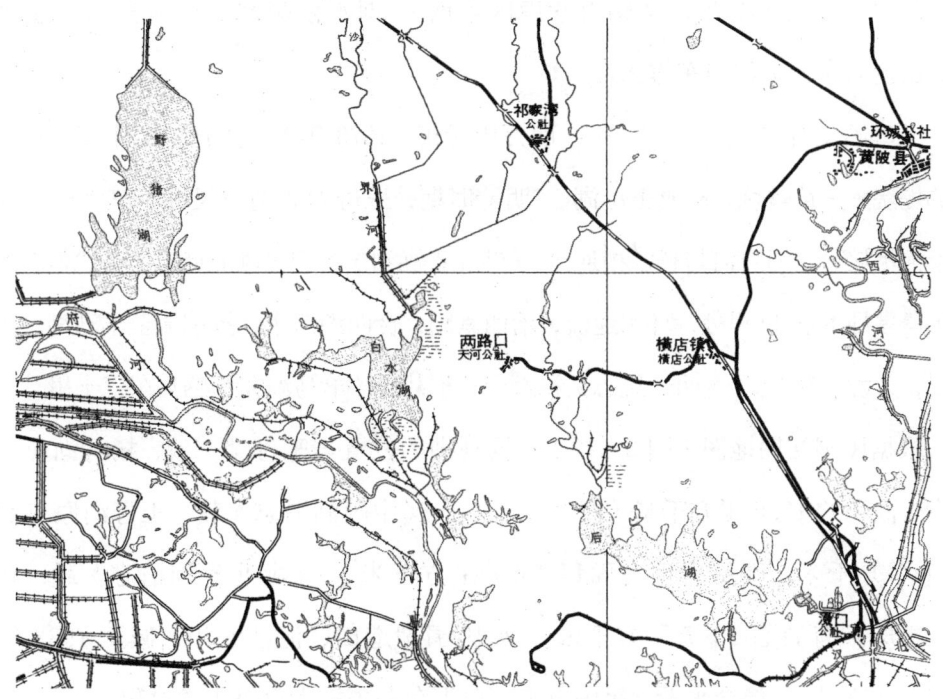

图 2-11　20世纪80年代初地形图（黄陂县）之白水湖诸湖

图 2-12　白水湖、野猪湖、后湖不同时期对比

王母湖

王母湖，地处湖北省孝感市孝南区东南。湖水依赖地表径流和湖面降水补给，出流向东南经汉口东排入江。

王母湖又名羊马湖、杨马湖。明万历元年（1573年），知府马文炜修建孝感最早的堤垸——黄丝垸，形成王母湖。明清时期，王母湖北到三汊埠东家大桥以北与邓家河相接，南通府河与长江相通。《湖北省湖泊志》引《湖北通志》，"羊马湖在县（孝昌县）东20里处，环水逆流，治西南阳，合西湖诸水，折东流至羊马湖，浑灏淳泓，为境大观"。《明一统志》卷六十一记载，"羊马湖在孝感县东三十里"。

根据民国初期地图（图2-10），杨马湖的位置与王母湖一致，杨马湖应是王母湖，面积约13.5平方千米（图2-12）。《中国湖泊志》载，王母湖原有面积29.1平方千米，围垦后现有面积15.7平方千米。《湖北省湖泊志》载，1949年，王母湖有湖面18.7平方千米。后因围湖造田、泥沙淤积，减至1986年的10.5平方千米。综合来看，民国以来王母湖存在先扩大再缩小的过程。

野猪湖

野猪湖,位于湖北省孝感市孝南区南部。湖水依赖地表径流和湖面降水补给,上源泸川,下通环水,经府河入长江。

《中国湖泊志》载,野猪湖又名浦湖。《湖北省湖泊志》载,野猪湖又名野潴湖、蒲湖。《大清一统志》卷二百六十一记载,"蒲湖在孝感县东四十里,俗名野猪湖,县东北三汊埠有东西两河南流入此,出沙河入马溪河"。

民国时期,野猪湖与童家湖相连成片。根据20世纪80年代初地形图(图2-12),野猪湖面积约21.6平方千米。《中国湖泊志》载,原有面积37.6平方千米,围垦后面积26.6平方千米。《湖北省湖泊志》载,野猪湖面积23.4平方千米。20世纪80年代,水位为22.5米时,湖泊面积27.3平方千米。1986年,湖面减至25平方千米。可见野猪湖是从大湖分化而来,80年代以来面积变化相对较小。

后湖(黄陂)

后湖,位于武汉市黄陂区府河左岸,为府、澴河的尾闾,属府、澴河水系。后湖水由北向南,流入府河。

《中国湖泊志》载,后湖古时系沦河源头之一,居沦河之北,当地习惯称南为前,北为后,故名后湖。《明一统志》卷六十一记载,"后湖在孝感县治后"。《湖北省湖泊志》载,黄陂后湖和汉口后湖在明代中期以前同为汉水泛区,湖水相连。明成化年间，汉水改道以后，原从襄河至黄陂间的襄河故道，日渐淤塞，形成一处长形湖泊即"后湖"，也称"潇湘湖"。张公堤为清光绪三十一年（1905年）张之洞任湖广总督时，为治理水患、确保汉口安全拨款所建，故称张公堤。修筑张公堤后，堤内的汉口后湖逐渐淤积直至消失。

从1862年鄂省全图来看，标注的后湖紧邻汉口远离黄陂，因此该后湖应该是汉口后湖，不是黄陂后湖。民国初期地图（图2-10）揭示后湖面积约31.1平方千米。根据20世纪80年代初地图（图2-12），后湖面积约15.6平方千米。《中国湖泊志》载，后湖原有面积34.2平方千米，围垦后面积16.2平方千米。《湖北省湖泊志》载，黄陂后湖在20世纪50年代，水位18.63米时，湖泊面积34.2平方千米。70年代开始，后湖周边的围垦导致湖域面积减少。21世纪初，水位18.63米时，湖泊面积16.04平方千米。2012年水域面积16.3平方千米。可见民国至50年代，湖泊面积变化较小，后续的围垦加快了湖泊的萎缩。

武湖

武湖，在长江北岸，位于湖北省武汉市的黄陂区。武湖入湖口水源主要为仓埠河。仓埠河起于黄陂木兰山南麓，经黄陂蔡榨、甘棠，从仓埠的项山村入境，在仓埠的柳茂嘴村汇成河。出湖口有两条：一是经新洲区的长河到武湖一泵站和二泵站，排入长江，二是经武湖闸流入长江。

《中国湖泊志》载，武湖又名北湖、黄汉湖。《大明会典》卷之三十六载有"黄汉湖河泊所"。清初《读史方舆纪要》卷七十六载，"武湖县东南二十五里。相传黄祖习战阅武处，亦名黄汉湖。宋开庆初，蒙古忽必烈侵宋，取道黄陂，登香炉山,俯瞰大江,江之北曰武湖,湖之东曰阳逻堡,遂自阳逻济师是也"。

据《康熙皇舆全览图》(湖广舆图)(图2-9),从地理位置来看,五湖应该是目前现存的武湖,其面积约54.7平方千米。民国六年地图显示,武湖还包含泥鳅湖,总面积约230.4平方千米(图2-13)。《中国湖泊志》载,武湖历史最大面积237平方千米,20世纪50年代初为121.2平方千米,60年代后期减为55.2平方千米,经多次围垦后面积为21.2平方千米。

图2-13 民国六年湖北省地图之武湖、涨渡湖

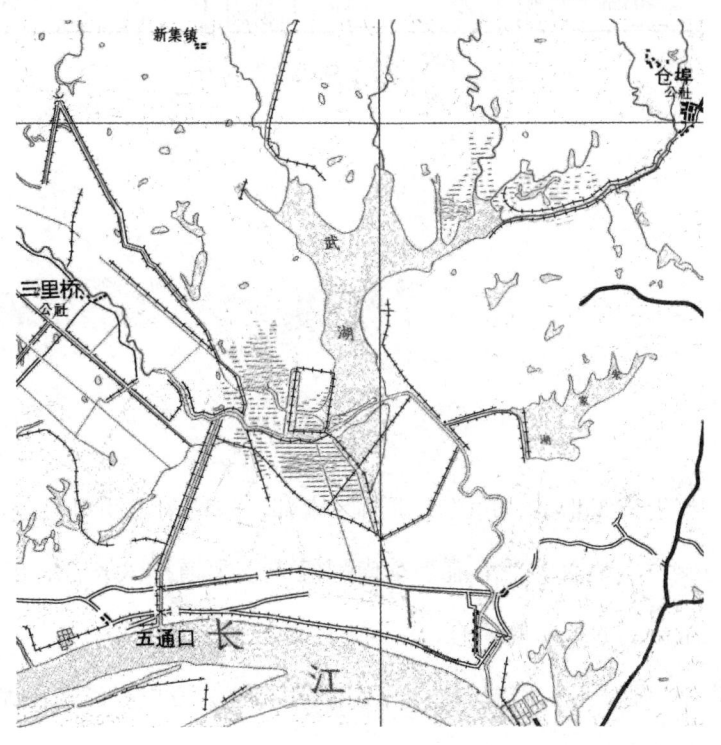

图2-14 20世纪80年代初地形图(黄陂县)之武湖

《湖北省湖泊志》载，武湖是由北湖、安汉湖、项家汊、胜家海、汤湖等子湖构成的一个面积广大的水系。北湖在武湖水系中面积最大，经过多次围垦之后，原大湖武湖消失，分化成多个小湖泊。1960年，在湖区设置武湖农场。1963年武湖大堤尚未修筑前，汤湖与长江相通。武湖大堤筑成后，汤湖面积逐年缩小。20世纪80年代初地形图（图2-14）显示武湖面积约14.3平方千米。不同时期对比（图2-15）显示，康熙以来武湖存在湖泊面积扩大再缩小的过程。

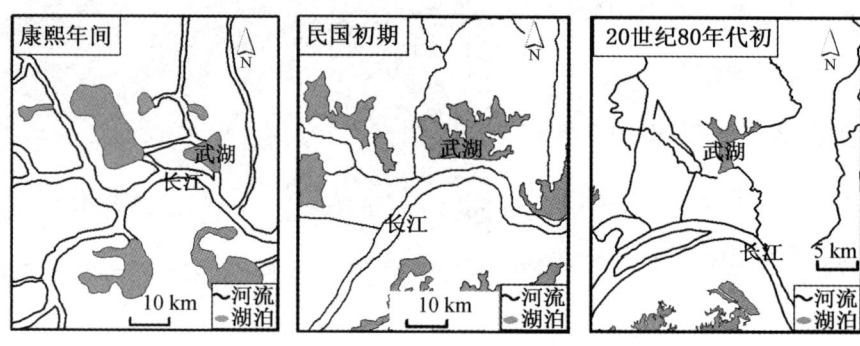

图 2-15　武湖不同时期对比

涨渡湖

涨渡湖，位于长江北岸，武汉市新洲区南部，与黄冈市团风县隔河相望。主要入湖河流有倒水、举水等，出流于东南隅经人工渠道排入长江，出口已建闸控制，为一受人工控制的水库型湖泊。

《湖北省湖泊志》载，涨渡湖原与长江自然相通，万里长江东出龙口，为"双流夹"所阻，分成南北两支，南支渐成主流，北支渐渐淤塞变成涨渡湖。元末明初，涨渡湖名"断天河"，明代中期逐步演变为湖。

对比康熙年间地图（图2-16）和民国六年地图（图2-13），康熙年间地图中阳逻和团风之间的未命名湖泊应是涨渡湖，其面积约64.9平方千米。民国六年地图显示，涨渡湖南部湖区名称为戚湖，湖泊总面积约141.2平方千米。《中国湖泊志》载，涨渡湖原有面积152.3平方千米，经围垦后面积35.2平方千米。《湖北省湖泊志》载，历史上涨渡湖区最大面积达280平方千米，为长江东支河道的重要组成部分。明代中

图2-16 《康熙皇舆全览图》（湖广舆图）之五湖、涨渡湖诸湖

期演变为湖后一直和长江相通，直到1923年堵龙干堤建成，始独立称湖。20世纪30年代，涨渡湖面积约为150平方千米。20世纪50年代，湖区开始大规模围垦，水面迅速萎缩到40平方千米，与长江的联系被人为切断。据2012年湖北省"一湖一勘"调查，其平均水面面积35.8平方千米。康熙至民国初期，涨渡湖面积大幅扩张，至50年代保持相对稳定，后续的围垦导致湖泊急剧萎缩。

 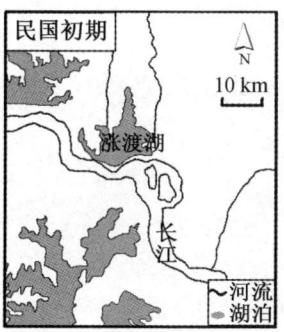

图2-17 涨渡湖不同时期对比

赤西湖

赤西湖原名西湖，位于湖北省黄冈市蕲春县，包括郑家坝湖、张明湖、管家湖、王家塘等。南滨长江，湖泊堰汊。1949年前，水泛时，赤西湖东连赤东湖西部（八里湖）。1952年，建成赤西堤和赤西闸（岚头矶闸），自此赤西湖独成水系入江。

民国六年地图（图2-18）显示赤西湖面积约36.8平方千米。《湖北省湖泊志》载，1957年前，赤西湖正常水面773.3公顷，养殖水面600公顷。20世纪80年代后，退田还湖。20世纪80年代初地形图（图2-19）揭示赤西湖面积约6.4平方千米。据2012年全省"一湖一勘"资料，湖泊水面面积9.04平方千米。可见赤西湖从民国至80年代面积大幅缩小，后小幅增加。

图2-18 民国六年湖北省地图之赤西湖、赤东湖

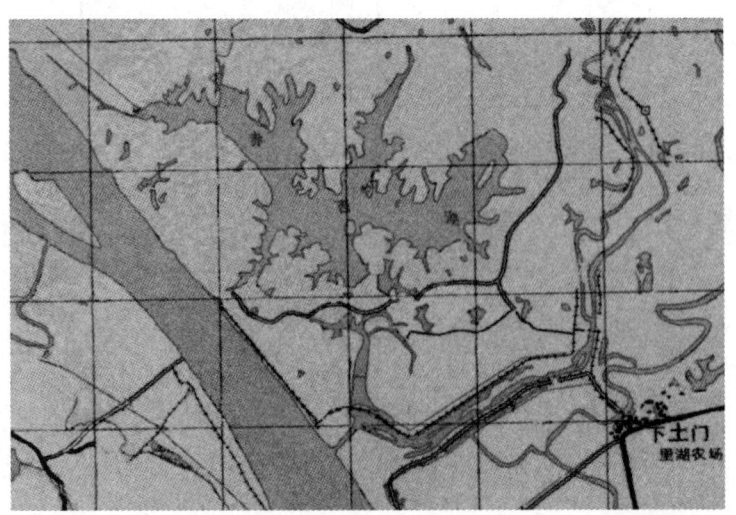

图2-19 20世纪80年代初地形图（黄石市）之赤西湖

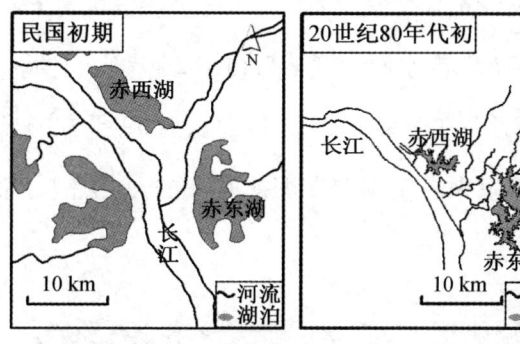

图 2-20 赤西湖不同时期对比

赤东湖

赤东湖，位于黄冈市蕲春县，赤东湖水系为长江干流北岸蕲水（蕲河）水系，有蕲河、雷溪河、新桥河、关沙河、邓信河、三店河、竹瓦河、菩提河入赤东湖，主要水源为雷溪河、邓信河、关沙河三大水系的自然汇集。

《中国湖泊志》载，赤东湖又名红土湖。《大明会典》卷三十六载，"蕲州赤东湖河泊所"。清初《读史方舆纪要》载，"赤东湖州北十里，蕲水流注于此，其湖有九十九汊，孔道所经也。中有永安堤，今掌于河泊所。又州治东有金沙湖，亦曰东湖"。《湖北省湖泊志》载，赤东湖包括十里坝以西的八里湖、七里湖、二里湖及其他湖泊，十里坝以东的吴塘湖（即红土湖）、金沙湖（外滩）和恒丰堤内湖（至武穴市栗木桥）等湖泊，总称赤东湖。

康熙年间地图标注赤东湖，在蕲州以北，与今一致，湖泊面积约 36.4 平方千米（图 2-21）。民国六年地图显示，赤东湖面积约 58.7 平方千米（图 2-18）。20 世纪 80 年代初地形图（图 2-23）揭示湖泊面积约 27.2 平方千米。《中国湖泊志》载,赤东湖原有面积48.9平方千米,围垦后面积26.8平方千米。《湖北省湖泊志》载,至1982年赤东湖水面一度减为约13.37平方千米。后经退田还湖,湖域水面恢复到约23.87平方千米。2012年面积为39平方千米。不同时期对比(图2-24)揭示,康熙以来赤东湖存在湖泊面积扩大、缩小、扩大、缩小再扩大的过程。

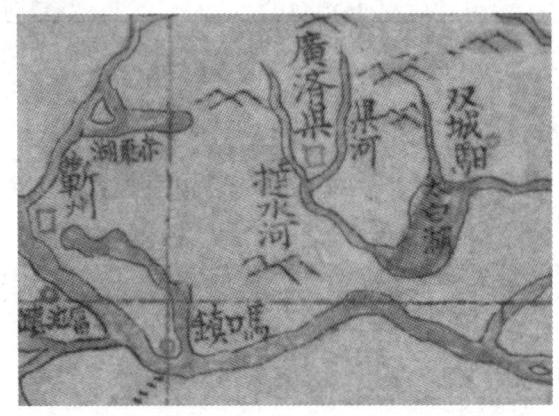

图2-21 《康熙皇舆全览图》(湖广舆图)之赤东湖、太白湖

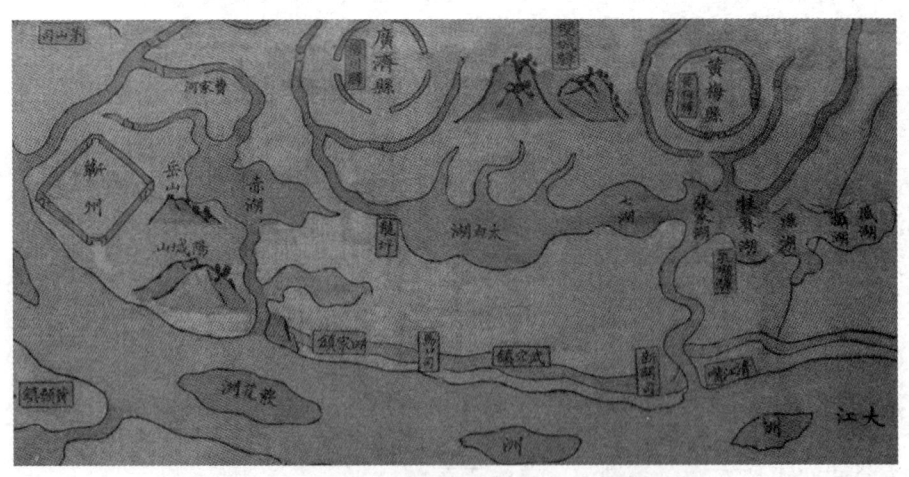

图2-22 鄂省全图(1862年)之太白湖诸湖

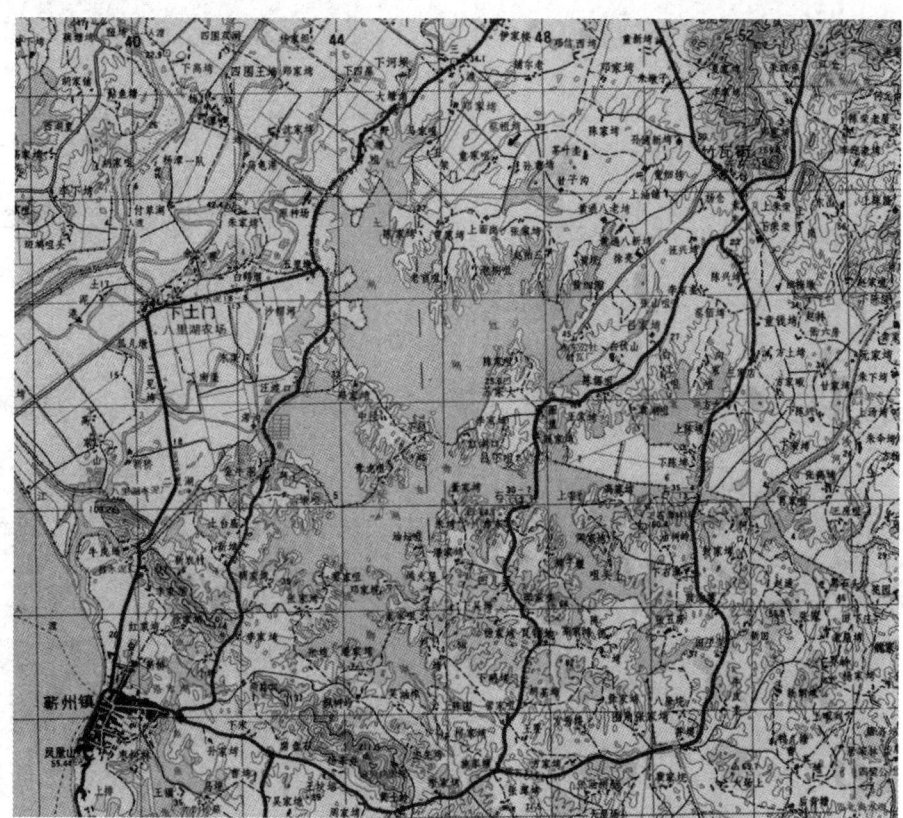

图 2-23　20世纪80年代初地形图（黄石市）之赤东湖

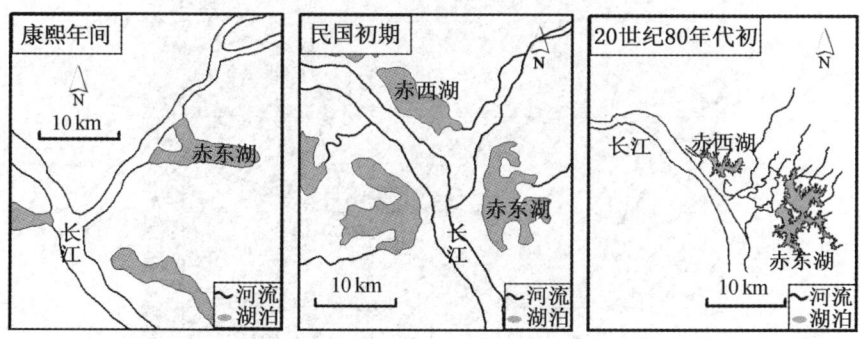

图 2-24　赤东湖不同时期对比

武山湖

图 2-25 民国六年湖北省地图之武山湖、太白湖

武山湖，在长江北岸，武穴市北郊。主要入湖河流有梅川河等，出流东注龙感湖。

《中国湖泊志》载，武山湖古称青林湖。《水经注》引《尚书》云，江水过九江至于东陵者也。西南流，水积为湖，湖西有青林山，故谓之青林湖。

《康熙皇舆全览图》（湖广舆图）（图2-21）显示，太白湖的西侧有一长条型湖泊，从位置来看很可能就是武山湖。民国六年地图显示，武山湖面积约

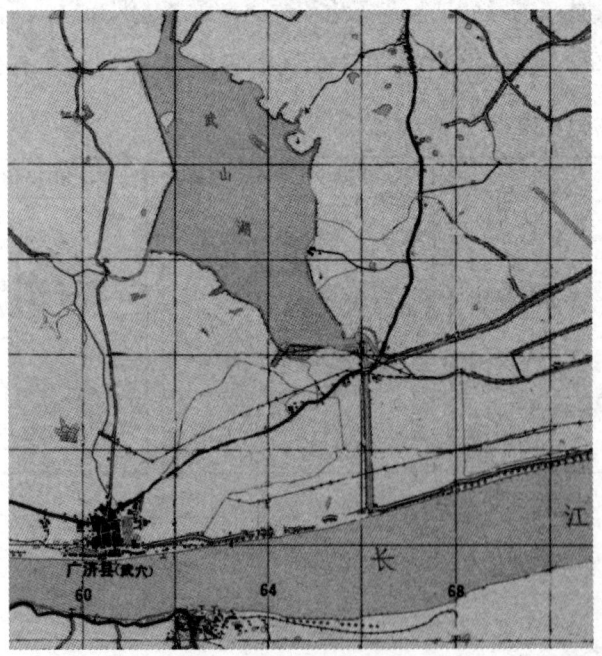

图 2-26 20世纪80年代初地形图（九江市）之武山湖

31.4平方千米（图2-25、图2-27）。20世纪80年代初地形图揭示武山湖湖泊面积约15.0平方千米（图2-26、图2-27）。《中国湖泊志》载，武山湖原有面积42.5平方千米，围垦后面积16.1平方千米。《湖北省湖泊志》载，武山湖1949年水位16米时，水面25平方千米。到1987年，湖区水面缩减至15.42平方千米。1988年，湖区经过治理，水面扩大到16.1平方千米。2012年全省"一湖一勘"资料，湖泊水面面积为16.3平方千米。康熙至民国，武山湖湖泊面积缩小，围垦后湖泊进一步缩小。

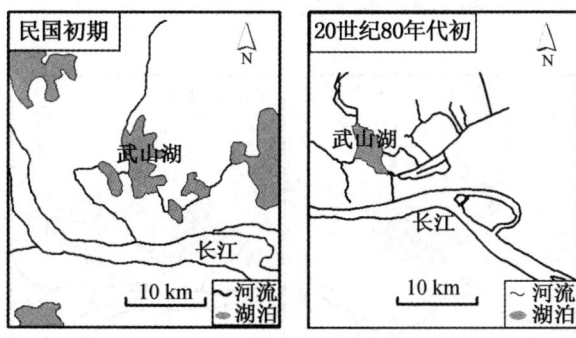

图2-27 武山湖不同时期对比

太白湖

太白湖，位于大别山南麓，湖北省黄冈市武穴市和黄梅县交界处。湖水依赖地表径流和湖面降水补给，除接纳荆竹河、考田河等来水外，汛期还西承武山湖来水。出流大部分东排龙感湖，少量入长江。

《湖北省湖泊志》载，太白湖以南约5千米，有地名蔡山。蔡山曾为长江中四面环水的小岛，江水绕山岩而下，后因长江主泓南移，蔡山遂在北岸江堤以内。

山上寺庙因名"江心寺",石上刻有李白《夜宿山寺》,太白湖缘此而名。明永乐二年(1404年)江堤建成后,北江故道与长江的联系最后割断,太白湖今貌大致定型。据清光绪二年(1876年)《黄梅县志》载,明初,太白湖设有"太白湖河泊所"。

康熙年间太白湖面积约86.7平方千米(图2-21和图2-28)。民国六年地图显示,太白湖面积约98.1平方千米(图2-25、图2-28)。《中国湖泊志》载,太白湖原有面积69.2平方千米,围垦后面积25.1平方千米。康熙至民国初期,太白湖面积扩大,围垦后湖泊面积大幅萎缩。

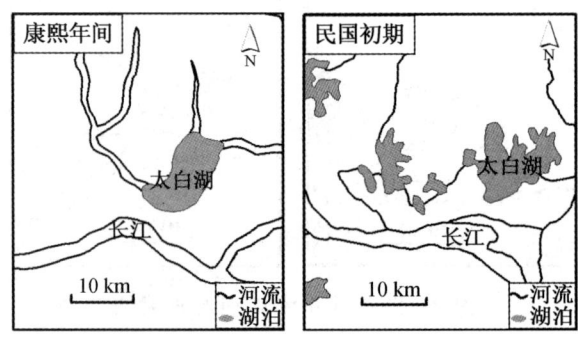

图2-28 太白湖不同时期对比

汈汊湖

汈汊湖,位于湖北省汉川市境西,湖泊近似长方形。

《中国湖泊志》载,汈汊湖原系汉北低地,清乾隆三十四年(1769年)汉江溃口,积水成湖,因多港汊,故名,属河间洼地湖。成湖初期,最大面积逾600平方千米,除该湖外,还包括东西汊湖、萧家畈湖、龙赛湖、中洲湖和华严湖等湖泊数十个。《湖北省湖泊志》载,汈汊湖初成年代在晚更新世后的云梦泽分离时期,那时浅湖沼泽普遍发生。宋代以后,人们在此大举围垦,相继建成了许多圩垸。1980年汈汊湖养殖场挖修精养鱼池,在湖内中心地带茅草岭发现明代水井。明代开始,汉江开始筑堤,但上游地区的天门河、溾水、大富水及涢水等流域来水汹涌,汇入洼地,加之汉江筑堤后,汉江河床逐渐抬高,使内垸之水无法排泄,形成了汉北地区无数个大大小小的湖泊,刁家大垸成为刁家汊。由于上游来水量大,洪水泛滥时,洼地面积广达1 000多平方千米,形成汉北"巨浸"。清乾隆三十一年(1766年)江水泛涨,堤垸溃漫,时东西汊湖、老观湖、中柱湖、沉下湖、大松湖、汈汊湖连成一片,成为独立的汈汊水系。《大清一统志》卷二百六十一记载,"大松湖在汉川县北十八里,又北二里为小松湖"。

康熙年间地图(图2-29)揭示,汈汊湖相比周边的杨叶湖、三台湖、松湖面积要小。该地图时间早于18世纪60年代汉江溃口汈汊湖规模扩大之时。1862年鄂省全图显示,湖泊图形相对简单且未标注湖名。民国前期地图(图2-30)中未见汈汊湖名,柱湖、白洋湖、三台湖、大松湖、烂泥湖连成一片。《湖北省湖泊志》载,至新中国成立初期汈汊湖总面积达426.5平方千米。《中国湖泊志》

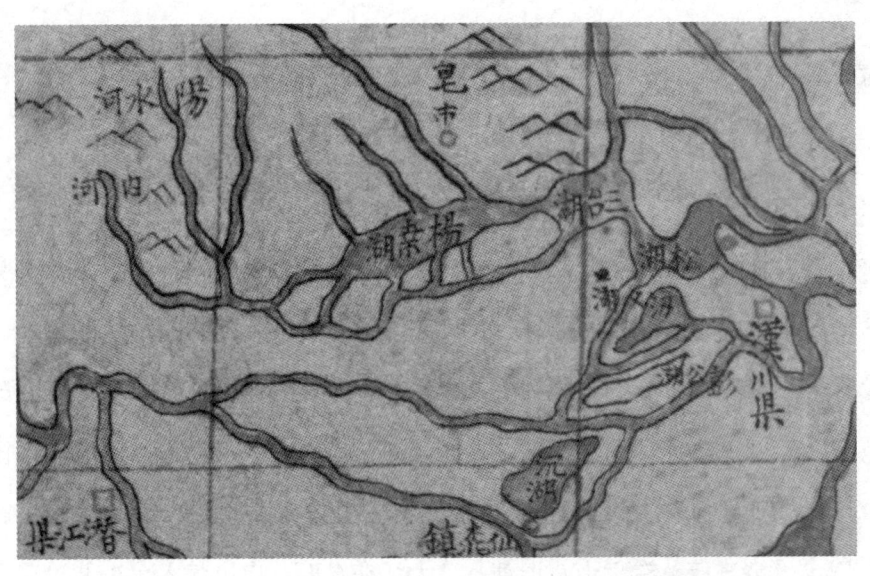

图2-29 《康熙皇舆全览图》(湖广舆图)之汈汊湖诸湖

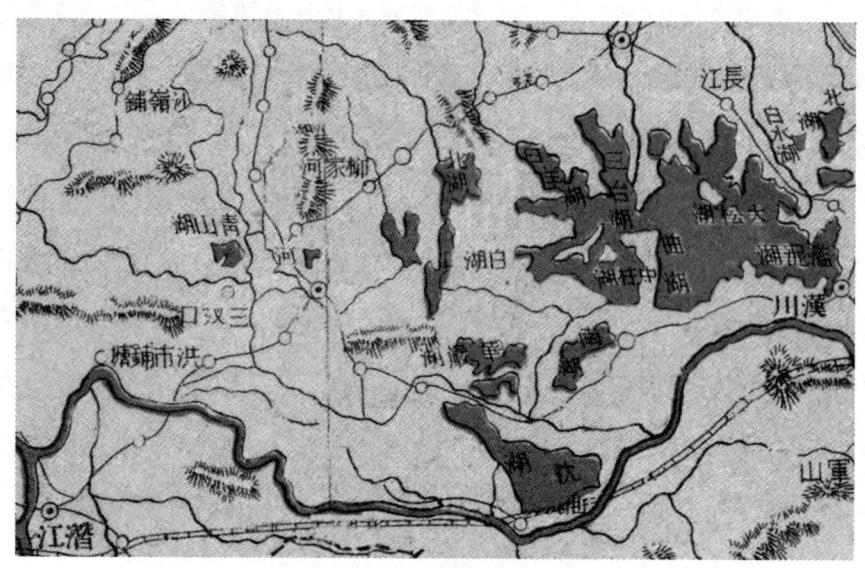

图 2-30 民国六年湖北省地图之汉川诸湖

载,汈汊湖 50 年代初尚有面积 392.5 平方千米,围垦后面积 70.6 平方千米。可见,在历史上汈汊湖本是一个小湖,民国初期汈汊湖之名还未标注,至 1949 年后汈汊湖才是汪洋一片,但随后的围垦等造成湖泊急剧缩小。

黄盖湖

黄盖湖,濒临长江,跨湖南省临湘市与湖北省蒲圻市,湘鄂两省共管的界湖。黄盖湖由源潭河和蟠河(新店河)之水形成,经由太平河注入长江。

《湖北省湖泊志》载,黄盖湖又名太平湖。《中国湖泊志》载,相传黄盖湖之名系东汉末年赤壁之战后,孙权论功行赏,以此湖赐黄盖故名。清代徐国相、王新命等《湖广通志》卷十二记载,"黄盖湖在县东九十里,赤壁鏖兵时吴黄盖屯兵于此"。《清史稿》卷六十八记载,"大江在县西,自巴陵入,东北过彭城山,松阳湖水自东南来注之。又东北与白泥湖水合,过鸭栏矶,入湖北嘉鱼。黄盖湖在东北,县东诸水皆汇焉,北注清江口,入大江"。

康熙年间地图(图2-5)显示,黄盖湖由清洁塘、黄介湖、白泥湖三部分组成,总面积约432.5平方千米。民国六年地图显示,黄盖湖面积约509.1平方千米。《中国湖泊志》载,20世纪50年代围垦前湖泊面积220平方千米,围垦后面积86平方千米,其中临湘县59平方千米,蒲圻市27平方千米。《湖北省湖泊志》载,1980年,黄盖湖流域中湖北境内修筑大小围垸17处,围垸堤长82.80千米,围垦面积29.05平方千米。近三百年间,黄盖湖在民国期间面积最大,后湖泊萎缩严重,今之面积不足民国初期五分之一。

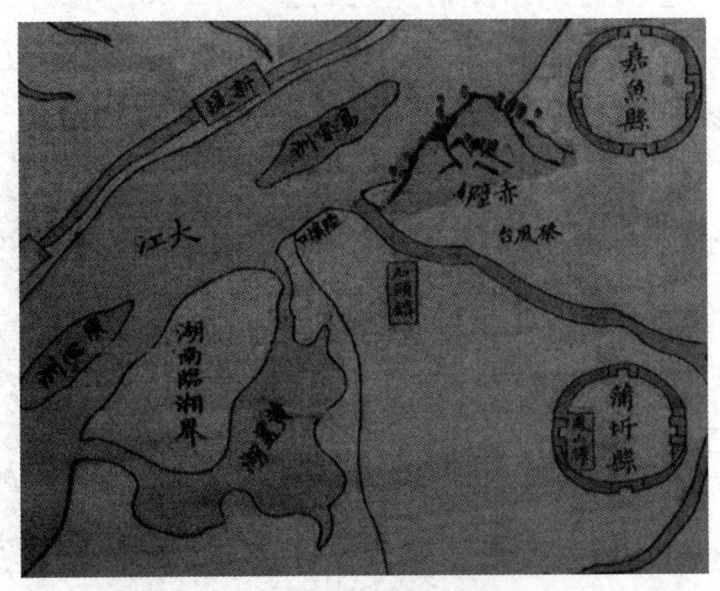

图2-31 鄂省全图(1862年)之黄盖湖

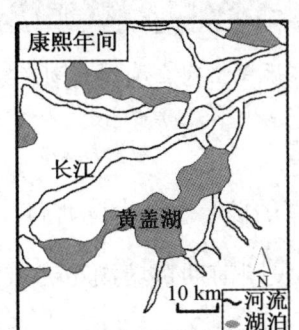

图2-32 黄盖湖不同时期对比

斧头湖

斧头湖，地处湖北省嘉鱼、江夏、咸安三县区交界处，东北为武汉市江夏区，东南为咸宁市咸安区，西为嘉鱼县潘家湾、渡普两镇。

《中国湖泊志》载，斧头湖又名东湖，湖形似斧，旁有斧头山，故名。由斧头湖、枯竹湖、白泥湖、中间湖、天井湖、麦粉湖、东湖、向阳湖、泉水湖、关阳湖等13个小湖组成。明代李东阳等《大明会典》卷之三十六记载，"斧头湖河泊所"。清《湖广通志》卷七记载，"斧头湖县南百二十里"。《大清一统志》卷二百五十八记载，"斧头湖在江夏县南一百二十里，防嘉鱼、咸宁诸县水至金口入江"。

《湖北省湖泊志》载，16世纪以前，斧头湖与西凉湖、鲁湖相连，后长江主泓道北移、江南淤积带增宽、内湖洪水冲积大量泥沙，故而一湖变为三湖。至1950年，西梁湖与斧头湖两湖之间仍有峡港相连。18世纪（图2-33）和19世纪地图（图2-34）显示有大的水域，名为斧头湖。18世纪初湖泊总面积约343.1平方千米。民国地图（图2-35）显示，斧头湖的核心水域为黄塘湖，黄塘湖与西凉湖（赤城湖）相连成片，而与鲁湖相隔离。民国前期黄塘湖与赤城湖两者总面积约

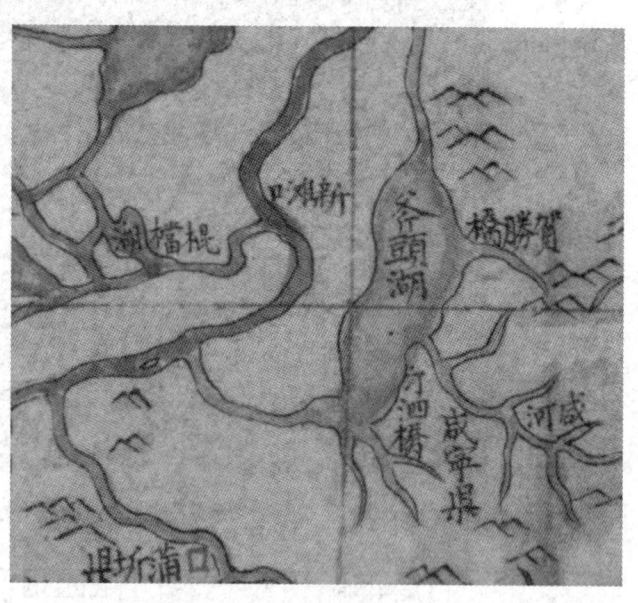

图2-33 《康熙皇舆全览图》（湖广舆图）之斧头湖

443.1平方千米。《中国湖泊志》载,斧头湖原面积189.4平方千米,围垦后面积114.7平方千米。康熙以来,斧头湖存在先扩大,再从大湖分化成多个湖泊的过程。

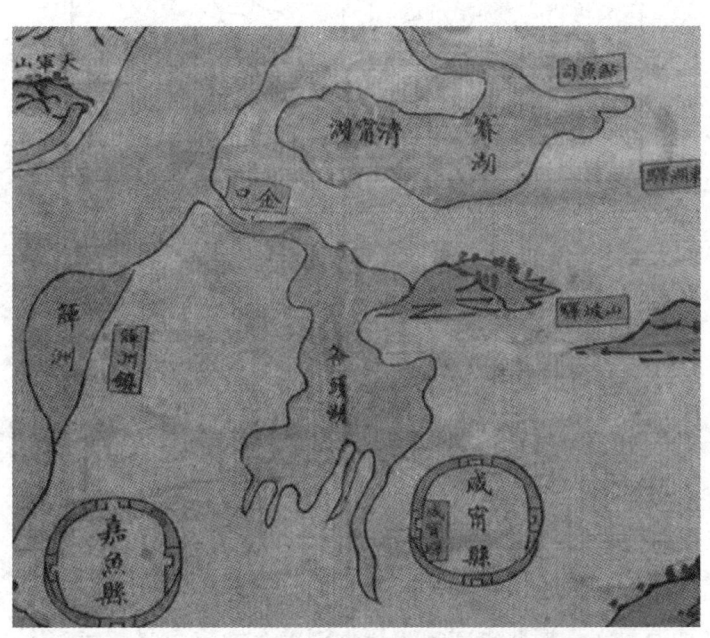

图 2-34　鄂省全图(1862年)之斧头湖

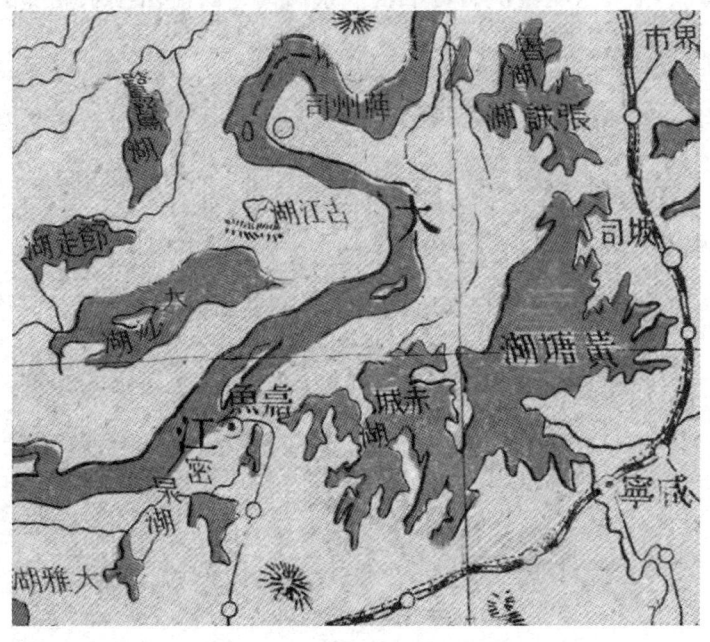

图 2-35　民国六年湖北省地图之黄塘湖、赤城湖、鲁湖

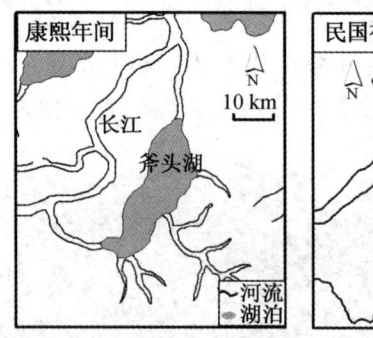

图 2-36　斧头湖不同时期对比

西梁湖

西梁湖（西凉湖），湖北省咸宁市最大湖泊，为嘉鱼县、咸安区、赤壁市三个县区市所共有。主要入湖河流有汀泗河、泉口河；出流由湖东北部的金水河、佘码河经金水闸排入长江。

唐代李吉甫《元和郡县图志》卷第二十七记载，吴大帝分立蒲圻县，因蒲圻湖为名。清初《读史方舆纪要》卷七十六记载，"蒲圻湖在县西北七十里。一名西良湖。源出咸宁县峻水岭，流合诸溪潭水而成湖，下流由金口入江。多生蒲苇，吴因以名县"。《中国湖泊志》载，西梁湖，又名西凉湖、西湖，古称蒲圻湖，因处梁子湖西，而名西梁湖。

《中国湖泊志》载，西梁湖原有面积 131.2 平方千米，围垦后现有面积 72.1 平方千米。

鲁 湖

鲁湖，在武昌县南部，长江右岸，距长江仅 7 千米。

清《湖广通志》卷七记载，"鲁湖县南八十里"。《湖北省湖泊志》载，16 世纪以前，斧头湖与西凉湖、鲁湖相连，后长江主泓道北移、江南淤积带增宽、内湖洪水冲积大量泥沙，故而一湖变为三湖。至 1950 年，西梁湖（西凉湖）与斧头湖两湖之间仍有峡港相连。

民国地图（图 2-35）显示，鲁湖含有张诚湖，两者总面积约 83.1 平方千米。20 世纪 60 年代末地形图（图 2-37）揭示，鲁湖面积约 49.4 平方千米。《中国湖泊志》载，鲁湖原有面积 77.1 平方千米，经围垦后面积 40.2 平方千米。《湖北省湖泊志》载，鲁湖在 20 世纪 80 年代中水位 21.5 米时，湖泊面积 40.2 平方千米。2012 年，湖面面积 44.9 平方千米。可见鲁湖是一个从大湖分化出来的湖泊，围垦使得其面积大幅缩小，后保持相对稳定。

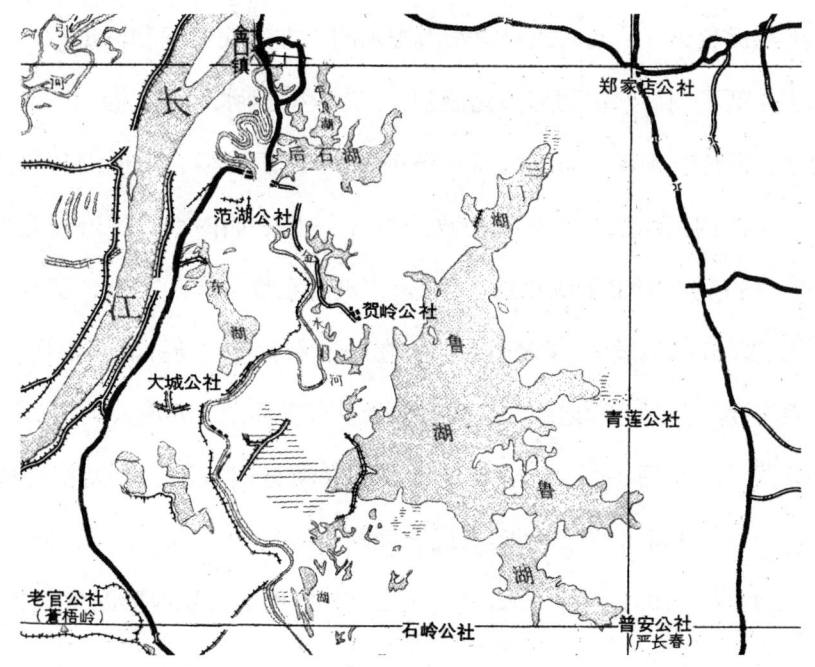

图 2-37 20 世纪 60 年代末地形图（武汉）之鲁湖

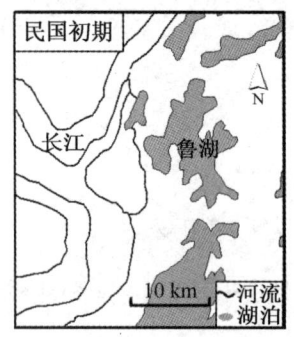 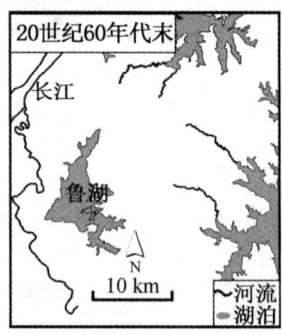

图 2-38 鲁湖不同时期对比

汤逊湖

汤逊湖，东南邻武汉市江夏区，以江夏大道为界，湖分东侧的内汤逊湖和西侧的外汤逊湖，两者之间由涵洞相通。出流原经武泰闸自排长江，后因滨湖山丘来水量大，连年泛滥成灾，又兴建了陈家山排水闸，重建武泰闸和汤逊湖电排站，汛期当长江水位高于内湖水位时即关闭涵闸，但有巡司河水倒灌入湖。

《湖北省湖泊志》载，汤逊湖原名汤孙湖。三国时期，汤逊湖与樊川、梁子湖、金水河间的内河水系，是东吴的政治中心。宋、明时期，汤逊湖北与长江相通，南经宁港古航道与梁子湖相通。清末，筑武金堤、建武泰闸，基本截断汤逊湖经巡司河通长江的航道。《大明会典》卷三十六载有"汤孙湖河泊所"。清初《读史方舆纪要》卷七十六记载，"又南十余里有汤孙湖，亦流入大江"。

康熙年间湖广舆图（图2-39）显示，汤逊湖与黄家湖、赛湖相连成统一湖泊，湖泊总面积约146.2平方千米。民国地图（图2-40）显示，汤逊湖与南湖相连，两者总面积约119.1平方千米。20世纪60年代末武汉地形图（图2-41）显示,汤逊湖与南湖、黄家湖分离,汤逊湖面积46.3平方千米。《中国湖泊志》载,汤逊湖原有面积56.9平方千米,后因围垦肢解成东、西两个湖,中间垦为农田,围垦后面积36.6平方千米。1991年《武汉市志·农业》记载,1957年汤逊

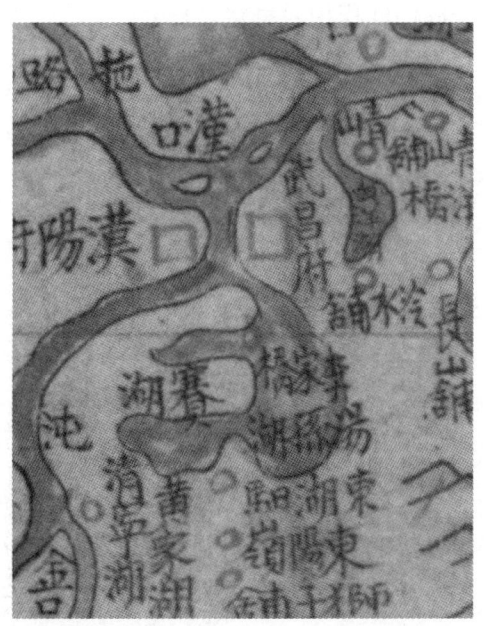

图2-39 《康熙皇舆全览图》(湖广舆图)之汤逊湖

图2-40 民国六年湖北省地图之汤逊湖、梁子湖诸湖

湖水面8 000.4公顷（1公顷=0.01平方千米），1982年汤逊湖实测面积6 373.66公顷。《湖北省湖泊志》载，2012年湖北省"一湖一勘"，水面面积47.6平方千米。综合来看（图2-42），康熙以来汤逊湖经历了从一个大湖分化为多个湖的过程，20世纪60年代以来湖泊面积相对稳定。

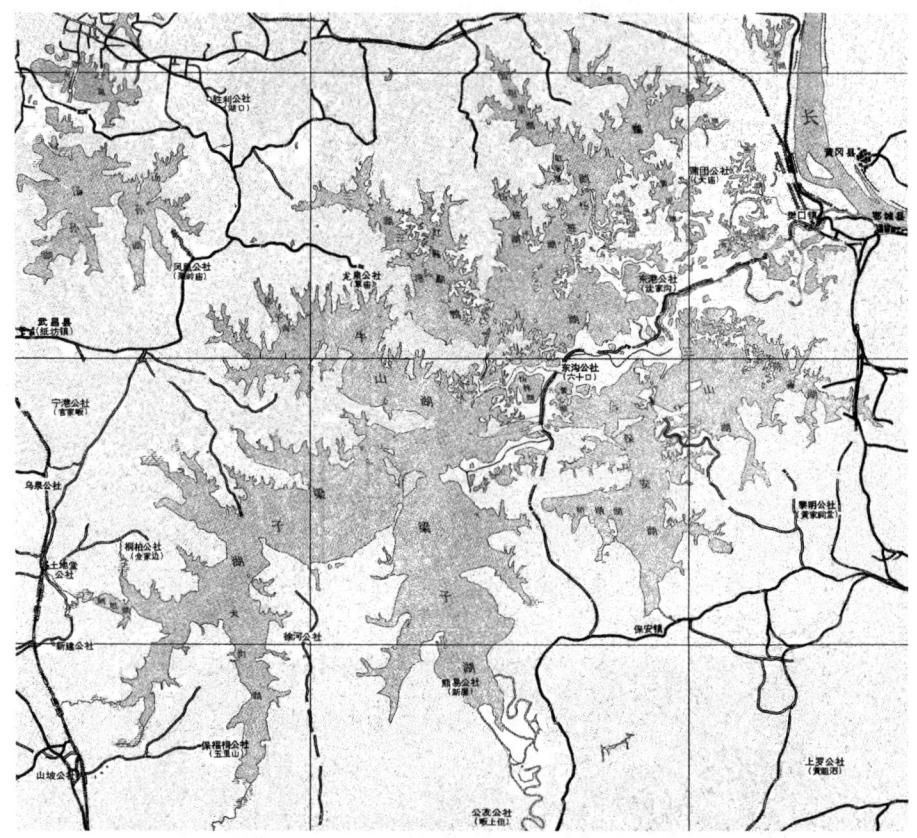

图2-41　20世纪60年代末地形图（武汉）之汤逊湖、梁子湖诸湖

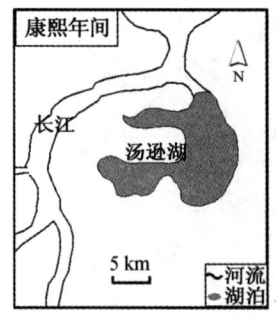  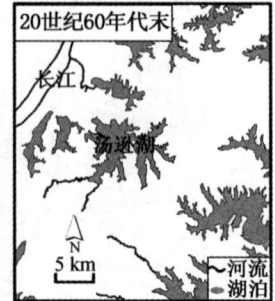

图2-42　汤逊湖不同时期对比

武汉东湖

《中国湖泊志》载,武昌东湖,在武汉市武昌区东郊,系构造基础上经长江自然封淤形成的堤间洼地堰塞湖。由彼此通连的郭郑湖、杨汊湖、汤林湖、筲箕湖、水果湖、庙湖、牛巢湖、后湖和喻家湖等水域组成。水位19.8米,长11.8千米,最大宽6.2千米,平均宽2.86千米,面积33.7平方千米;最大水深3.1米,平均水深2.8米,蓄水量0.94×10^8立方米。湖形极不规则,岬湾交错。

《湖北省湖泊志》载,东湖系长江汛期洪水泛滥,泥沙在两岸发生不等量淤积而成。它由郭郑湖等共11个湖泊构成,其中郭郑湖为主湖,并通过沙湖港、青山港与沙湖等相通。20世纪以前,东湖和武昌地区的沙湖、严西湖、北湖等众多湖泊相互连通,并与长江连接,构成一个水网纵横的天然湖泊水系,湖水随长江水位涨落。1899—1902年,湖广总督张之洞在长江与东湖之间修建了武金堤和武青堤,并在堤防上修建了武泰闸和武丰闸。从此,东湖及其周边湖泊与长江分离,东湖由天然湖泊转变为受涵闸调控的内陆水体。

据夏增民《历史时期武汉沙湖的变迁》一文,武昌东湖乃古之郭郑湖,先于沙湖形成,沙湖约形成于明代中期。"东湖"之名,始见于《舆地纪胜》,其书卷六十六《荆湖北路·鄂州·景物上》云,"东湖,在城东四里,湖上有东园,为近城登览之胜"。但夏增民认为此东湖并非今日之东湖。夏增民发现,乾隆《江夏县志》卷之一《山川》载,"东湖,一名郭郑湖,在县北二十里",夏增民认为这应是将郭郑湖称为东湖之始。同治《江夏县志》因之,该称谓一直延续至今。在历史上,郭郑湖从未被称为沙湖。

明嘉靖年间《湖广图经志书》载有"郭郑湖河泊所"。根据搜集的1714年、1794年、1869年江夏县志图,今之东湖一直命名为郭郑湖。郭郑湖的位置相对稳定，但沙湖、白洋湖的位置尤其是沙湖可能存在较大变化。由于湖泊的迁移，面积的变化，郭郑湖与沙湖、白洋湖的连通在不同时间也存在差异。1714年的江夏县志图显示郭郑湖相对独立。

梁子湖

梁子湖，位于长江南岸，分布于江夏区、鄂州市、咸宁市交界，由梁子、鸭儿、保安、三山等湖泊组成梁子湖水系，四周分别与武汉、咸宁、大冶等市（县）交界。入湖河流有金牛港、高桥河等30条。

明李东阳等《大明会典》卷三十六载有"梁子湖河泊所"。《明一统志》卷五十九亦提及梁子湖。《中国湖泊志》载，因湖中有梁子岛得名。据《湖北省湖泊志》，清道光年间，修筑樊口堤（今名粑铺大堤）。1926年建成民信闸与民生闸，从此隔断长江洪水。1960年前后鸭儿湖、三山湖和保安湖从梁子湖大水系中分离出来。历经围湖垦殖，鸭儿湖被分割成多个互不相连的水体，在2012年湖北省公布的湖泊保护名录中，鸭儿湖之名已不存在。原鸭儿湖湖体中湖水面积在1平方千米以上的子湖，包括五四湖、马桥湖、瓜圻塘、大头海、严家湖、红莲湖、豹澥湖。

康熙年间湖广舆图（图2-43）显示，梁子湖总面积约438.5平方千米。民国早期地图（图2-40）显示，梁子湖涵盖了吴塘湖、后湖、浮石湖等多个湖泊，总面积约721.5平方千米。20世纪60年代末武汉地形图（图2-41）揭示鸭儿湖与梁子湖分离，梁子湖湖泊面积314平方千米，鸭儿湖湖泊面积167.4平方千米。《中国湖泊志》载，梁子湖面积304.3平方千米（围垦前面积454.6平方千米）。《湖北省湖泊志》载，1953年当水位达到19米时，梁子湖湖泊面积406.3平方千米。2012年湖北省"一湖一勘"调查，水面面积 271 平方千米。梁子湖康熙至民国初期，湖泊显著扩大；但后期湖泊经历了分化成多个湖泊，形成湖群，以及面积减小的过程。

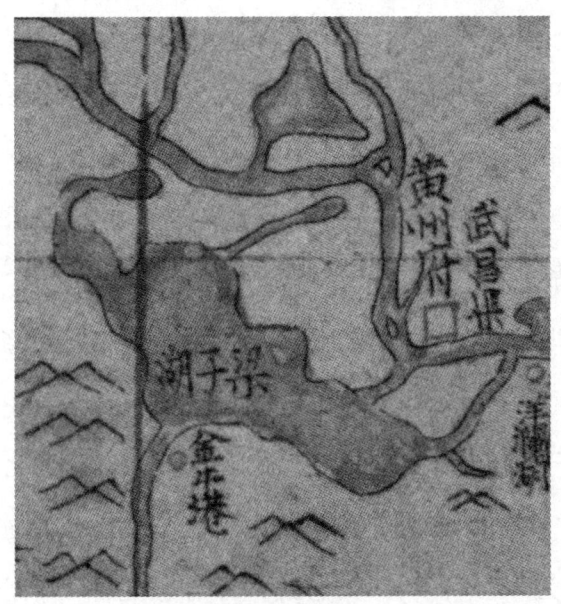

图 2-43 《康熙皇舆全览图》（湖广舆图）之梁子湖

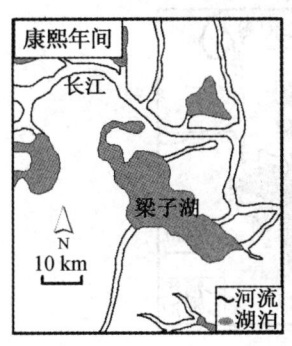

图 2-44 梁子湖不同时期对比

保安湖

保安湖，在长江南岸，跨鄂州市和大冶市。西与梁子湖连接，北经河泾港与三山湖相通，1964年建东沟闸以控制水位始与梁子湖分离。

《中国湖泊志》载，保安湖古称河泾湖，保安湖系以南岸保安镇而得名，河泾湖因北临河泾河，故名。

民国初期三山湖和保安湖面积合计167.0平方千米，20世纪60年代末地形图中三山湖和保安湖面积合计125.7平方千米（图2-45）。《中国湖泊志》载，原有面积96.9平方千米，围垦后现有面积48平方千米。《湖北省湖泊志》载，20世纪50年代，保安湖水位为18.0米时的水面面积为71.6平方千米。到20世纪80年代，湖面面积为46.1平方千米。据2012年湖北省"一湖一勘"成果，保安湖常年水面面积45.1平方千米。

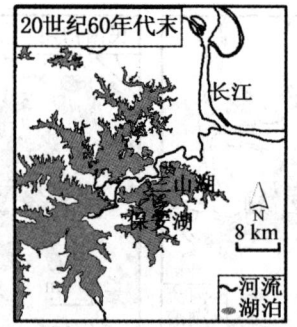

图2-45 三山湖、保安湖不同时期对比

三山湖

三山湖,位于长江南岸,地跨鄂州市和大冶市。《湖北省湖泊志》载,三山湖渍水历史上经河泾港、保安湖,由东沟港排入长港出江;1965年后改由洋泽沟港闸排入长港,经民信闸排入长江;1972年火烧坝围垸建成,三山湖渍水又回复故道经河泾港—保安湖—东沟港—长港—民信闸排入长江;1973年樊口大闸和新河道相继建成和开通,三山湖渍水改从新河道经樊口大闸排入长江;1991年三山湖节制闸建成,三山湖渍水经三山湖节制闸—新河道至樊口大闸排入长江。

《中国湖泊志》载,三山湖原有面积73.2平方千米,围垦后面积24.3平方千米。

大冶湖

大冶湖,位于长江中游南岸,跨大冶、阳新两县境。主要入湖河流有洪滨河及27条溪流;出流由东西大河于韦源闸排入长江。20世纪70年代,采取蓄泄并举治理方针,疏浚河道155千米,修筑圩堤81.4千米,兴建排水闸和电排站各1座,排水泵站12座,成为受人工控制的水库型湖泊。

《中国湖泊志》载,大冶湖又名韦源湖、金湖。北宋乾德五年(967年)设大冶县,以湖西大冶镇命湖,韦源湖系由入江河口韦源口命名,金湖乃因境内矿藏丰富,故名。明李东阳等《大明会典》卷三十六载有韦源湖河泊所。清光绪《大冶县志》载,"韦源湖自茗山下发源,由西曲折而东出韦源口,约一百二十里"。

又载,"春夏为湖,则弥漫浩渺远接天碧;秋冬为港,则转旋曲折而莫见所从出"。《大清一统志》卷二百五十八记载,"韦源湖在兴国州北七十里,接大冶县界。发源武昌县杨桥诸山,合大冶县诸水,径下游湖韦源口入江","金湖在大冶县南半里,湖南为兴国州界,春冬则涸,夏潦盛时,由韦源口入江"。

康熙年间湖广舆图清晰可见大冶湖(图2-46),湖泊成长条形,图中大冶湖西部标注为金湖,东部韦源湖,湖泊通过韦源口入江,该时期大冶湖湖泊面积约176.8平方千米,大于临近的网湖。民国时期湖泊形状仍呈长条形(图2-47、图2-48),面积约148.5平方千米。《中国湖泊志》载,20世纪50年代初面积169.7平方千米,60年代面积122.7平方千米,围垦后面积68.7平方千米。《湖北省湖泊志》载,2012年湖北省"一湖一勘"调查,水面面积54.7平方千米。可见从康熙到20世纪中叶大冶湖湖泊面积变化相对较小,60年代以来的围垦大大地削减了湖泊面积。

图2-46 《康熙皇舆全览图》(湖广舆图)之大冶湖、网湖、猪婆湖

图 2-47 民国六年湖北省地图之大冶湖、网湖、猪婆湖

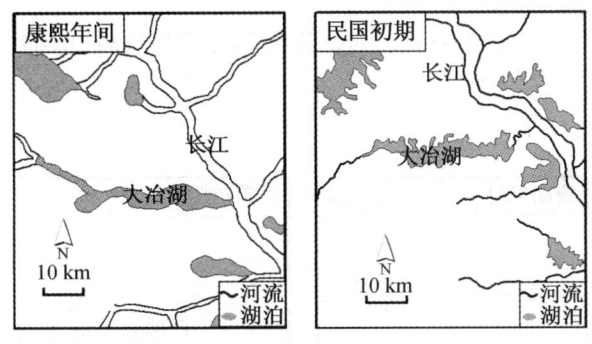

图 2-48 大冶湖不同时期对比

网湖

网湖,位于湖北省黄石市阳新县境内,在长江南岸,紧靠富水入江。《湖北省湖泊志》载,网湖湖水依赖地表径流与湖面受雨补给,主要入湖河流有良荐河。

良荐河源自父子山白云洞流经下司湖入网湖,由祝家庄闸经半壁山闸流入长江。另一入湖河流为银山水系,经莲花湖群由沙嘴闸汇入网湖。

《大清一统志》卷二百五十八记载,网湖在"兴国州东五十里"。《州志》记载,"良荐港北流二十里入门枋湖,又东北流四十里入网湖,南塘湖东流五十里入网湖,网湖汇诸流入长湖"。

康熙年间地图、民国早期地图中的网湖见图 2-46、图 2-47。康熙年间网湖面积约 55.2 平方千米,民国早期网湖面积约 36.2 平方千米。《中国湖泊志》载,网湖原有面积 80.9 平方千米,经围垦后面积 42.3 平方千米。《湖北省湖泊志》载,网湖在 20 世纪 50 年代,当水位为 20 米(吴淞高程)时,湖泊总面积为 81.9 平方千米。20 世纪 70 年代后,在围垦良荐湖、赛桥湖(上片)的基础上,阳新县围垦大网湖,围垦总面积为 28.8 平方千米。至 2013 年,当网湖水位在 19 米时,水面面积为 40.2 平方千米。近三百年来,网湖存在萎缩、扩张和再萎缩的过程。

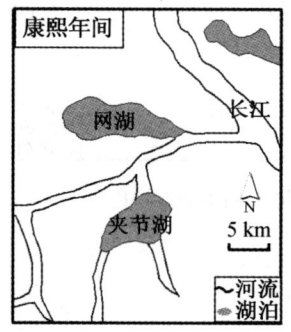 

图 2-49　网湖、朱婆湖(夹节湖)不同时期对比

朱婆湖

朱婆湖，在湖北省阳新县东，隔富水与网湖相邻，长江右岸。湖水主要依赖地表径流和湖面降水补给，入湖河流有富水等，出流经富池口排入长江。

《湖北省湖泊志》载，朱婆湖，旧称夹节湖、大口湖，又称舒婆湖、猪婆湖，以湖形如猪婆得名。《大清一统志》卷二百五十八记载，"舒婆湖，在兴国州东南五十里。黄冈港，东南流八十里入夹节湖，又东南六十里入舒婆湖，而入长湖"。1949年前，朱婆湖湖区百姓习称其为大口湖；1949年后，由于湖泊大片面积靠近军山嘴的朱婆山而被命名为朱婆湖。

康熙年间地图（图2-46）中，现今朱婆湖位置标记为夹节湖。湖泊呈现豌豆形，有两条来自南部的主要入湖河流，以及注入富水的一条河流，该时期朱婆湖面积约39.3平方千米。1862年鄂省全图中网湖与朱婆湖合为一个大湖。民国初期地图（图2-47）显示，网湖与朱婆湖相距较远，朱婆湖面积约18.1平方千米。《中国湖泊志》载，朱婆湖原有面积21.8平方千米，围垦后面积17.7平方千米。可见从康熙至民国朱婆湖面积少了一半多，民国以来湖泊面积变化较小。

第三章 江西省湖泊

鄱阳湖

鄱阳湖，位于长江中下游鄱阳凹陷盆地内，古称彭蠡泽、彭泽和官亭湖，是中国最大的淡水湖泊。鄱阳湖之名始见于撰于宋太宗太平兴国年间的《太平寰宇记》中。鄱阳湖汇集了赣江、抚河、修水、鄱江（饶河）、信江五大水系，调蓄后经湖口注入长江，是一个典型的季节性吞吐型湖泊。作为季节性湖泊，鄱阳湖具有洪、枯水位变幅大的特点，形成"洪水一片、枯水一线"的景观格局，这是现代鄱阳湖作为季节性湖泊的主要特征。

地质历史上，鄱阳湖盆地的形成与鄱阳湖的发育经历了一个漫长过程。元古代（距今24亿~5.7亿年）时，现代的鄱阳湖属扬子海槽区；中生代早、中期（约2亿年前）结束海侵。中生代中、晚期（距今2亿~0.65亿年）的燕山运动时，湖区西北侧、庐山东部产生了湖口—星子断裂，湖区东南侧、怀玉山西边产生了宜春—乐平断裂。两条大断裂中间，湖区地壳经多次拗陷、断陷成为一个巨大的洼地，形成了鄱阳湖沉降盆地的雏形。这种沉降趋势一直持续到早第三纪（距今0.65亿~0.26亿年），古鄱阳盆地最终形成。现代鄱阳湖形成于全新世，由海面及长江下游水位的上升所致，至今才不过几千年。

彭蠡古泽的存在，在司马迁的《史记》里，多有记载，但在更早的典籍里，除了《禹贡》之外，鲜有记述。谭其骧认为这是因为先秦的古书典籍均把彭蠡泽当成古长江的加宽河道，并不是独立的湖泊。彭蠡新泽，自形成后至隋唐时代，历时千年以上，范围相当稳定，始终局限在鄱阳湖北湖地区，未见向南扩张至鄱阳平原的任何记载。而其南部的鄱阳平原，古代称为枭阳平原，汉武帝曾置枭阳县，两汉时，经济已较为发达。但是，由于新构造运动的影响，鄱阳平原具有缓慢下沉的性质，加之后彭蠡泽阶段，海平面稳定抬升和长江的顶托作用的加剧，鄱阳湖平原沼泽化特征可能已经比较严重，大部分地区已经不适合人类居住和农业生产，刘宋永初二年（421年）枭阳县的撤销，可能与此有关。枭阳县的撤销，当是一个重要的信号，可能是枭阳平原沼泽化严重到不能开展正常的社会活动的一个指示。

北宋初期，彭蠡湖溢出嶷子口过松门之后，不但已进入鄱阳县境，而且距鄱阳县城很近。至南宋，《舆地纪胜》饶州条下已立郡阳湖之目，并谓，"湖中有鄱阳山，故名鄱阳湖，其湖绵亘数百里，亦名彭蠡湖"。随着时间的推移，鄱阳湖逐渐取代彭蠡湖称谓。唐宋时期，鄱阳湖南侵，并官亭和担石湖（今抚河下游）。明清以来，水面继续拓展，使入湖水系下游河谷溺水形成湖汊，如著名的军山湖和青岚湖等即是。

明清时期，鄱阳湖变化最大的特点是汊湖的形成和扩展，特别是鄱阳湖的南部地区。在进贤县北境，宋时仅有族亭湖和日月湖两个湖泊见于记载。《太平寰宇记》饶州余干县记载，"族亭湖在县西水路八十里，湖中流分进贤及南昌二界"。《舆地纪胜》隆兴府载，"日月湖在进贤北十五里"。后经元明两代，随着鄱阳湖地区的继续沉降，族亭湖被鄱阳湖吞并，进贤北境的北山成为鄱阳湖的最南端。与此同时，日月湖泄入鄱阳湖的水道扩展成军山湖，遂使军山、日月两湖成为进贤境内最大的湖泊，当时进贤西北的青岚湖尚未形成。至明末清初，原来流经进贤西北的清溪、南阳、洞阳三水的中下游地带，也因沉溺而扩展成仅次于军山湖的大汊湖—青岚湖（或称清南湖、洞阳湖）。《清一统志》南昌府山川已列青岚湖之目。

18世纪以来鄱阳湖面积变化较大，18世纪初期《康熙皇舆全览图》中鄱阳湖面积约3 382平方千米（图3-1、图3-4），19世纪同治年间面积3 133平方千米（图3-2、图3-4），20世纪初民国初年面积约4 168平方千米（图3-3、图3-4）。

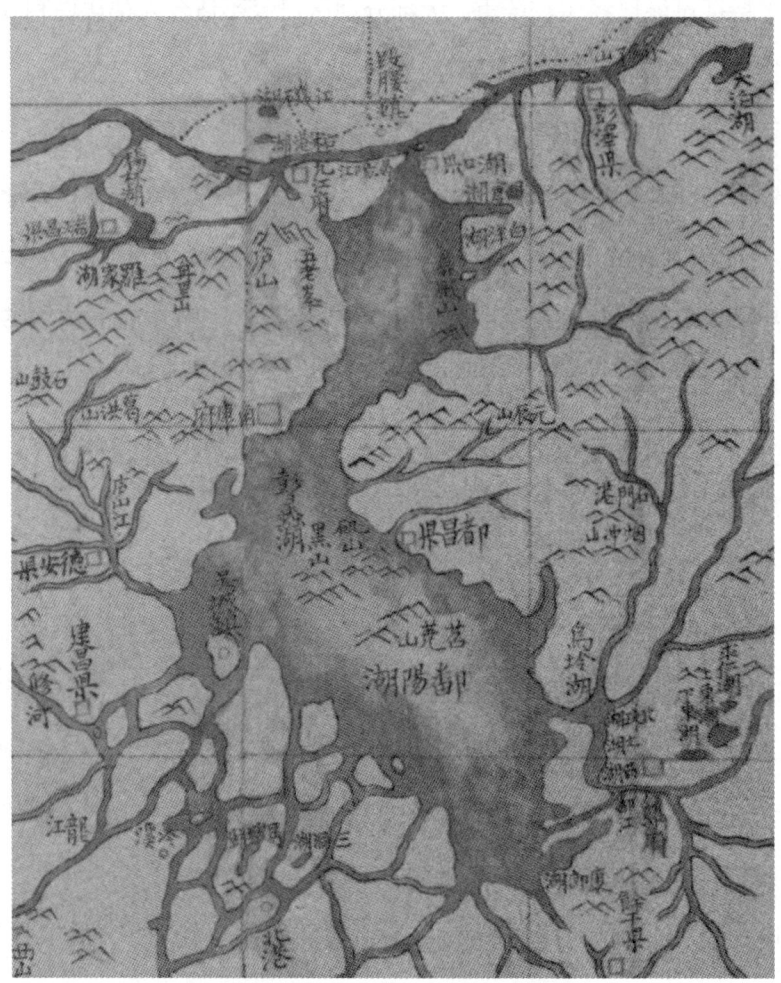

图 3-1 《康熙皇舆全览图》(江西舆图)之鄱阳湖

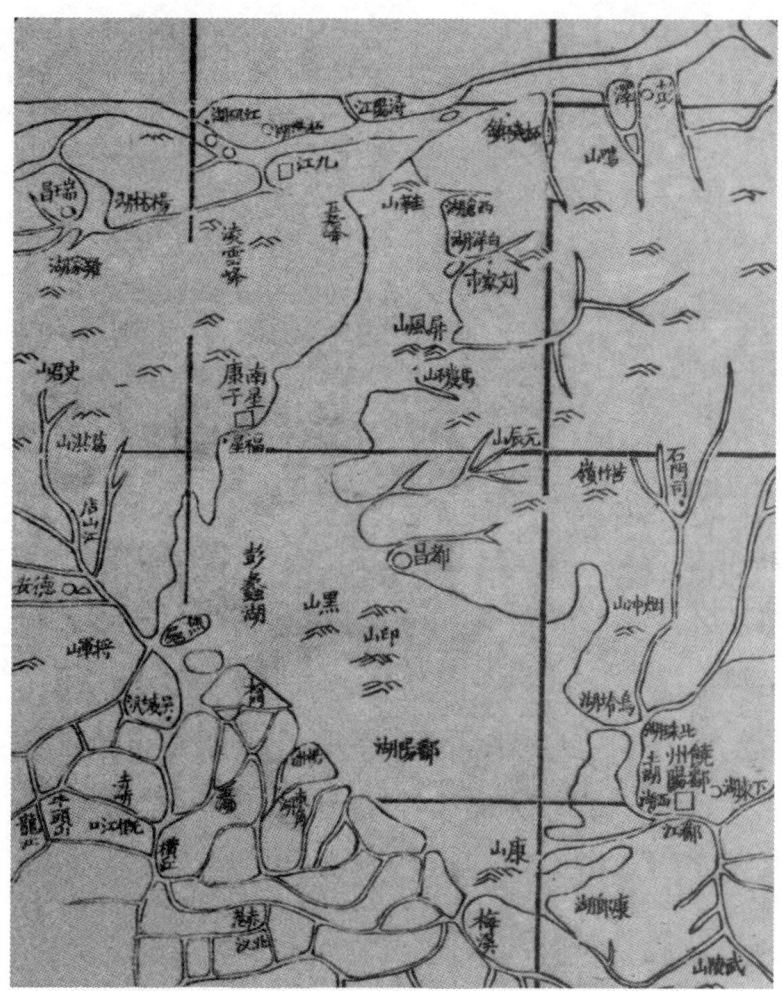

图 3-2 《大清一统舆地全图》(江西全图)之鄱阳湖

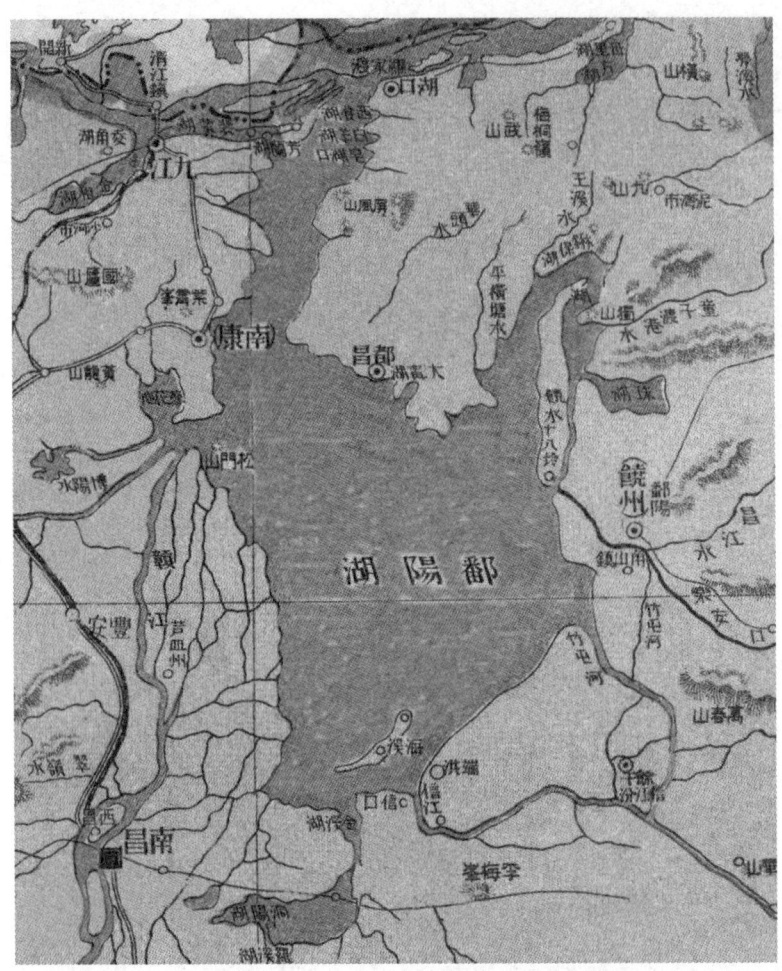

图 3-3　民国六年江西省地图之鄱阳湖

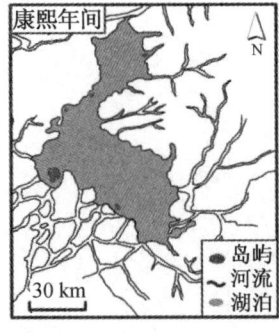

图 3-4　鄱阳湖不同时期对比

太泊湖

太泊湖，位于江西省彭泽县东北部，属长江干流下游上段右岸水系，是长江废弃古河床经积水而成的河迹洼地湖。20世纪60年代以来，先后建成香口闸和八亩田闸，上游来水经调蓄后，分别经此两闸排入长江。《中国湖泊志》载，太泊湖面积20.7平方千米。

《康熙皇舆全览图》江西舆图记录的大泊湖为现今太泊湖所在的位置，湖泊通过西部河流与长江相通。1864年江西省全图显示湖泊也可以通过北部河流汇入长江（图3-6）。民国六年，江西省图有湖名而无图，但同期的安徽省地图大泊湖清晰可见，大泊湖西部再无河流与长江相通（图3-7）。

 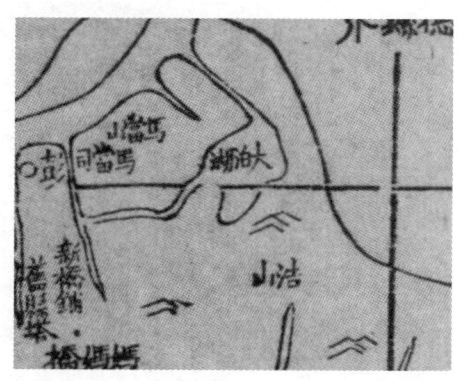

图3-5 《康熙皇舆全览图》　　　图3-6 《大清一统舆地全图》
　　（江西舆图）之大泊湖　　　　　　（江西全图）之大泊湖

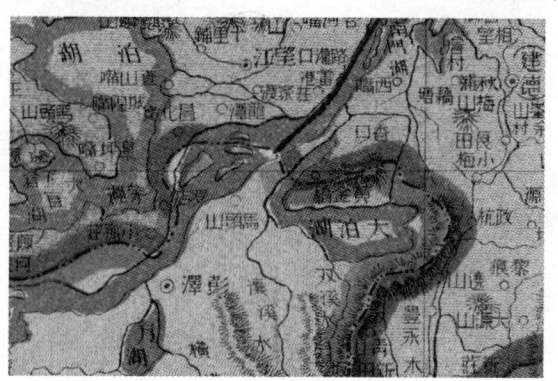

图3-7 民国六年安徽省地图之大泊湖

赤湖

赤湖，跨瑞昌市和九江市，武山雄踞西南，湖泊东北与长江仅一堤之隔，属于长江水系。《中国湖泊志》记载，原有面积 100.4 平方千米，经围垦后面积 80.4 平方千米。21 世纪的人为活动造成湖泊面积进一步缩小。

《瑞昌县志》（1990）引清同治县志，瑞昌原有五湖，南湖、杨林湖、白马湖、下巢湖、赤湖。康熙皇舆全览图江西舆图及同治江西省全图（图 3-8、图 3-9）显示，杨林湖通过河流和长江贯通，但瑞昌北部，武山附近未见赤湖。民

图 3-8 《康熙皇舆全览图》（江西舆图）之杨林湖

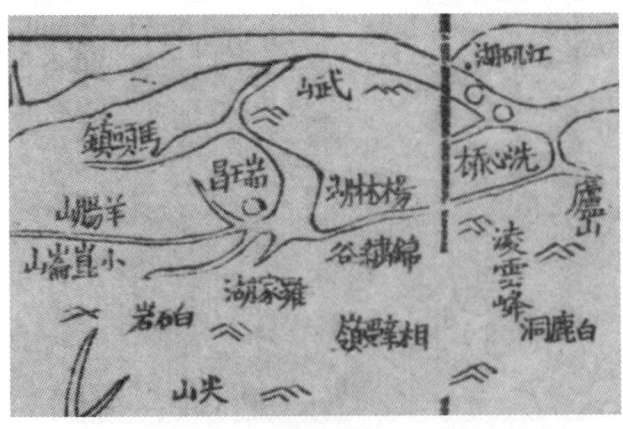

图 3-9 《大清一统舆地全图》（江西全图）之杨林湖

国六年江西省地图（图3-10）上出现了以赤湖为名的湖泊，此时已不见杨林湖，民国二十年（1931年）江西省地图显示赤湖面积扩大（图3-11）。

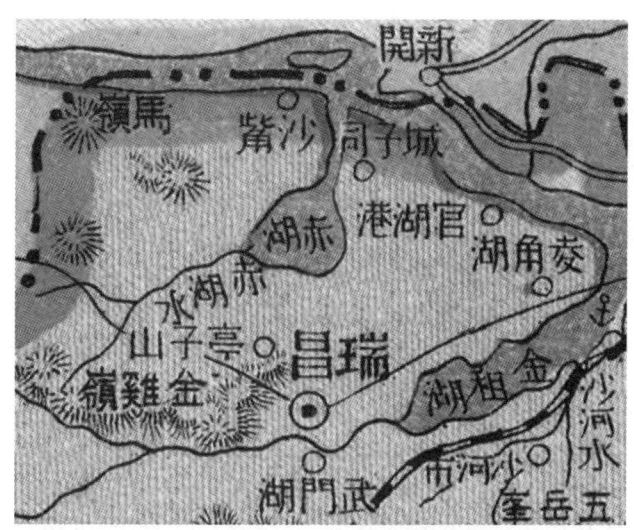

图3-10　民国六年江西省地图之赤湖诸湖

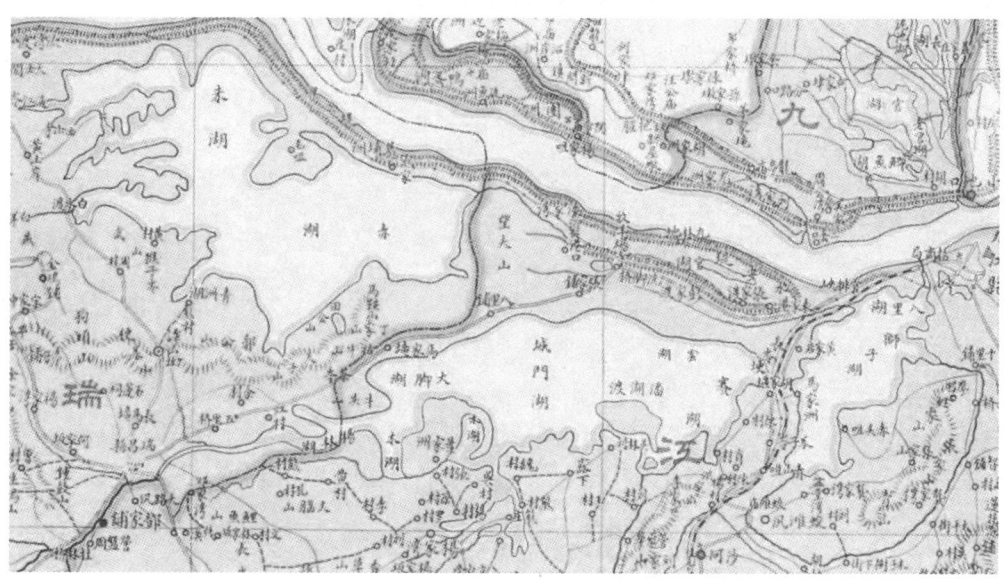

图3-11　民国二十年江西省地图之赤湖诸湖

赛城湖

赛城湖,位于九江市区西郊,属于河迹洼地湖,由赛湖、长港湖、大城门湖等子湖组成,各子湖间多有低矮堤坝相隔,冬季枯水期各子湖形成独立水域。《中国湖泊志》记载,赛城湖原有面积84.56平方千米,围垦后面积61.32平方千米。

九江西郊的八里湖,与《中国湖泊志》中提及的七里湖可能是同一个区域的湖泊,志中提及"在九江市西南郊,北临长江,西与赤湖相通……原有面积20.69平方千米,围垦后现有面积16.24平方千米"。

《康熙皇舆全览图》江西舆图及同治江西省全图(图3-8、图3-9)显示,今赛城湖、八里湖一带未见清晰的湖泊水域,一些长江加宽段可能与该湖区部分区域重叠。到了民国初期,今赛城湖、八里湖区域可见一较大湖泊,名为金租湖。民国二十年的地图显示其水域格局与今类似,东部为八里湖、狮子湖,向西则是以城门湖为主体的湖泊,再向西则为赤湖水域。

第四章 安徽省湖泊

巢 湖

巢湖,位于安徽省中部,地处长江与淮河两大水系之间,湖区为长江区,一级流域为长江流域,二级流域为长江干流水系。巢湖沿湖共有35条河流,主要入湖河流呈向心状分布,包括南淝河、派河、蒋口河、杭埠河、白石天河等,其中南淝河、派河和杭埠河携带泥沙入湖的比重较大。

巢湖别名为"居巢湖"或"焦湖",据历史文献资料记载,巢湖的名称经历了一系列的变迁。例如,在汉代,《史记·货殖列传》称巢湖为"潮";《汉书·地理志》记巢湖为"湖";《后汉书·明帝纪》则直接称之为"巢湖"。到了三国时期,《三国志》依然称巢湖为"巢湖",称巢湖的两条重要支流即今天的南淝河为"施水",裕溪河为"濡须水"。北魏晚期,《水经注》中则明确记载了巢湖的旧称为"巢泽""巢湖"。

巢湖的发育始于"潴",早期历史文献《尚书·禹贡》中记载,"淮海惟扬州,彭蠡既猪,阳鸟攸居"。文献中"彭蠡既猪"中"猪",也称"潴",指洼地积水的意思,即指扬州地区出现名为"彭蠡"的"潴",形成了彭蠡湖。清代康熙年间,学者李光地《尚书七篇解义》指出扬州的"彭蠡",即今天的巢湖。此外,《四库全书》编著者也认为李光地的推断正确,"实有考证之言,非经生家之据理悬揣"。

《巢湖志》(1989)描述,巢湖形成于晚更新世至全新世初(一万年左右)。后来由于新构造运动、气候变迁以及人类活动的共同作用,巢湖的形态变化经历了一系列的波动变化。全新世时,巢湖的水域面积较大,形成初期的水域范围可达2 000多平方千米,即覆盖当今10米等高线范围内所有区域。

后期由于泥沙淤积,巢湖面积不断缩小。宋代以前的200多年间,巢湖面积缩小了五分之一。《宋史》中记载柘皋河（也称为石梁河）在宋之后就已经独流入湖了，而柘皋河在古水经注图和清代的舆地图中均被绘为裕溪河（古称濡须水）的支流，古濡须水是巢湖最早的通江河道，这表明巢湖东部岸线经历了不断崩塌后蚀过程。在《宋史·叶衡传》中有记载，"合肥㵎湖，有圩田四十里，衡奏募民耕，岁可得谷数十万"。由此可见，在宋代巢湖水域面积变化受到了围湖造田等人类活动的影响。《明史·地理志》和《清史稿·地理志》中均记载了当时巢湖的水域"四周延袤四百里"。明嘉靖三十一年（1552年）记载，巢湖沿岸也有一定程度的围垦活动，即庐江县大旱，农民将湖滩围成新丰和新兴两圩（顺治庐江县志）。清初《嘉庆合肥县志》记载，合肥"东南湖滨，圩田倚以为利"，即表明巢湖周边围湖造田十分兴盛。

从清朝初期到民国初期（图4-1、图4-2、图4-3、图4-4），巢湖由形似三角形逐渐演变成不规则的矩形，与现今巢湖水域轮廓形状差异较为明显。康熙年间，巢湖的水域面积约833.5平方千米，到了民国初期则增加至1 196.5平方千米（图4-5）。清代陈梦雷编著的《古今图书集成》中也记载了巢湖的面积有所增加，

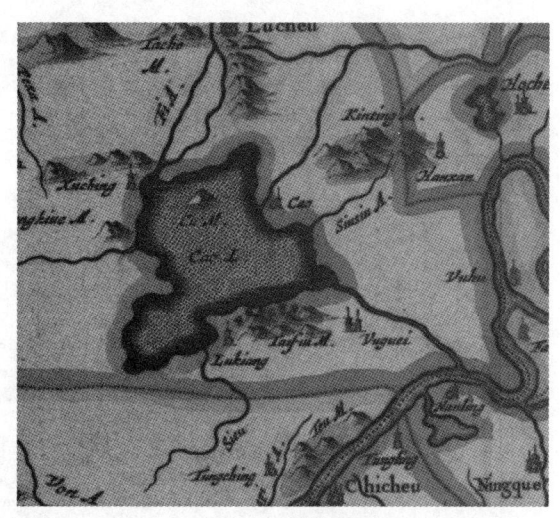

图4-1 《中国新地图集》（江南）之巢湖

"姥山西旧称巢湖，东则故巢州也，赤乌二年陷，巢湖袤五百里"。据《巢湖志》（1989）和《翻阅巢湖的历史——蓝藻、富营养化及地质演化》一书，现代巢湖的水域面积在560～825平方千米之间波动，显著小于民国前期推算的面积。究其原因，这与巢湖周边地区围湖造田等一系列人类活动的发展关系密切。三河镇在明末清初时是濒临巢湖湖滨的重镇，但到现今，三河镇距离湖滨已有十多千米，这同

样佐证了巢湖水域面积的缩小。

图 4-2 《康熙皇舆全览图》(江南舆图)之巢湖

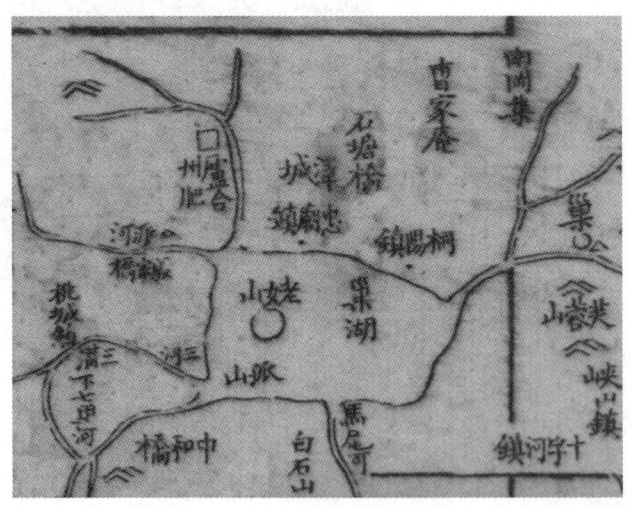

图 4-3 《大清一统舆地全图》(安徽全图)之巢湖

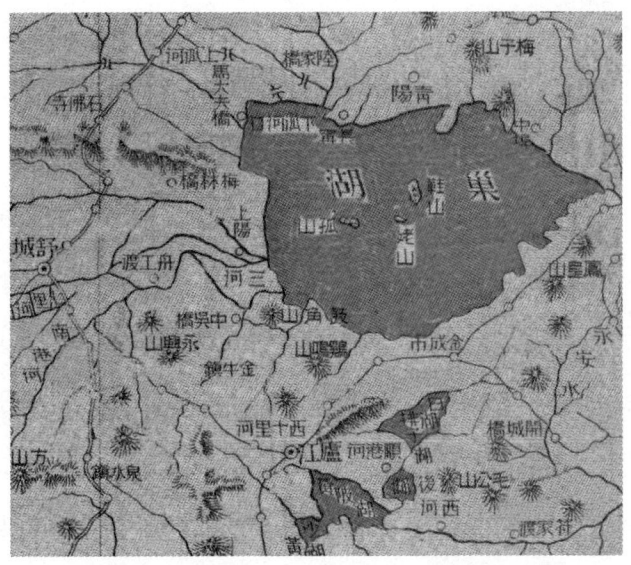

图4-4 民国六年安徽省地图之巢湖

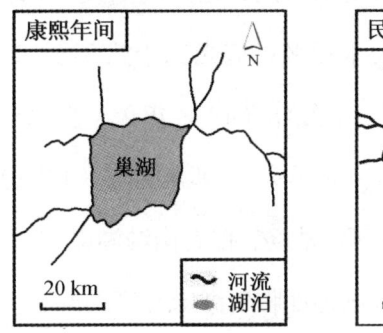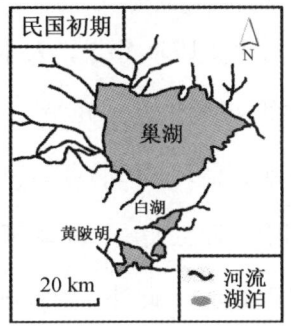

图4-5 巢湖不同时期对比

南漪湖

　　南漪湖原名"南碕湖",又名"南湖",由宣州、郎溪两市县共管。南漪湖位于宣城三大褶皱带之一的中部及西北部盆状向型坳陷带,常年水深2~4米,最高水位 12.5 米，最低水位 9 米。地面比降 1 : 2000，海拔 810 米，相对高 5 米以下，地势坦荡，向湖心微倾地下水埋深很浅，距地面仅 1 米左右。南漪湖东北部入湖河流为郎川河，东南部为沙河诸水，由西南方向马山埠出湖，于新河庄入水阳江直达长江。

南漪湖原属于古丹阳湖的一部分。由于中生代燕山运动后期的断裂作用，溧高背斜西北翼断裂下沉，形成了固城湖、石臼湖、南漪湖及其西部圩田区的广大洼地，奠定了湖盆的基本雏形，因泄流不畅，遂潴水成湖，形成古丹阳湖。后又因为泥沙淤积及历代围垦活动，古丹阳湖逐渐萎缩、分化，南漪湖就此形成。

南漪湖流域范围内河网密布，湖区内旱涝灾害频发。宣城县志（1996）记载，自东晋太宁元年（323 年）到 1949 年间，见文字记载的较大水灾就有 80 次，较大旱灾就有 39 次。例如，1130 年南宋时期，宣州境内发洪水；1278 年元朝，发洪水；清康熙四年（1665 年），大水泛滥；道光二十八年至二十九年（1848—1849 年），连续两年大洪水；光绪二十九年（1903 年），洪水泛滥；民国 1934 年，大旱；1958 年，旱灾；1978 年，特大旱灾。郎溪县志（1998）记载，1978 年 7—8 月，南漪湖附近发生大旱，郎溪河水枯竭，仅有南漪湖以 50 立方米/秒的流速经汪联河向水阳江流泄。此外，南漪湖还面临着湖床升高的问题。这是由于周边围垦活动频繁，造成流域内植被遭到破坏，水土流失严峻，南漪湖的蓄洪面积显著减少，从而导致水位升高。自 1949 年到 1982 年，南漪湖水域输沙总量达到 330 万立方米，湖床平均升高 0.7~1 米。

自清朝康熙年间到民国时期，南漪湖的湖域形态特征发生了巨大变化（图 4-6、图 4-7）。康熙年间南漪湖的水域面积仅为 23.5 平方千米，到了民国初期则增加到 188.3 平方千米（图 4-8）。现代观测又揭示了南漪湖面积出现萎缩，如《中国湖泊志》记载，南漪湖平均宽 5.7 千米，面积 148.4 平方千米。《宣城县志》描述，1949 年以来南漪湖周边县城多处筑地围垦迅速扩张。南漪湖周边圩田广泛分布，例如朱桥圩田，位于宣城市城北 15 千米处，东临南漪湖，西傍水阳江干流，北靠北山河。1985年，南漪湖周边圩田面积达到47.76平方千米。1955—1987年，南漪湖沿岸围湖造田面积达到约28平方千米。1985年，古丹阳湖的一部分丹阳湖，经过多次大面积围垦，已经名存实亡，面积仅为18平方千米（古丹阳湖面积约有3 000平方千米，到了1949年尚有161平方千米），仅有一条运粮河道入长江。强烈的人类活动，使得南漪湖湖泊面积从民国至今萎缩了约40平方千米。

图4-6 《康熙皇舆全览图》（江南舆图）之南漪湖诸湖

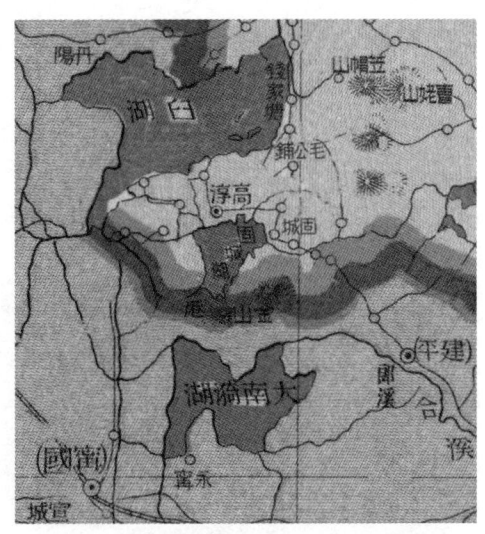

图4-7 民国六年安徽省地图之南漪湖诸湖

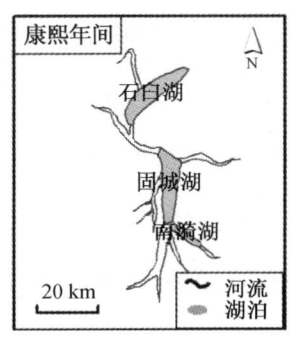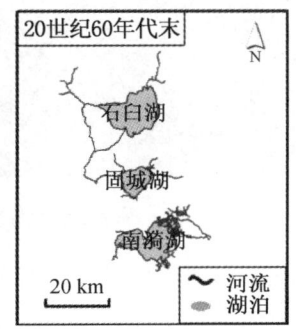

图4-8 南漪湖、固城湖和石臼湖不同时期对比

菜子湖

菜子湖，位于长江北岸安徽省安庆市桐城和枞阳县境内，湖盆呈南北向倾斜，是菜子、白兔、嬉子三个彼此通连湖泊的总称。菜子湖流域面积可达3580平方千米，其主要河流包括大沙河、挂车河、龙眠河和孔城河等。这些河流均发源于大别山脉东麓，基本上呈平行排列状汇入菜子湖，出湖后流经枞阳长河在枞阳县城的枞阳闸汇入长江。

菜子湖临近长江，枞阳闸建立（1959年）之前，雨季常受到江河水倒灌影响。《桐城县志》和《安庆市志》记载，菜子湖区内旱涝灾害频发，如1956、1967、1968年，湖区曾因为发生大旱而出现干涸。

图4-9 《大清一统舆地全图》（安徽全图）之菜子湖

19世纪中期和民国初期，菜子湖形态类似，局部发生变化（图4-9、图4-10）。民国时期，菜子湖面积约121.5平方千米（图4-11）。据统计，1959年枞阳闸建成之前，菜子湖多年平均水位约为11米，对应湖水面积为176.5平方千米；高水位达到14.5米时，对应湖水面积为220平方千米；最低水位为8.38米，对应湖水面积为7平方千米。枞阳闸建成后，1962年3月27日记录的最低水位为8.37米，对应湖水面积为5平方千米；水位在14.50米时，湖泊水域面积达到146.3平方千米；1980年8月26日，记录的最高水位是15.63米，对应湖水面积为225平方千米。由此可见，菜子湖的水域面积变化深受长江等河流的影响，水域面积随水位变化常出现巨大的变化。

菜子湖面积变化除了受到河流的影响，还受到人类活动比如围垦活动的影响。《安徽省志·自然环境志》描述，自 1959 年以来，菜子湖周边围垦面积达到 76.63 平方千米，其中，桐城围垦了 49.89 平方千米，枞阳县则围垦了 23.74 平方千米。围湖造田使菜子湖水域面积显著下降。

图 4-10 民国六年安徽省地图之菜子湖

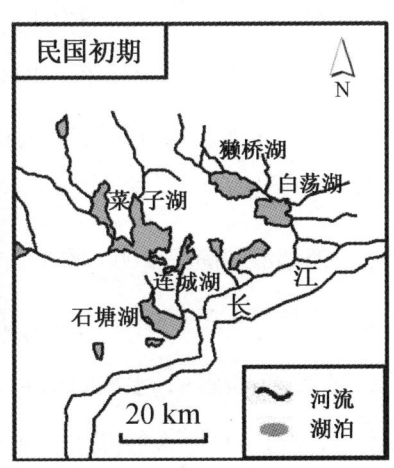

图 4-11 民国初期的菜子湖

城西湖

城西湖，位于淮河南岸，又名"沣湖"，是六安市霍邱县境内最大的湖泊，也是淮河中游的天然湖泊蓄洪区，对调节淮河洪水起着重要作用。城西湖东与临淮、牌坊、俞林、宋店等乡及霍邱县县城相接，南、西方向与坎山、邵岗、五塔、高塘、范桥、周集等乡沿岗相连，北临淮河。

民国以前，城西湖西部还包括临王洼地，东北部包括姜家湖，湖域面积较大。

民国八年（1919年），淮河西湖长堤筑成，接着筑成上格堤；到了民国二十八年（1939年），下格堤建成。至此，城西湖的范围一般指上格堤以东，下格堤以西，不再包括临王洼地和姜家湖。新中国成立初期，以海拔高程20米的等高线为城西湖与四周岗（湾）的分界线。1966年围垦后，城西湖的地图标记确定标在北起沣河桥，南到宋店乡的张集，东抵俞林乡的岗脚，西到坎山乡湾地的海拔高程19米以下范围内、33平方千米的地区，被围垦的区域称为城西湖围垦区。

城西湖湖底平坦，湖水不深，民国初期湖泊面积约110.5平方千米（图4-12、图4-13）。民国二十三年（1934年），据《安徽通志·水工稿》记载，"城西湖面积，历年枯水期，纵横直径20公里，水深1米，丰水期（无淮水倒灌）纵横直径30公里，水深约3米"；民国二十六年（1937年）5月，《霍邱县添建两湖闸报告》记载，"西湖流域面积2 000平方千米，湖面积430平方千米，湖内最高水位约19.3米（无淮水倒灌）"。1949年后，有关城西湖水利资料记载表明，城西湖围垦前，水位达到22米高程时，水域面积为380平方千米，相应蓄水量为9.4亿立方米；水位达到25米高程时，水域面积为455平方千米，相应蓄水量22亿立方米。但是，在1966年经历围垦后，城西湖大面积缩小，当湖水位达到22米高程时，水域面积仅为89平方千米，相应蓄水量仅为4.95亿立方米。

城西湖的围垦历史十分悠久。《霍邱县志》记载，明万历中叶，官洲口水涨，淹没西北十数保，大多属于垦区。此后，由于黄河多次侵淮，淮河水位逐渐抬高，内水外泄不畅，城西湖湖内积水渐多，湖面渐广。但在整个清代，城西湖周围的新垦很少。到了民国初年，城西湖沿淮长堤建成，湖水逐渐干涸，荒地增多，垦种又开始发展起来，以民国二十五年（1936年）霍邱县长韦立人主持的规模较大的官垦为典型代表。后来，由于抗日战争爆发，垦种停止。1949年到20世纪60年代中期，由于淮河治理，城西湖蓄洪机遇减少，甚至出现若干个干涸年份。于是，人们提出了"垦蓄兼顾"的设想。1966年，大规模围垦工程开始兴建，城西湖周围围垦面积迅速增加，建立了城西湖军垦农场，两年内围垦面积达到327平方千米。

 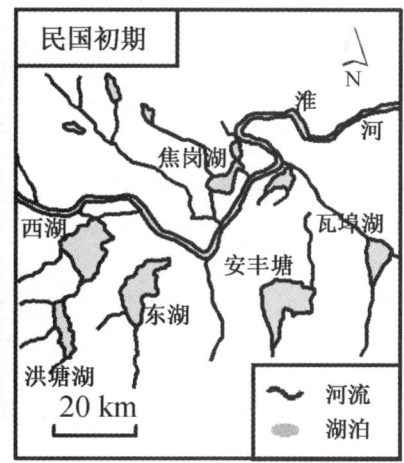

图 4-12　民国六年安徽省地图之城西湖诸湖　　图 4-13　民国六年城西湖
　　　　　　　　　　　　　　　　　　　　　　　　　　　诸湖数字化

自民国初期到 1966 年之间，城西湖水域面积主要表现为增加的趋势。尽管在此期间城西湖周边围垦历史悠久，但总体上对湖泊水域面积的影响不太显著。但在 1966 年大规模围垦活动之后，城西湖水域面积大幅萎缩，湖泊的生态环境以及蓄洪能力受到了较大的影响。

城东湖

城东湖，古称"戎湖"，又作"溶湖"和"荣湖"。城东湖位置与城西湖相对，分布在城西湖东侧。城东湖分布在霍邱县东侧，由于南北向不均匀地质升降运动，后经淮河泛滥淤积，由洼地积水而形成。

《霍邱县志》（1992）记载，1951 年，城东湖被列为淮河中下游的蓄洪区，在 1949 年后，城东湖流域也未曾进行过围垦，因此城东湖的生态环境保存相对完好,同时是国家级调蓄洪生态功能保护区和重要的水源地。

民国初期城东湖面积约92.5平方千米,略小于城西湖(图4-13)。《中国湖泊志》记载,城东湖面积为120平方千米。由此表明,从民国至现代,城东湖的水域面积略有增加。

安丰塘

安丰塘,古名"芍陂",位于安徽省淮南市寿县城南30千米处。安丰塘是一座古水库,始建于春秋楚庄王时期,为楚相孙叔敖所建,是中国历史上著名的大型灌溉工程,至今仍发挥着显著的灌溉效益。

清嘉庆年间的《芍陂纪事》,对芍陂有较为系统的记述。芍陂引淠入白芍亭东成湖,东汉至唐可灌田万顷。安丰塘曾遭遇到数次水灾破坏,损毁严重。三国时期,曹魏多次修治芍陂。建安五年(200年),扬州刺史刘馥在淮南屯田,"兴治芍陂以溉稻田",达到"官民有蓄"。建安十四年(209年),曹操亲临合肥,亦"开芍陂屯田"。魏正始二年(241年),尚书郎邓艾大修芍陂,在芍陂附近修建大小陂塘50余处,极大增加了芍陂的蓄水能力和灌溉面积。西晋太康年间,淮南相刘颂,"修芍陂,年用数万人"。南朝宋元嘉七年(430年),豫州刺史刘义欣,镇寿阳(今寿县),伐木开榛,修治陂塘堤坝,开沟引水入陂,对芍陂做了一次比较彻底的整治,灌溉面积恢复万顷。北魏郦道元在《水经注》中对芍陂也有较为详细的记载:由于围垦活动增加,安丰塘水利日渐萎缩,面积日益缩小,日趋湮废。隋开皇年间,寿州长史赵轨,对芍陂再次修治。宋明道中,安丰县(今寿县)知县张旨对安丰塘做了较大规模修治,使灌溉面积达到历史最高水平,"浚淠河三十里,疏泄支流,注芍陂;为斗门,溉田数万顷;外筑堤,以备水患"。

康熙年间安丰塘的水域面积约 26.9 平方千米(图 4-14、图 4-16)。民国初期,安丰塘所在地标记为安丰湖(图 4-12),水域面积扩大到 112.5 平方千米(图 4-16)。20 世纪 60 年代末地形图揭示该时期安丰塘面积约 83.6 平方千米(图 4-15、图 4-16)。《中国湖泊志》载,安丰塘平均宽 4.85 千米,面积 36.42 平方千米。可见从康熙至民国,安丰塘面积大幅扩张,60 年代末以来则萎缩明显。

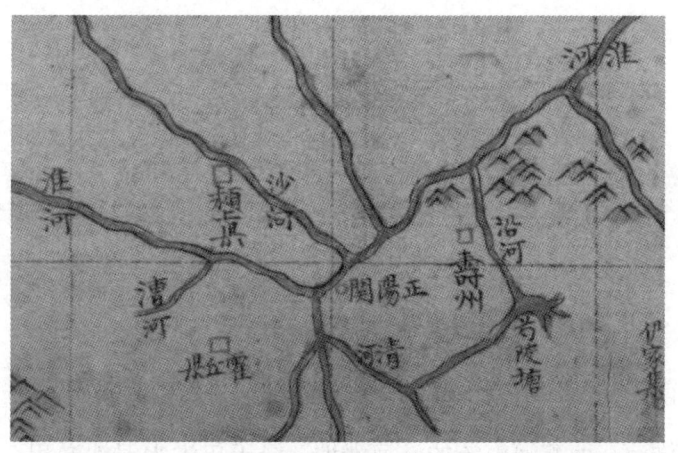

图 4-14 《康熙皇舆全览图》(江南舆图)之安丰塘

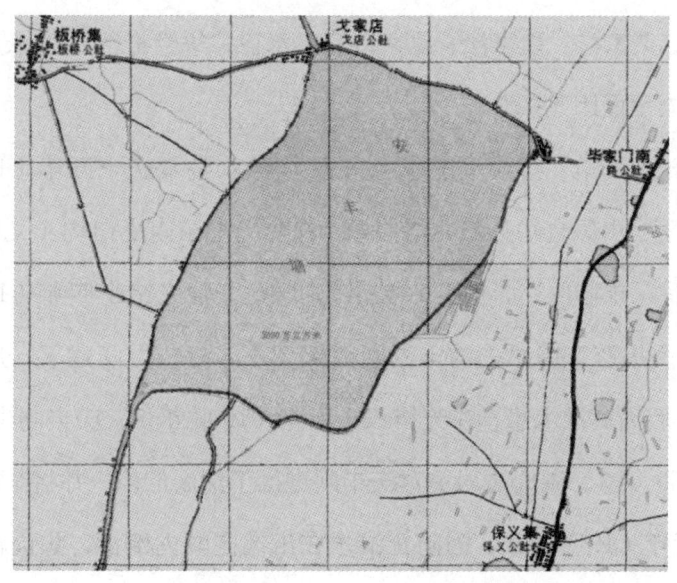

图 4-15 20 世纪 60 年代末地形图(隐贤镇)之安丰塘

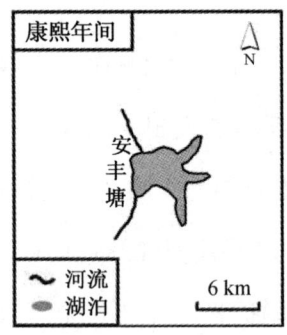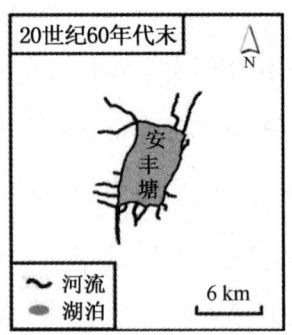

图 4-16 安丰塘不同时期对比

焦岗湖

焦岗湖，南临淮河，东接董峰湖，北靠西淝河，西部为颍河。

焦岗湖为淮河、西淝河汇流的淮河滩地，经历年洪水泥沙淤积，湖岸高仰，于北岗之间形成湖洼坡塘，《水经注》称其为"椒水"。靠近淮河的一面，曾有燕湖口、大沟口、柴家洼、魏家洼、鲁家口等出水口，每当淮河水大涨，河水就会倒灌到焦岗湖，湖水面因此扩张。

由于受到淮水影响，焦岗湖的水患灾害频繁。清嘉庆十五年（1810年），为调控湖水的涨落，由凤台知县李兆洛倡导，在焦岗湖东南小口沟（又称清水口）建立一座闸口，称"丰湖闸"，但后来被洪水冲毁。清光绪十四年（1888年），由焦岗湖周边居民集资，在原先的丰湖闸西部2千米处，再修建了一座石闸，称为"庆丰闸"。后因黄淮水患，在光绪三十四年（1908年），庆丰闸也被废弃。清宣统元年（1909年），湖周边居民对庆丰闸进行了清淤加修，并将其改名为"元庆闸"。民国元年（1912年），为防止淮水在汛期向湖内倒灌，焦岗湖南淮岸修筑了淮堤,并再次加修元庆闸,发挥其泄洪控洪的功能。民国二十二年(1933年),当时的救济水灾委员会在陆家沟口又建一座排水涵闸,称为疏浚中心沟(又称便民沟)。但是在民国时期,黄河泛滥严重,造成焦岗湖闸口淤塞、淮堤被毁,致使焦岗湖周边连年成灾。1949 年后,政府对焦岗湖水患进行了较为全面的治理,例如疏浚拓宽中心沟、清除元庆闸积淤、复筑淮堤等。但在 1954 年,受到水灾影响,焦岗湖闸再次被毁。1958 年,元庆闸被拆除,同时在元庆闸址一侧,又建成了三孔焦岗湖闸。1960 年,以焦岗湖为水源,建成了毛集电力抽水站。1965 年,在焦岗湖周岸始建生产圩堤(《淮南市水利志》),焦岗湖水患灾害得以有效缓解。

民国初期,焦岗湖的水域面积达到 41.5 平方千米(图 4-12、图 4-18)。20 世纪 60 年代末地形图揭示该时期焦岗湖面积约 25.5 平方千米(图 4-17 和图 4-18)。目前,焦岗湖水位达到 18 米(黄海)时,水域面积为 37.7 平方千米,最大水深为 1.2 米,平均水深 0.91 米,蓄水量可达 0.34 亿立方米。民国初期至今焦岗湖水域面积波动明显,总体上略有缩小。

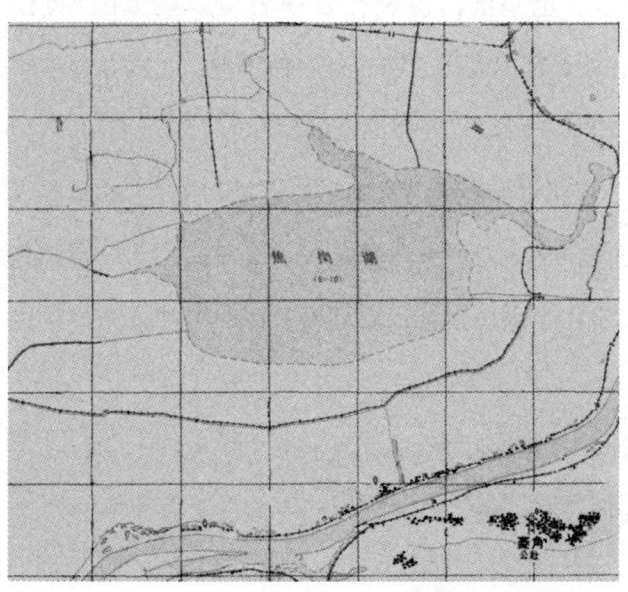

图 4-17 20 世纪 60 年代末地形图(寿县)之焦岗湖

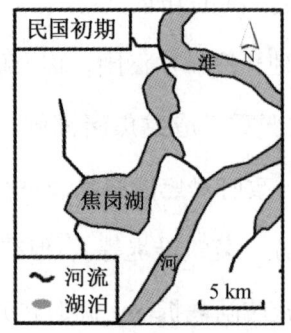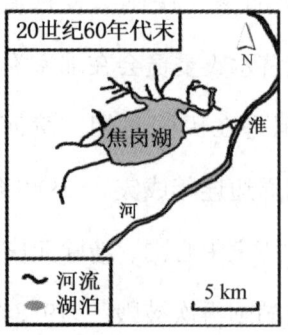

图 4-18　焦岗湖不同时期对比

瓦埠湖

瓦埠湖，位于淮南市寿县县城西北部，是两县（长丰县、寿县）一市（淮南）的部分天然分界线，也是淮河流域在安徽省境内最大的湖泊。《长丰县志》（1986—2005）记载，瓦埠湖湖区南起寿县白洋淀，北至寿县东津渡，南北长约60千米，东西平均宽约5千米。瓦埠湖流域呈扇形，流域面积可达4 200平方千米，陡涧河、东陡涧、庄墓河、东淝河是其重要入湖河流。1950年，东淝河建成了节制闸。瓦埠湖还是淮河中游的蓄洪区之一，《安徽省志·自然环境志》描述，20世纪50年代初，在治淮委员会统一规划下，瓦埠湖被列为蓄洪区，明确蓄洪水位为22米。

民国初期，瓦埠湖面积约42.2平方千米（图4-13、图4-19）。据20世纪60年代末地形图推算该时期瓦埠湖面积约155.8平方千米（图4-19）。《中国湖泊志》记载，六七十年代，先后共围垦建圩104座，合计围湖66.23平方千米；80年代后又陆续退田还湖。目前，当瓦埠湖的水位为19米时，水域面积可达163

平方千米。可见从民国初期至 20 世纪 60 年代瓦埠湖水域面积大幅扩张，60 年代之后，受人类活动影响，瓦埠湖水域面积波动变化明显。

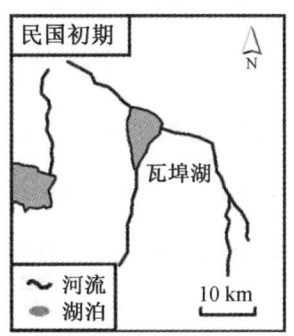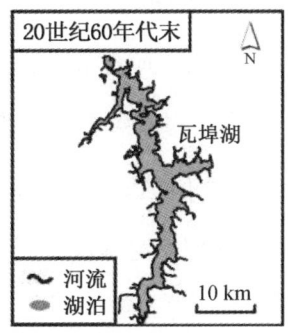

图 4-19 瓦埠湖不同时期对比

沱湖

沱湖，位于淮河北岸、蚌埠市五河县境内，是一个河迹洼地型的浅水湖泊。沱湖北纳沱河、北沱河、唐河、马路沟等来水，东出漴潼新河经窑河由双沟和下草湾引河泄入洪泽湖，经洪泽湖南通长江，北连微山湖，加上黄河多次夺淮，水系之间互相沟通。

康熙和同治年间地图上清晰描绘了沱湖的大概轮廓（图 4-20、图 4-21），康熙年间湖泊面积约

图 4-20 《康熙皇舆全览图》（江南舆图）之沱湖、天岗湖诸湖

17平方千米（图4-24）。民国初期（图4-22）记载的沱湖位置与康熙、同治期间地图基本一致，即位于沱河东南部、淮河北部，民国时期沱湖面积约13.5平方千米（图4-24）。据20世纪60年代末地形图推算该时期沱湖面积约36.3平方千米，并且沱湖位置在沱河的东南方向，河湖格局与康熙、同治年间相仿（图4-23、图4-24）。《安徽省志·自然环境志》记载，沱湖南北长为15千米，东西宽1～3千米，沱湖水位达到14.8米时（黄海），水域面积为44.3平方千米。可见，自康熙到民国初期，沱湖水域面积呈现缩小趋势，民国初期以来，沱湖的水域面积则再次扩张。

图4-21 《大清一统舆地全图》（安徽全图）之沱湖、天岗湖诸湖

图4-22 民国六年安徽省地图之沱湖、天岗湖

图 4-23 20世纪60年代末地形图(五河县)之沱湖、天岗湖

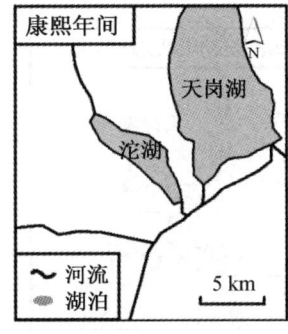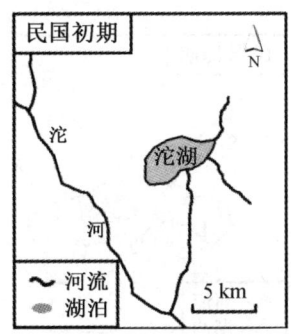

图 4-24 沱湖不同时期对比

天岗湖

天岗湖,又名"天井湖",紧邻沱湖,在淮河中游北岸,跨安徽省五河县和江苏省泗洪县。《中国湖泊志》记载,天岗湖原系淮河支流河道,黄河南徙夺淮后,由于泥沙封淤出流河口积水成湖。

康熙和同治期间地图显示,天岗湖被称为"天井港湖"(图 4-20、图 4-21);到了民国前期,则被称为"天井湖"(图 4-22)。康熙年间天岗湖面积约 93.8 平方千米(图 4-25),民国初期天岗湖面积约 45.9 平方千米,20 世纪 60 年代末地形图揭示该时期湖泊面积约 23.4 平方千米。《中国湖泊志》记载,水位 13 米,天岗湖面积 28 平方千米。可见,近 300 年以来,天岗湖的水域面积整体上呈现不断缩小的趋势。

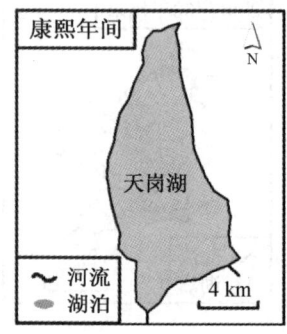 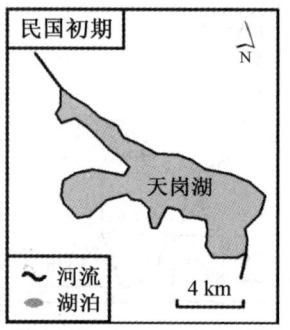 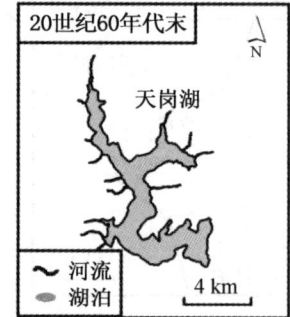

图 4-25 天岗湖不同时期对比

第五章 江苏省湖泊

高邮湖

　　高邮湖，位于江苏省中部、安徽省天长市东北部，苏、皖两省界湖，跨高邮、金湖、宝应、天长四市县，属淮河流域，为江苏省第三大淡水湖。高邮湖主要入湖河流有三河（淮河入江水道）和安徽省天长县的白塔河、铜龙河及新开河等。湖水经南端庄台闸、新王港、新港、老王港、杨庄等漫水闸和毛港闸泄入邵伯湖，终达长江。

　　历史上高邮湖名称很多，古称"樊梁湖"（樊良湖）、"珠湖"等，"高邮湖"一称在明朝洪武初年出现。北魏时期，高邮的运道仅有《水经注》记载的"樊梁湖"（樊良湖）以及《魏书》中的"津湖"（元代改称"界首湖"）两湖。宋代沈括《梦溪笔谈》记载，甓社湖曾出现过珠光，故高邮湖也被后人称为"珠湖"。后来筑堤界水以发展漕运，湖面逐渐增大，到了明洪武初年，出现"高邮湖"之称。

　　《古今高邮湖》（1987）引《高邮志》，推断古代的高邮湖区曾有 30 个小湖，其中较为著名的有樊良湖、新开湖、甓社湖、界首湖、祀光湖。据《高邮湖的形成和发展》一文，宋代诗人杨万里《过甓社诸湖》诗云："怪来万顷不生浪，冻合五湖都是冰。"元代诗人萨都剌《过高邮射阳湖》诗云："平湖三十里，过客感秋多。"明代诗人李东阳的《过宝应湖》中写道："……烟深水抱城。湖天四面阔……"可见当时高邮湖区小湖众多，水域开阔。民国十八年（1929 年）《淮系年表》中记载，明隆庆三年（1569 年）开始，黄淮交溃，沂沭并溢，两淮狂风暴雨，水位猛涨，连续洪水达二十年之久，高邮湖地区"平地水深丈余，宝应湖堤崩垮"。《开施家沟、周家桥议略》记载，"昔白马、祀光、甓社、邵伯诸湖，始何尝不分，而今安辨其为某某湖也"，清代顾炎武《天下郡国利病书·江南十六》云，"黄河入淮，沙泥垫，势渐高于里河……诸水悉奔注高、宝、邵伯三湖，汪洋三百余里，粘天无畔"。根据以上记载，可以推测高邮诸湖合并为高邮湖是在万历二十八年（1600年）前后，诸小湖不复存在。康熙年间地图（图5-1）显示，高邮湖已由诸湖合并为一体。

据《1717—2011年高宝诸湖的演变过程及其原因分析》一文，顺治年间工部的奏折中多次提到高邮东堤因"湖水日增以致漫溃"，可知清代初期，高宝诸湖水面扩展。清中期以后湖中沙洲开始发育。嘉庆《备修天长县志稿》记录了从清初至嘉庆年间高宝诸湖的变化，"（清初）高堰一带黄流顺轨，湖少涨泛，自乾隆六年以后，凡滨湖之田，虽逢山水骤发，而湖之宽深足以泄之。近年以来，下流之湖今昔异势……曩之膏腴，今皆泽

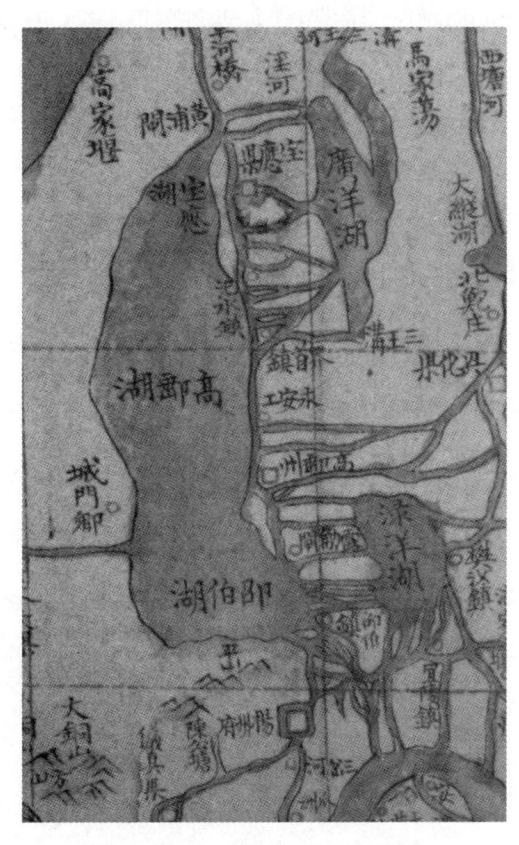

图5-1 《康熙皇舆全览图》
（江南舆图）之高邮湖

国"。嘉庆八年（1803年）工部的奏折中提到高邮一带的运河因"上游闸坝诸水下注以致停沙壅积，河底淤高，急应疏浚"。清乾隆《高邮州志》载，嘉庆十六年至十八年（1811—1813年）河臣松药、初彭龄奏折云，"向值运河水盛启坝减泄，其邵伯以南由人字、芒稻诸河入江者十之二三，其邵伯以北由高邮南关、车逻、昭关各坝分注高、宝、兴、盐等处入海者十之七八"。绘制于嘉庆十二年至十四年（1807—1809年）的呈上东下西向的《淮扬水道图》（图5-2），描绘了当时高家堰上五坝及洪泽湖水经由五坝南面的蒋家坝进入高宝诸湖的流路。道光以后，泥沙淤积更加严重。民国《宝应县志》引用道光旧志的记载描述了当时宝应一带湖泊环境的变化，"湖中旧有五河，以氾光、界首为尾闾，灌输甚速，今则丰草填咽半，成平陆，兼运河西堤各闸水所注，直变湖滨为皋壤，日淤日广，地与水争"。咸丰后三河携带泥

沙沉积加快。据民国《三续高邮州志》记载，民国时期的高邮湖"湖底昔深今浅，水盛时约一丈八尺有几，旱年湖心只四五尺而已"。1931年大水，沿湖地区一片汪洋，300多个圩区全部溃决。1949年后，政府结合治淮和整治运河，在上游修建了许多控制工程，在下游与邵伯湖交界处修筑了王港等六座漫水闸，使奔放无羁的洪水得到了控制。1954年淮水猛涨，洪水量达64.5亿立方米，由于三河闸等工程发挥了宣泄的巨大作用，里下河地区安然无恙。1969年，在高邮北部新筑白马湖隔堤，使淮水经高邮湖入江；后又在淤土上筑起大汕子隔堤，至此，高邮湖再未出现溃决之事。清康熙至乾隆年间为近300年来水域面积最大的时期，1717年水域面积为1 606.02平方千米；清中期以后受淮河通过高家堰不定期排泄泥沙的影响，湖中沙洲开始发育；1851年开始，淮河改道经由洪泽湖东南的三河闸，通过高宝诸湖进入长江，其携带的部分泥沙在高宝诸湖沉淀下来，形成三河三角洲，随着三河三角洲在高宝诸湖内的不断淤涨，湖面萎缩速度加快，1868年湖面缩小到1 494.03平方千米，1916年为1 071.97平方千米，2011年为886.90平方千米。洪泽湖泥沙是导致近300年来高宝诸湖不断萎缩的主要原因，此外，圩田的兴建进一步加剧了这一过程。

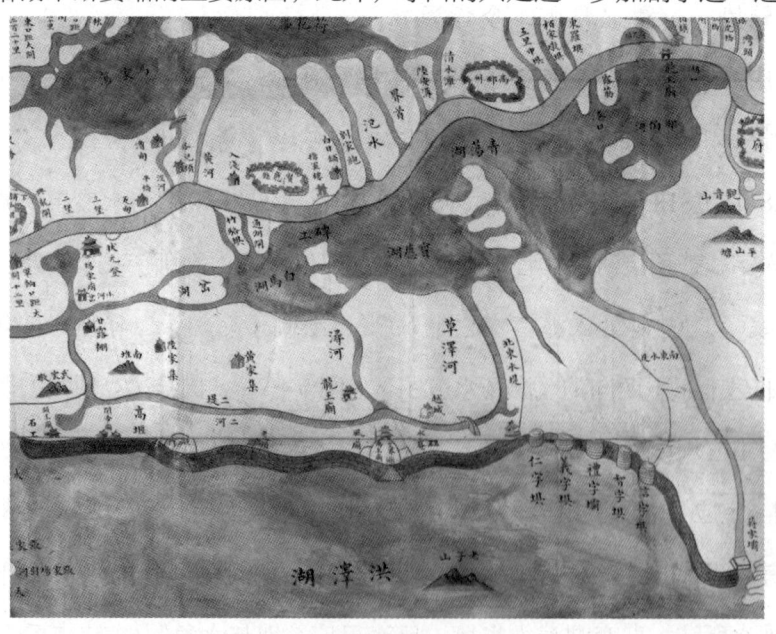

图 5-2 《淮扬水道图》之高邮湖

康熙年间地图（图5-1）显示高邮湖、宝应湖和邵伯湖为一整体，高邮湖水域暂无白马湖，面积约1 972.5平方千米。1864年同治年间地图（图5-3）中的高邮湖水域出现白马湖以及沙洲，内部各小湖虽仍相连，但已出现明显湖界，湖面开始萎缩。民国早期地图（图5-4）显示高邮湖水域进一步萎缩，邵伯湖从原来的高邮湖湖域分离出来，白马湖湖形也变得狭长，高邮湖水域总面积约1 067.5平方千米，其中邵伯湖面积约为136.9平方千米。对比揭示，高邮湖水域面积呈萎缩趋势（图5-5）。《中国湖泊志》载，高邮湖多年平均水位5.7米，面积745.3平方千米，表明高邮湖总体上在不断地萎缩。

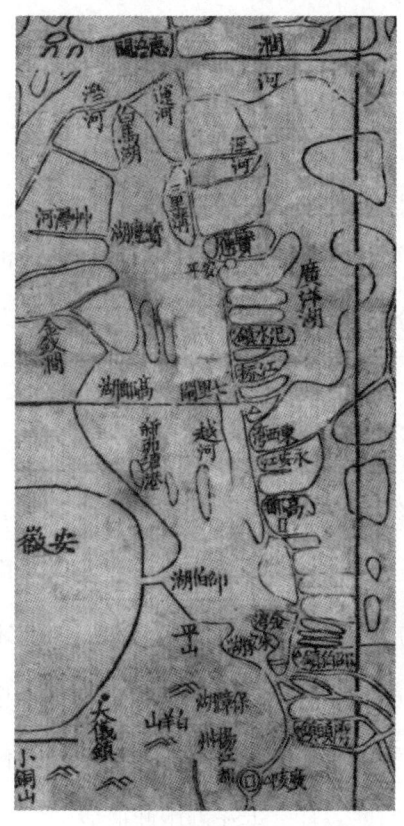

图5-3 《大清一统舆地全图》（江苏全图）之高邮湖

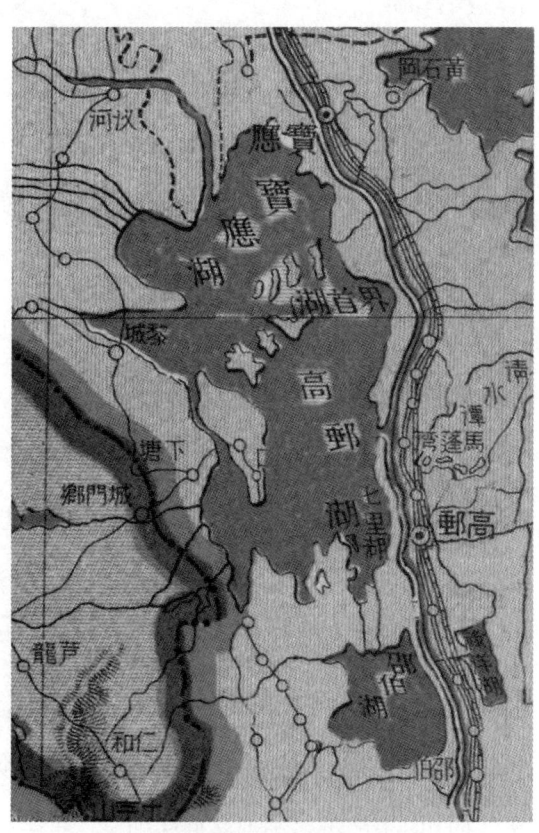

图5-4 民国六年江苏省地图之高邮湖

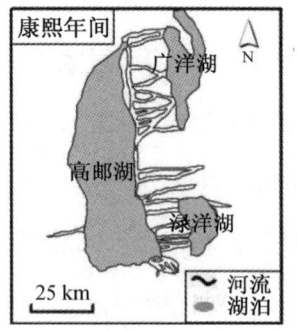 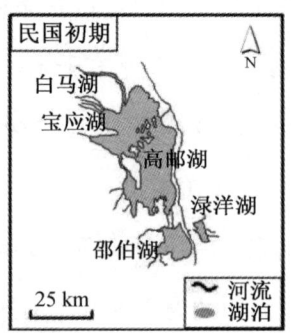

图 5-5 高邮湖不同时期对比

洪泽湖

洪泽湖，位于江苏省西北部，淮安、宿迁两市境内。湖水依赖地表径流和湖面降水补给，入湖地表径流主要在湖西部，有淮河、漴潼河、池河、濉河、老濉河和新汴河，其中淮河最大。出湖地表径流集中分布在湖东部，主要有三河、苏北灌溉总渠和淮沭新河。

据《洪泽湖成湖历史及演变过程》《洪泽湖的成因及其水灾治理》，"洪泽"之名始于隋，是破釜涧异名。唐《元和郡县志》记载，"洪泽浦在盱眙县北三十里，本名破釜涧，炀帝幸江都……因改破釜为洪泽"。洪泽等诸湖荡，从东汉建安年间至南宋建炎二年（1128年）黄河大规模南泛前的近1 000年间，都较稳定。北宋时，淮阴、盱眙间的淮河南岸开凿出洪泽运河和龟山运河，淮河与南岸诸湖并不相通。12世纪黄河夺泗入淮，黄河淤积的泥沙抬高了淮河下游入海河道，导致洪水倒灌，淮阴以上的洪泽等湖荡低洼地区，洪流汇集，相连成片，洪泽湖由此形成。

图5-6显示，康熙年间的洪泽湖，湖域北部呈倒梯形状，老子山在水域内部，可见其水域开阔，以天岗湖为湖界分割出的洪泽湖面积约为2 804平方千米。随着水利工程的修建，洪泽湖洪流泛滥的局面得到一定的控制。民国六年地图

（图5-7）中的老子山已在洪泽湖湖域外部，说明湖泊位置发生偏移，湖域北部由四周向内萎缩明显，湖域西侧内部出现沙洲，同样以天岗湖为湖界，分割出的洪泽湖面积约为2 196.9平方千米。《中国湖泊志》载，洪泽湖水位12.37米，面积1 576.9平方千米。由此对比（图5-8），可见洪泽湖水域面积在不断变小。

图5-6 《康熙皇舆全览图》（江南舆图）之洪泽湖

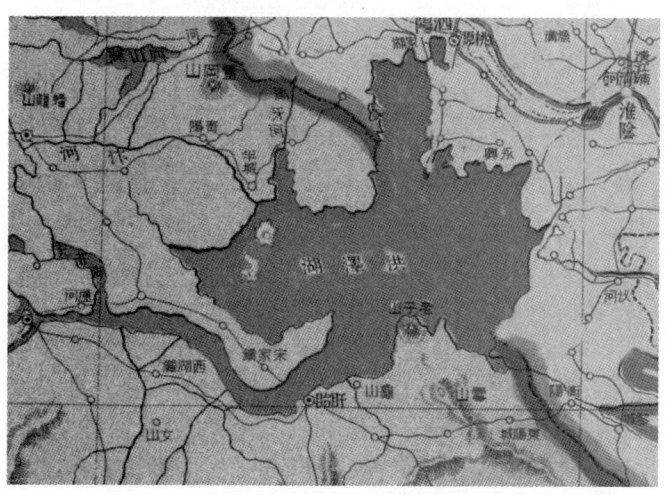

图5-7 民国六年江苏省地图之洪泽湖

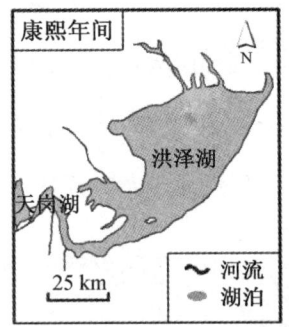 

图 5-8 洪泽湖不同时期对比

骆马湖

骆马湖，位于江苏省北部，跨宿迁和新沂二市。主要有沂河水系、南四湖水系、京杭大运河及邳、苍地区来水等 40 余条支流，出湖河流主要有中运河、六塘河和新沂河三处。

历史上骆马湖又名乐马湖、洛马湖、落马湖等。《宋史·高宗本纪》记载，"绍兴五年（1135 年）四月金将渡淮，屯宿迁县骆马湖"。清光绪《淮安府志》记载，"旧作落马，受沂蒙诸上之水汇为巨浸"。"骆"是"乐"与"落"的同音。

骆马湖位于郯庐断裂带鲁皖段以及枣庄与宿迁断裂带间的交会点上，其湖盆原本即郯庐断裂带上一组断裂切割所形成的菱形断块，在地质构造上从属于华北台块山东台背斜鲁中断裂带。对骆马湖的形成，清咸丰元年《邳州志》记载，"川莫于河，侵莫于沂，而河故泗道也，自泗夺河徙沂不南，往运既开，齐鲁诸水挟以东南，莒、武、沂一时截断。堤闸繁多，而启闭之务殷，东障西塞而川脉乱矣"。

明代后期万历年间黄患对泗运影响加大，朝廷开凿河道，破坏了流经骆马湖的泗水支系，河水滞塞在现在的新沂市西南处洼地。加之东部的山岭阻隔，原先的屿头湖、周湖、黄墩湖等诸小湖连为一体，骆马湖由此形成。

据《骆马湖历史演变研究》，万历《明防典》中的《行水金鉴》记载，骆马湖仅"长六十里"，远小于后世记载。然而，同时期的《宿迁县志》及《淮安府志》在宿迁舆图部分描写的骆马湖均为大湖。明天启年间朱国盛也在《通济河记》中云，"骆马湖夏秋遇潦，湖面横亘二十余里……然高洼不一，不可以舟，至冬春则涸而成陆"。由此推断，骆马湖水域随季节变化，冬春枯水期为一小湖，夏秋丰水期则与周边湖泊连接，变为大湖。《明史·河渠志》记载，"天启六年（1626年）七月，河决淮安，逆入骆马湖，灌邳、宿"，虽对骆马湖进行疏浚，但湖泊淤积问题并未得到控制。《崇祯实录》记载，"崇祯八年（1635年）……以骆马湖阻运，请挽黄河自宿迁至邳州开河注之"。由此推断，骆马湖在崇祯八年已开始淤塞。直至雍正年间，骆马湖才得到治理，康熙中期以后，骆马湖逐步恢复稳定，水域较之前有所增长。据乾隆《徐州府志》，骆马湖周长达"百五十余里"。骆马湖水的增多，携带来大量泥沙淤积，骆马湖再次进入新的不稳定时期。嘉庆朝以后，骆马湖面积较乾隆年间大幅萎缩。据《清宣宗实录》记载，"道光五年（1825年）……其骆马湖受淤日久，存水无多"。清末，骆马湖基本淤成洼地。《新清史地理志》中对此有描述，"沂河……缘邳州界南入西北骆马湖。后湖渐淤成陆"。1949年后，骆马湖得到恢复。

骆马湖在《康熙皇舆全览图》中名称显示为落马湖，面积约为261.4平方千米（图5-9）。到了民国初期，仅有8.8平方千米（图5-10、图5-11），湖泊面积萎缩明显，且萎缩部分主要集中于湖域东北区域。《中国湖泊志》载，骆马湖面积为296平方千米（相应水位21.81米），蓄水量达2.7立方米，最大宽度20千米，最大水深5.5米。据《新沂县志》（1995）记载，1994年骆马湖面积达290平方千米，与《中国湖泊志》记载的一致。骆马湖近300年湖泊环境变化剧烈，存在大幅萎缩又剧烈扩张的过程。

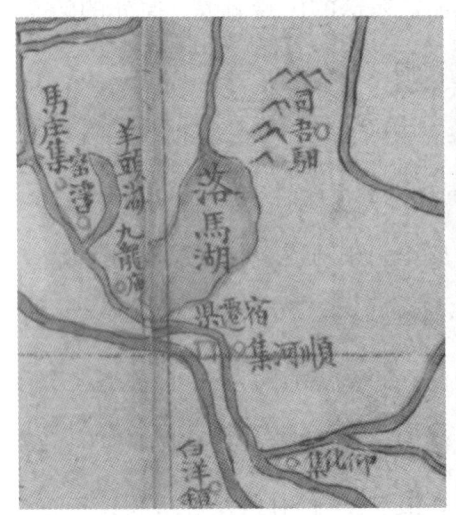 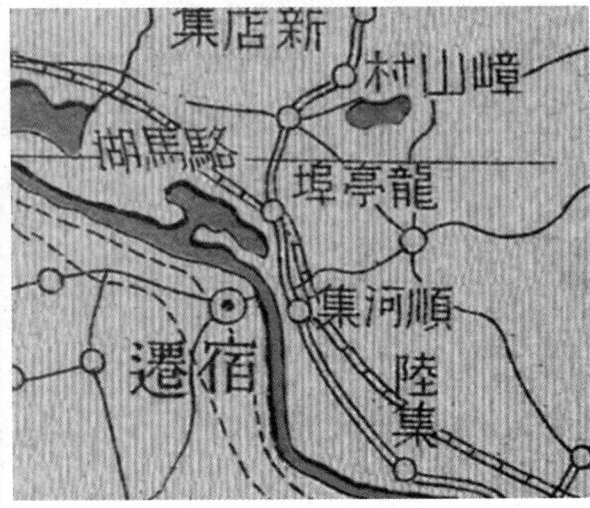

图 5-9 《康熙皇舆全览图》　　图 5-10 民国六年江苏省地图之骆马湖
　　　（江南舆图）之骆马湖

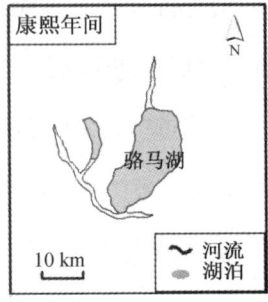 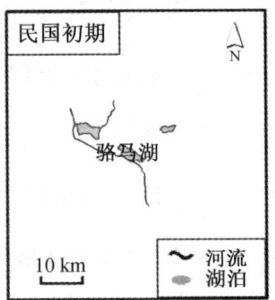

图 5-11 骆马湖不同时期对比

射阳湖

射阳湖，曾地处江苏里下河平原区的腹地，在今苏北里运河与串场河之间，跨扬州、淮安、泰州、盐城四市。射阳湖现已消失，并演变为平原沼泽以及射阳河。

射阳湖古称射陂，俗作谢阳湖，古时曾是苏北平原上最大的湖泊，湖深且阔，"承受扬州、兴化、高邮、宝应、泰州、盐城诸州邑水，东流入海"。现仅存湖身残迹马家荡和入海河流射阳河。

据地学者们从微地貌、钻孔资料、若性岩相、孢粉、海相生物和微体古生物化石等资料的综合分析，确认射阳湖系由全新世高海面时苏北平原上的潟湖演化而成的淡水湖泊。射阳湖在构造上属苏北凹陷区，第四纪时期多次遭受海侵。7 000 a B.P. 左右，长江、淮河挟带泥沙在此产生堆积，区内河口砂坝及贝壳砂堤极为发育。至 6 000 a B.P.—5 000 a B.P.，淮河南岸砂坝、长江北岸砂坝及苏北中部最大的南北向岸外砂堤相继出露水面，海岸线东迁至阜宁羊寨至盐城大冈一线的西冈一带。西冈形成后，其西侧则成为较封闭的潟湖区，古射阳湖所在地区也渐由高海面初期的浅水海湾演变为古潟湖环境。古潟湖经过 2000 年冲刷，水体明显淡化，逐步演变成为淡水湖。

我国史籍中有不少关于射阳湖的记载。清代《盐城县志》中的《射阳湖史记》称"射阳湖所从来久远矣，湖最深且阔，能受诸州邑水，东走入海"。《水经注》记载，"水自广陵（今扬州）出武广湖（今邵伯湖）东、陆阳湖西，二湖东西相直五里，水出其间，下注樊梁（良）湖（今高邮湖）。归道东北出，至博芝（今宝应县广洋湖）、射阳二湖"。16 世纪中期，射阳湖水域大小、形态均与白马湖相近（图 5-12）。清光

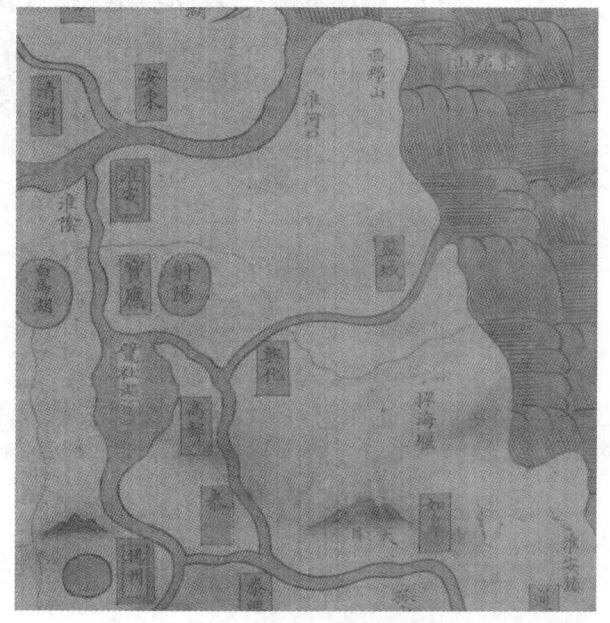

图 5-12 《大明舆地图》(南直隶)之射阳湖

绪十二年（1886年）《阜宁县志·川渎下》记载，"射阳湖，江淮间巨浸也……宋南渡以后，大河南徙黄淮合流，浊沙分注而夹耶等湖先淤。漕运改道，明嘉隆年间，河患日剧，流沙层积，填沙日远，西北入淮之迹，不复可考。而射阳湖亦渐受淤，天启、崇祯年间，范家口、苏家咀、柳浦湾、建义诸口先后决溢，湖身半成平陆"。由此可知，明末清初时期，射阳湖由水患引起泥沙淤积，湖泊萎缩，大部分沦为洼地。清《盐城县志·水道》记载，"马家荡即射阳湖之一隅，止因湖日淤垫，历次请开浚俱称射阳湖，遂以入海之河为射阳湖，而湖身之犹有者均名为马家荡"。18世纪初，射阳湖不复存在，只能寻得射阳河。射阳湖经历了由淡水湖泊到沼泽性湖泊的演变，最终沦为平原沼泽。

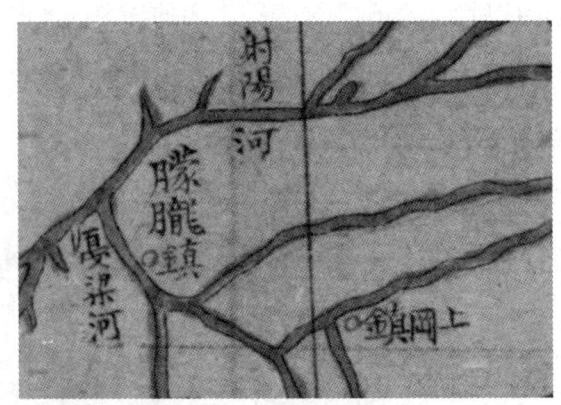

图5-13 《康熙皇舆全览图》（江南舆图）之射阳河

太　湖

太湖，位于江苏省东南部，横跨江、浙两省，是中国第三大淡水湖。太湖拥有160余条入湖河流，其中南路水系来自浙西天目山的苕溪水系；西路水系源于苏、浙、皖三省交界处之界岭山地的南溪水系,又称荆溪水系;北路水系源于镇江至苏州段的江南运河。

太湖古名震泽,又名具区、笠泽。据《太湖演变的历史过程》,"太湖及其附近地区自晚更新世末期以来,由于内外营力共同作用的结果,经历着一个由沟谷切割的滨海平原景观,演变为蝶形洼地的潟湖地貌形态,其后由于出入口通道的变化,潟湖演变为太湖"。

我国史籍中关于太湖的记载有很多。战国东汉时代的《越绝书》记载,"太湖周三万六千顷",约1 680平方千米,仅占今太湖的五分之三。东晋顾夷《吴地记》中记载,"五湖者,菱湖、游湖、莫湖、贡湖、胥湖,皆太湖东岸五湾,为五湖。盖古时应别,今并相连"。可以推断,魏晋南朝时期的太湖与今太湖形态基本接近。

《康熙皇舆全览图》揭示,太湖东侧水网发达,水域开阔,与现今的河湖格局基本一致(图5-14),湖泊面积约为4 165平方千米。1864年江苏全图(图

图5-14 《康熙皇舆全览图》(江南舆图)之太湖

5-15)中,太湖东北湖岸形态较18世纪初期无明显变化。至民国初年,地图揭示(图5-16),湖泊面积减小至2 350.9平方千米。从康熙年间至民国初期(图5-17),太湖面积演变呈萎缩模式。在空间上,湖泊西南岸萎缩较明显。《中国湖泊志》载,太湖平均水深1.9米,水域面积为2 338.1平方千米。可见民国以来,太湖面积变化甚微。但据文献调研,通过1916年和1983年的地形图比较,东太湖面积由265平方千米缩小为163平方千米,缩小的面积绝大部分是在20世纪70年代被围垦的。

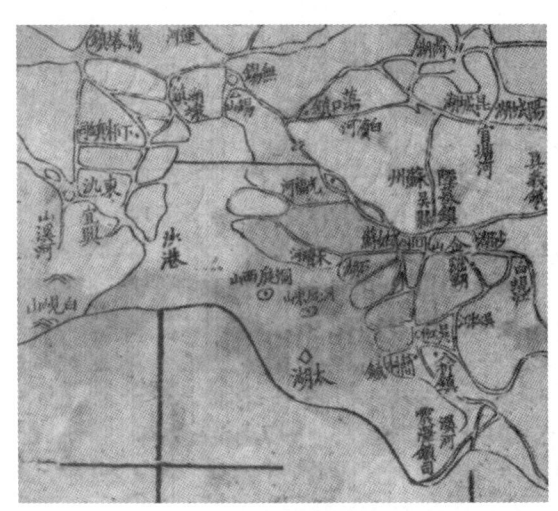

图5-15 《大清一统舆地全图》（江苏全图）之太湖

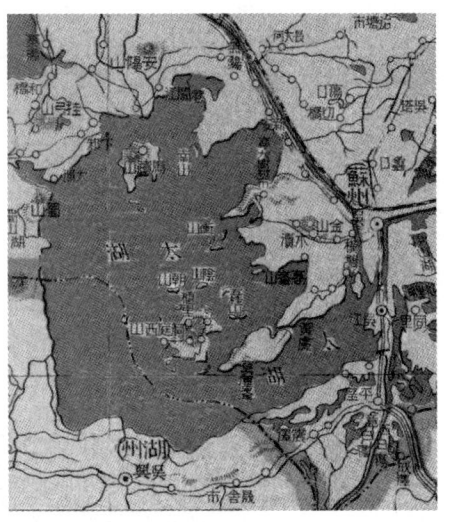

图5-16 民国六年江苏省地图之太湖

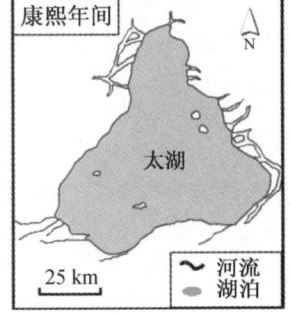
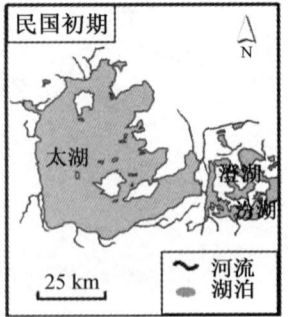

图5-17 太湖不同时期对比

阳澄湖

阳澄湖，跨苏州、吴县、昆山三市。湖中有两条带状圩埂纵贯南北，将该湖分割为东湖、中湖、西湖三部分。湖水依赖地表径流及湖面降水补给，进出河港共计92条，其中进水河港34条，出水河港58条。上游地区的长江、太湖来水经由16条大小河港入湖。湖南部有大小21条出湖河港，湖水下泄，经澄阳、淀山湖入黄浦江；湖东有17条大小出湖河港，湖水东排，经浏河、七浦塘、杨林塘等入长江。

北宋《修至和塘记》记载，"昆山塘北纳阳城湖，南吐松江"。"阳城湖"即今阳澄湖。《修至和塘记》最早记载阳澄湖，可以推断，北宋时期，阳澄湖已经形成。清《相城小志》中写道，"阳城湖，或作洋澄湖"。故晚清时期，阳澄湖又称"洋澄湖"。范仲淹《上吕相公并呈中丞谘目》云，"姑苏之水，逾秋不退……积雨之时，湖溢而江壅，横没诸邑"，阳澄地区是水患重灾区，加之出水受阻，积水不断扩张，阳澄湖由此形成。

18世纪初期地图显示（图5-18），阳澄湖名称为阳城湖，湖呈椭圆形，水域面积为77.5平方千米左右。民国初期（图5-19），阳澄湖与今阳澄湖格局基本一致，面积约为139.5平方千米。对比揭示（图5-20），康熙至民国初期阳澄湖湖形变化显著，水域扩大。《中国湖泊志》载，阳澄湖水位3.5米时，面积116.5平方千米，最大水深4.4米，平均水深2.28米，蓄水量2.66亿立方米。可见三百多年来，阳澄湖存在先扩大再缩小的过程。

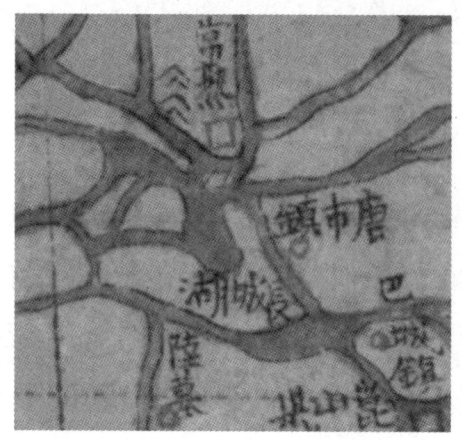 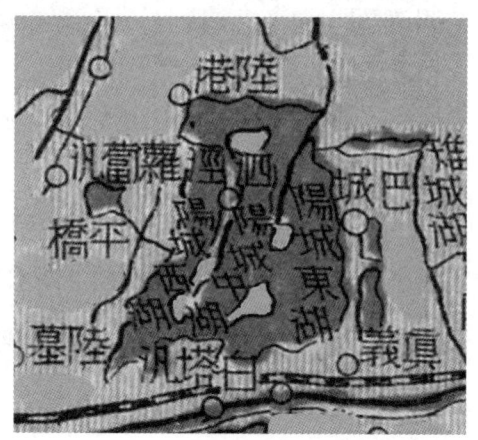

图 5-18 《康熙皇舆全览图》
（江南舆图）之阳澄湖

图 5-19 民国六年江苏省
地图之阳澄湖

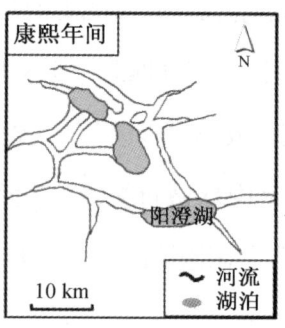 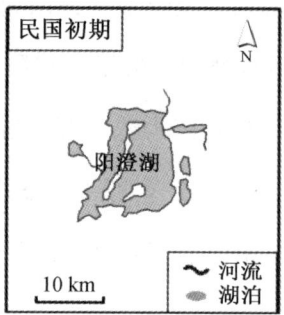

图 5-20 阳澄湖不同时期对比

大纵湖

大纵湖，位于江苏省盐城市，为过水型湖泊。南部和西部的鲤鱼河、中引河和大溪河等为主要进水河道，东北部的蟒蛇河为主要出水河道。

据吕健《大纵湖》一文，大纵湖形成于南宋之前，湖盆浅平，地势由东北向西南微倾，深水区位于湖的西南部。其成因有沉湖和潟湖二说。沉湖说称大纵湖原为一座繁华之城，因突然地陷而被水淹没。1929年大旱，湖底干涸，城墙砖、瓷瓦罐等在湖底被发现。潟湖说者考证，大纵湖由潟湖演变而来，初次成陆后为滩涂，曾有人类活动，后因海水入浸沉没，海水东退后，因地势低洼成湖，距今已800多年。

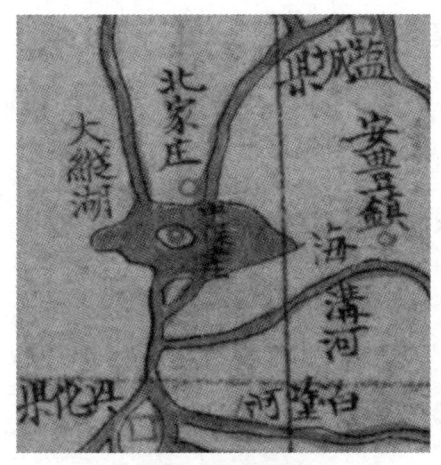 

图5-21 《康熙皇舆全览图》(江南舆图)之大纵湖　　图5-22 民国六年江苏省地图之大纵湖

清代康熙年间（图5-21），大纵湖面积约148.6平方千米，略呈圆形。到民国六年（图5-22），大纵湖面积已达721.3平方千米左右。对比揭示（图5-23），大纵湖其轮廓由康熙时的圆形变为民国初期的不规则多边形，湖域南部扩张明显。今大纵湖南北宽5.5千米，东西长6千米，面积仅有26.67平方千米，较民国初期显著变小。其常年平均水深在1.2米至1.5米之间。

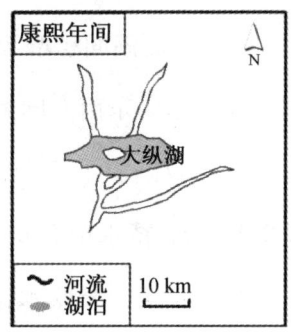 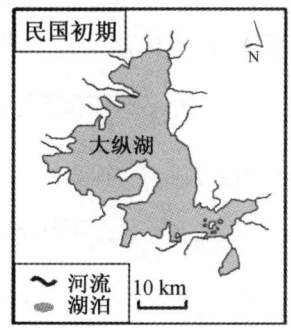

图5-23 大纵湖不同时期对比

滆湖

滆湖，又名西滆沙子湖，由常州市武进区、无锡宜兴市共辖，潟湖型，为古太湖一残迹。滆湖属长江三角洲浅水湖泊类型，是洮滆水系中心之一。湖水依赖地表径流和湖面降水补给，主要入湖河流有扁担、夏溪、湟里、北干和中干河，上与洮湖相通，湖水出太滆、殷村、烧香及北溪河东注太湖。

滆湖水域东西两侧和南北两侧的旱地，因水阻隔而不相连。而"滆"有"因水阻隔"和"地陷成湖"之意，故得滆湖之名。据《江苏南部滆湖成因演化再研究》，"滆湖是古太湖经长期演变被不断分化缩小残留湖泊之一，在成因及演化上与太湖有着相辅相成的联系"。东汉《越绝书》描写汉代吴越地区的湖泊时，滆湖未见记载。由此可推断，汉代滆湖尚未形成。1971 年，在滆湖部分变为旱地的区域发现东汉早期墓葬，可知在东汉早期，滆湖仍未形成。三国时东吴经学家虞翻最早提及滆湖，《金陵新志》记载，"虞翻曰：'太湖有五湖，故谓之五湖，滆湖、洮湖、射湖、贵湖及太湖为五湖……'"，说明当时滆湖存在。虞翻生于 164 年，卒于 233 年，说明滆湖最迟于 233 年以前形成。相关学者据此推断，滆湖形成于东汉中晚期。

《康熙皇舆全览图》揭示（图 5-24），滆湖呈东西长南北短的椭圆形，面积约为 56.2 平方千米。到了民国初期（图 5-25），滆湖面积增至 178 平方千米。对比揭示（图 5-26），从康熙年间至民国初期滆湖向东南方向偏移，水域扩张，面积增大，空间形态由东西长南北短演变为南部较凸出的三角形。《中国湖泊志》载，滆湖最大水深 2.41 米，平均水深 2.15 米，蓄水量 3.09 亿立方米，面积 143.8 平方千米。历年最高水位 5.43 米（1991 年），最低水位 2.44 米（1979 年），警戒水位 4 米。可见近 300 年来，滆湖存在先扩张再缩小的过程。

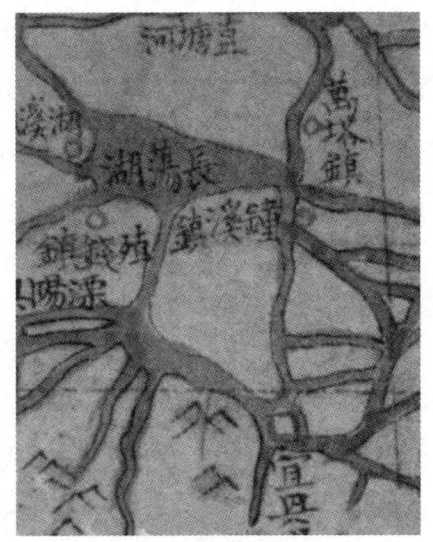 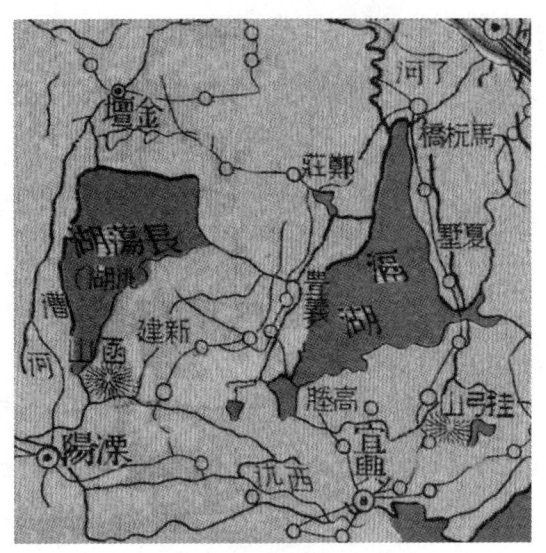

图 5-24 《康熙皇舆全览图》
（江南舆图）之滆湖

图 5-25 民国六年江苏省
地图之滆湖

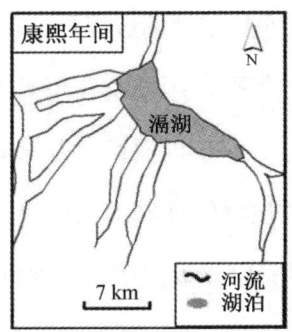 

图 5-26 滆湖不同时期对比

硕项湖

硕项湖位于江苏省灌南县境内，曾经是淮北湖群中著名的湖泊之一。

《沧海桑田硕项湖》一文考证，"明清时期，硕项湖位于海州、沭阳、安东三州县交界地域，其上游入湖的河流主要有沭河水系的前后沭河、柴米河，沂河水系的南北六塘河等"。其下游泄水河道主要有位于安东县（今涟水）境内的中涟河、东涟河、大小岔河、白头河、义泽河、平望河等，古海州境内的五丈河、莞渎河，以及跨越诸州县的淮北盐河（历史上又称支家河、下中河、官河）等。因此，历史时期的硕项湖流域范围，横跨今宿迁、连云港、淮安三个省辖市的宿豫、泗阳、淮阴、沭阳、涟水、灌南、灌云等七个县（区）。乾隆《沭阳县志》记载，"其袤四十里，广八十里"，可见其广袤。

《嘉庆海州直隶州志》记载，硕项湖古称大湖，唐、宋、金时称硕镬湖，元、明时期称硕项湖。清代《太平寰宇记》记载，硕项湖是秦始皇时因地陷而形成的，属于陷落型湖泊。据《全新世以来硕项湖地区的海陆演变》一文考证，"硕项湖曾经是淮北湖群中著名的湖泊之一。全新世以来，由于海面变化、黄河夺淮、人类活动等多种因素的影响，湖区经历了由浅海演变为潟湖，由潟湖演变为淡水湖，直至严重淤积、日渐缩小，最终成为平原陆地的过程"。

据《寻觅古硕项湖》一文，按《元时期全图》中比例尺计算，硕项湖当时面积约510平方千米。18世纪初期（图5-27），硕项湖面积约为344.7平方千米，较元代有所减少。民国初期（图5-28），硕项湖仅有29.1平方千米左右。对比揭示（图5-29），硕项湖面积萎缩显著，以青伊湖为参照，硕项湖位置发生北移，面积萎缩集中于水域东南侧。

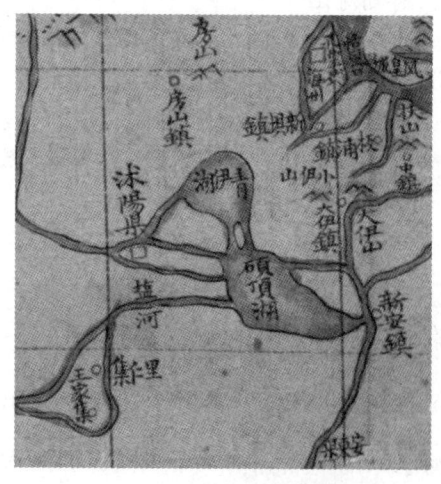

图5-27 《康熙皇舆全览图》
（江南舆图）之硕项湖

图5-28 民国六年江苏省
地图之硕项湖

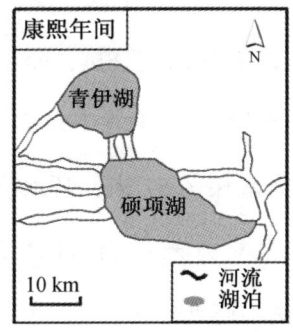 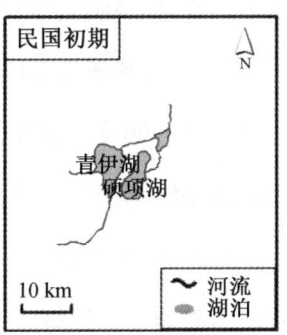

图 5-29 硕项湖不同时期对比

固城湖

固城湖位于宣城与南京市高淳区之间,其入湖河流有水阳江支流牛儿港、胥河及漆桥河等,出湖河流为官溪河,为长江下游青弋江、水阳江流域调蓄性湖泊之一。

固城湖因临古"固城"而得名,俗称小南湖。《江苏省志·地理志》(1999)载,固城湖源于古丹阳湖,后因泥沙淤积及历代围垦,古丹阳湖分化出固城湖等小湖泊。据考证,历史时期固城湖曾发生多次围湖垦殖活动,最早开始于春秋末期相国圩的建立,后依次经历了北宋、南宋、明代等几个大的围垦时期,尤以宋代变化最大。1949 年以来,固城湖周边造田活动愈加频繁。《宣城县志》(1996)载,20 世纪 70 年代以来,高淳县在固城湖围垦面积增加 4 万余亩。到 1985 年,固城湖总面积从 81 平方千米减少至 30.9 平方千米,湖泊容积从原先的 1.2 亿立方米下降至 0.4 亿立方米。

《康熙皇舆全览图》揭示(图 4-6),固城湖呈南北宽东西窄的长条状,与石臼湖、南漪湖相连为一整体，湖泊面积约为113.3平方千米（图4-8）。民国初期地图揭示（图4-7），固城湖与石臼湖、南漪湖相互分离，面积约为62.5平方千米（图4-8）。20世纪60年代固城湖面积约60.6平方千米（图4-8）。《中国湖泊志》载，固城湖平均水深1.6米，最大水深3.67米，常水位7.27米时，面积为39平方千米，容积为0.7亿~0.95亿立方米。不同时期对比揭示（图4-8），固城湖湖域不断萎缩，并与诸小湖由相连到分化。

石臼湖

石臼湖，位于江苏省溧水、高淳和安徽当涂、博望三区一县交界，湖西部与长江支流青弋江、水阳江、姑溪河连通，湖北部则通过天生桥河与秦淮河连通，属于长江流域湖泊。其中，水阳江是其主要水源，姑溪河是主要泄水通道。

石臼湖又名北湖，据《当涂县志》（1996）记载，由于湖形酷似石臼，故称之为石臼湖。据《江苏省志》，石臼湖由古丹阳湖分化而成。由于中生代燕山运动后期的断裂作用，溧高背斜西北翼断裂下沉，产生了包括石臼湖等湖及其西部圩田区的广大洼地，其中固城湖位于南京凹陷的边缘地带。北宋乐史在雍熙四年完成的地理著作《太平寰宇记》最早记录了石臼湖，即"丹阳在县西南一半与当涂县丹阳湖相并，石臼湖在县西南三十里西建阳岸，广一百六十余里，北枕横山，连临廪西邱黄三山，又有军山塔子马头雀垒四山并在湖中"。

18世纪初期（图4-6），石臼湖与固城湖、南漪湖曾相互连通，湖泊呈东西长南北窄的较规则的椭圆形，其面积约为121平方千米（图4-8）。民国初期地图中石臼湖名字显示为臼湖，其已与诸湖分离，为近似倒三角的不规则形态，面积约为262.9平方千米（图4-7、图4-8）。20世纪60年代末，石臼湖西南萎缩明显，湖泊面积约168.8平方千米（图4-8）。《中国湖泊志》载，石臼湖水位7.75米（黄海），面积97.3平方千米；最大水深4.83米，平均水深3.84米，蓄水量3.74亿立方米。近三百年来，石臼湖面积存在先扩大再缩小的过程。

第六章 上海市湖泊

淀山湖

淀山湖，位于长江三角洲太湖平原，邻接江苏省昆山市和上海市青浦区，是上海最大的天然淡水湖泊。其上承太湖之水，由急水港等港口注入，经东南诸多港口入黄浦江，是黄浦江的源头。

淀山湖古名薛淀湖、淀湖等。其名称由来说法不一，《淀山湖的变迁与元李升〈淀山湖送别图〉》一文认为宋以前无淀山湖之名，《水经注》称其为谷水。首次出现"薛淀湖""淀山湖""淀湖"等名称是在宋代。因湖中有淀山，得名淀山湖。又有一说，"淀山湖因上游水缓，湖中泥沙日积，渐成淤淀，故湖以波名"。

淀山湖的旖旎风光，使古今学者驻足游览并吟咏抒臆。宋代诗人卫泾在《游淀湖》中云，"疏星残月尚朦胧，闲趁烟波一棹风。始觉舟移杨柳岸，直疑身到水晶宫。乌鸦天际墨千点，白鹭滩头玉一丛。欸乃一声回首处，西山横在有无中"。将淀山湖比作水晶宫。元代杨维桢的《淀山湖》中写道，"半空楼阁淀山寺，三面篷樯湖口船。芦叶响时风似雨，浪花平处水如天。沽来村酒浑无味，买得鲈鱼不论钱。明日垂虹桥下过，与君停棹吊三贤"。可见当时淀山湖的宏伟壮阔。

18世纪初淀山湖呈南北细长，东西狭窄的条状，与周边众多河流相连接，面积为274平方千米左右（图6-1）。民国早

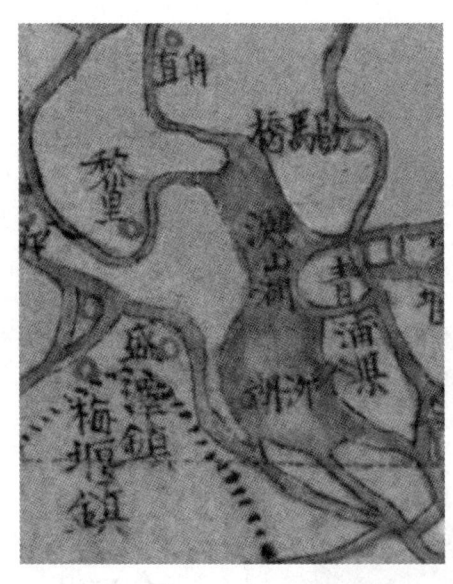

图6-1 《康熙皇舆全览图》
（江南舆图）之淀山湖

期地图揭示（图6-2），淀山湖向内萎缩，周边分离出多个小湖泊，面积约为102平方千米。《中国湖泊志》载，淀山湖最大水深3.59米，平均深度2.11米，多年平均水位在2.63米以下，总面积62平方千米，蓄水量1.3亿立方米。 不同时期地图对比揭示（图6-3），淀山湖逐渐减小，萎缩部分集中于湖域北部。

图6-2 民国六年江苏省地图之淀山湖

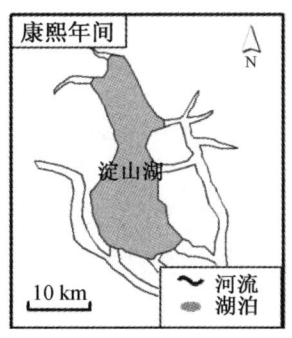 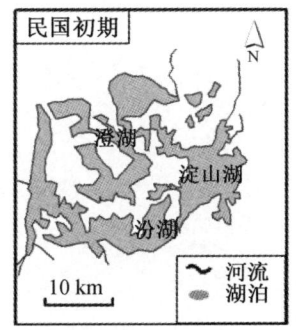

图6-3 淀山湖不同时期对比

第七章 浙江省湖泊

东钱湖

《中国湖泊志》载,东钱湖又名东湖,在宁波市东南15千米,鄞县境内。由于湖居县城之东,承钱埭之水,故名。

东钱湖属海迹湖,在全新世末期已逐渐形成,晋代已有记载。唐天宝三年(744年),县令陆南金始加浚治,北宋庆历八年(1048年)县令王安石重建湖界,置砾石,除葑草,湖区逐步固定。继之,程罩、胡榘、陈恺以及后人元王世英、胡邱和清张衡等均对其进行整修治理。《新编东钱湖志》载,浚湖除葑是历朝历代东钱湖的重大治湖工程,南宋乾道五年(1169年)至淳祐二年(1242年)以守臣张津开始到知府陈恺治湖的73年中,先后五次浚湖除葑。《新编东钱湖志》收集整理了唐代以来和东钱湖有关的资料,包括清全祖望《万金湖铭》,《宝庆四明志》,民国《东钱湖志》,民国《鄞县通志》,等等。

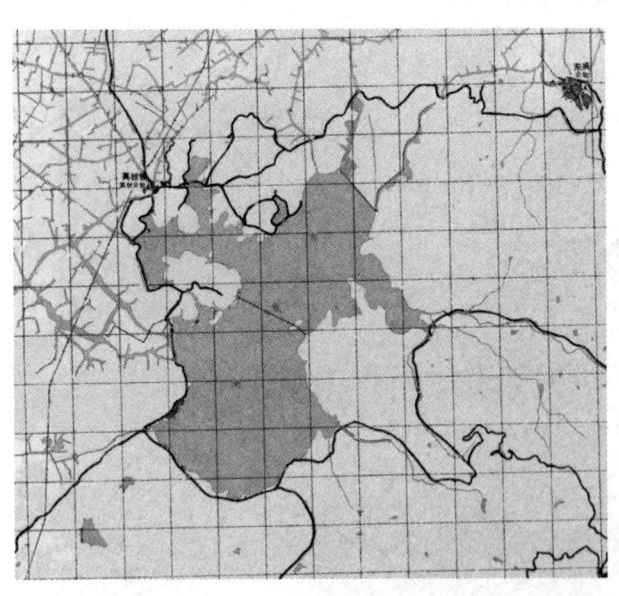

图7-1 20世纪80年代初地形图(姜山镇)之东钱湖

东钱湖湖面原为三部分:西部以师姑山、笠大山为界,其西湖面称谷子湖;东北部以湖里塘为界,其东北湖面称梅湖;其余湖面统称外湖。梅湖因淤塞严重,于1961年被围垦为田,建立梅湖农场。1976年,由大公至沙家山建湖心塘堤,堤上通车,交通称便,堤长1.7千米,将外湖分隔为南湖和北湖两部分。

20世纪80年代初地形图（图7-1）显示东钱湖面积约19.3平方千米。《中国湖泊志》载，湖长8.5千米，最大宽6.5千米，平均宽2.5千米，面积21平方千米。可见近现代东钱湖面积变化较小。

第八章 山东省湖泊

南四湖

　　南四湖，位于山东省南部微山县，属淮河流域泗水水系，是微山湖、昭阳湖、独山湖、南阳湖等四个相连湖的总称，为山东省最重要的淡水渔业基地。湖东、西、北三面承纳苏鲁皖豫4省32个县市的来水，入湖河流共53条，其中集水流域面积在1 000平方千米以上的主要入湖河流几乎全部分布在上级湖，主要有泗河、梁济运河、白马河、洙赵新河、复兴河、城郭河、东鱼河、洸府河、大沙河、新万福河等10条，出湖口在山东省微山县境内的韩庄闸和尹家河闸以及江苏省境内的蔺家坝闸。全湖总集流面积30 453平方千米。出湖水流南下经淮河，最终注入黄海。建闸控制后的南四湖，已由过去暴涨、暴落的天然状态转变为趋于平缓的阶段。

　　南四湖原为古泗水流经的一片平原洼地，后经泥沙长期淤塞而逐步形成河迹洼地湖。它的形成可以概括为地壳运动、山丘水流、黄河决溢和人为活动共同作用的结果。根据地质资料和地貌形态分析，新生代以来，受大地构造控制，鲁西地区长期处于强烈下降过程，形成凹陷，成为山东丘陵西部边缘的一片冲积平原。两地貌单元的交接处遂构成了水流汇聚、滞积带，为湖泊形成提供了有利的地貌条件。历史时期黄河经常在鲁西、苏北泛滥，大量泥沙淤积，造成古泗河及其以西地区淤积抬升，而黄河长期夺泗夺淮入海，泗、淮下游淤垫，泄水不畅，是形成南四湖的主要因素。同时，京杭大运河的开掘也塑造了南四湖的形状，运河故道借用泗河，形成堵截西来黄淤的自然防线。自明永乐九年（1411年）重开会通河至隆庆元年（1567年）的157年间，运河故道因黄河泛滥，深陷淤塞、疏挖和高培堤岸的恶性循环，在培高堤岸的同时，运道以西广大地区也相应淤高，不断增大迎淤面和背淤面的高差。泗河运道基底及其堤岸的抬高，使原入泗的东部山水河道逐渐失去出路，开始在运河以东潴积，官府有意设水柜济运，筑堤拦蓄，加速了积水面积的扩大。

南四湖各湖泊出现的时间与形成的年代先后不一。据史料记载，昭阳湖出现最早，初现于宋末元初，约完成于清康熙年间，有七八百年的历史。昭阳湖初称山阳湖，俗称刁阳湖，当时昭阳湖面积很小，周回不过三五里，位于今微山县赵庙村北边，聂庄铺西边。明代初期重开会通河，把昭阳、安山、南旺、马场四湖作为水柜，随着蓄水济运，昭阳湖的面积逐渐扩大。嘉靖初年，昭阳湖水位并不稳定，春夏之交，常患浅涸。万历二十年至三十年（1592—1602 年），昭阳湖的南端与塔具湖（夏镇西南 8 千米许）相连，北边与北距谷亭 10 千米的孟阳泊相汇。清康熙年间，昭阳湖南端与微山湖连为一体，向北即将与南阳湖衔接。康熙三十年（1691 年）修筑了马公堤和马公桥，防止了昭阳湖和南阳湖的衔接，隔断南阳与外地的交通。这时，昭阳湖南起沛城东，北至南阳马公堤，"周回一百八十余里，界滕、沛、鱼台三县境"。

微山湖，由微山、赤山、吕孟、武家、黄山诸小湖相汇而成，这些小湖陆续出现于明弘治至嘉靖年间，初现时各自为湖。明隆庆至万历十八年（1590 年），微山、赤山、吕孟湖连成一片，统称吕孟湖。万历十九年（1591 年），当时吕孟诸湖与留城一带的积水尚有一段距离。万历三十一年（1603 年），黄河水灌注，随后赤吕诸湖与西部的武家湖连接起来，但水位并不稳定。至明末，微山以西，留城以东，尚未形成大片水位稳定的湖泊。清顺治中期，吕孟湖和昭阳湖全部衔接起来。连接成片的赤吕诸湖，北边与昭阳湖衔接起来，东自韩庄，西至故留城西，南抵茶城，"东西四十里，南北八十里"的微山湖形成。

独山湖初现于元末，首现于独山脚下，由北、东诸山的泉水汇集而成。初称独山湖，因范围逐渐扩大，近于南阳，又有南阳湖之称，后来又与阳城湖相会，因而又称之为阳城湖。明隆庆元年（1567 年），独山湖的面积迅速扩大，万历年间该湖向南扩展至今留庄乡南，北羊庄西面。清康熙年间，独山湖"周回一百九十六里",北、东两面紧靠山坡,西、南即漕运新渠,隔渠与昭阳湖相望。清道光年间,"独山湖在鱼台、滕县境,近日北岸兼入济宁境,曲折行六十里弱"。

南阳湖在明隆庆元年漕运新渠开凿之前已经出现,不过面积很小。漕运新渠通航后,原泗河运道的南阳至留城段淤弃,南阳以北原入泗的赵王河、洙水河等河道失去出路,加速了南阳湖面积的扩大。乾隆十年(1745年),湖水越过横坝北漫,淹没谭村寺、张家堰、枣林等40余个村庄。清咸丰五年(1855年),黄河决铜瓦厢,部分水流由赵王河东注南阳湖,南阳湖向北延至石佛,向西越过牛头河,面积扩大10余倍。但水位极不稳定,深时五六尺,浅时二三尺。

康熙年间地图显示南四湖中的南阳湖、独山湖及昭阳湖连成一片,但位于最南端的微山湖仍相对较独立(图8-1),当时湖泊总面积约1 101.7平方千米,其中尤以微山湖面积最大,约为621.8平方千米。咸丰年间,据资料记载南四湖周回近350千米,总面积约2 055平方千米,达到历史最大值,但随后由于淤垫,它的面积逐渐缩小。清同治十二年(1873年),黄河大决直隶东明石庄户,漫牛头河、南阳湖,顺漕运新渠南下,马公堤、漕运新渠堤等尽冲毁。南阳、独山、昭阳、微山四湖连成一片,北从石佛,南至韩庄,长120余千米的南四湖形成。

图8-1 《康熙皇舆全览图》(山东舆图)之南四湖

民国初期地图显示南四湖所包含的四个湖泊已经连为一片（图 8-2），当时湖泊总面积约为 1 036.9 平方千米，其中微山湖面积约为 504.1 平方千米，面积仍为四个湖泊之首。和之前相比，该时期湖泊面积及形状发生明显改变（图 8-3），特别是湖泊形状，较之前呈拉长趋势。这种变化与该地区黄河泛滥、运河改道等密切相关。明清时期，黄河多次在丰沛地区决口，地势低洼的南四湖地区便成了黄水汇集的地方，此外，黄河携带了大量泥沙，导致南四湖湖底淤高，面积也不断扩大。而历史上运河的几次线路改变与挖掘，修建水柜以及"借黄行运""引黄济运""遏黄保运"等不同历史时期水利工程的兴建，对南四湖各湖水环境演变产生深刻影响。另外，大运河的开挖促进了沿岸社会经济活动的发展，湖泊的围垦、周围山地区的植被破坏引起的地表侵蚀、土壤冲刷，导致大量泥沙注入河中，进而引起泥沙沉积、河流堵塞，汇入湖泊的水量随之减少，或者注入湖泊的泥沙增多，这也进一步导致其面积发生变化。

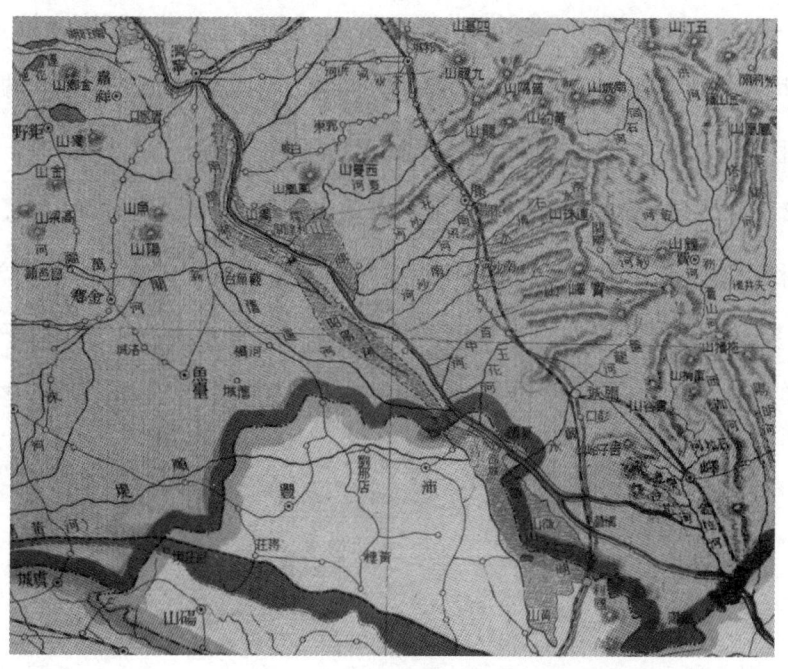

图 8-2　民国六年山东省地图之南四湖

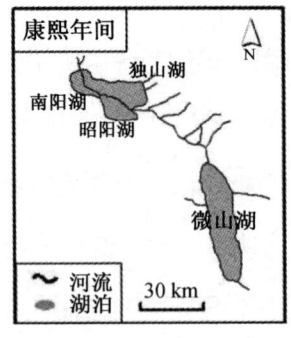 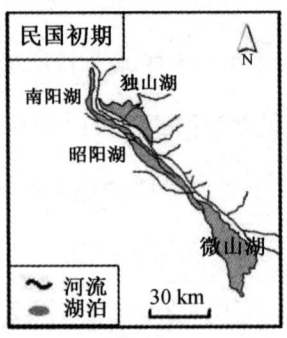

图 8-3 南四湖不同时期对比

1935年勘察时，洪水位时南四湖总面积为1 503平方千米，全湖最大蓄水量20.226亿立方米。其中微山湖最大蓄水量8.020亿立方米，昭阳湖5.158亿立方米，独山湖2.890亿立方米，南阳湖4.158亿立方米，平均水深2米。1960年，湖区筑成二级湖坝，把南四湖分成上下两级湖，上级湖约602平方千米，下级湖约664平方千米，全湖最大控制蓄水面积1 266平方千米，占全县总面积的71%，最大库容量47.314亿立方米，兴利调节库容量11.28亿立方米，死库容量5.74亿立方米，平均水深1.5米，汛期最大水深2.5～3米。1984年调查，微山湖周长130千米，面积531.71平方千米；昭阳湖周长121千米，面积337.12平方千米；独山湖周长62千米，面积144.61平方千米；南阳湖周长80千米，面积220.1平方千米，总面积1 233平方千米。1990年，实际控制蓄水面积1 209平方千米。《中国湖泊志》载，南四湖长119.1千米，最大宽22.6千米，平均宽9.2千米，面积1 097.6平方千米，最大水深2.76米，平均水深1.46米，蓄水量16.08亿立方米。

东平湖

东平湖，位于山东省东平县境西部，为山东省第二大淡水湖，也是山东省重要的淡水渔业生产基地。湖泊北起清河口门，南至金线岭围堤，西濒济梁运河和黄河大堤，东沿凤凰山、黄花园、州城、吴桃园等村镇及湖东排渗河。湖中有金山、昆山、土山、铁山等。西南距黄河三门峡枢纽 585 千米，东北距黄河入海口 364 千米。湖底西北高，东南低，最低高程 36.7 米。1950 年开始被辟为黄河汛期的滞洪区。集水面积 9 064 平方千米，补给系数 61.2，湖水依赖地表径流与湖面降水补给，大清河（古称漆沟，又名汶水）为主要入湖河流。出流经陈山口闸、清河门闸下泄黄河。湖泊警戒水位 43 米。

东平湖为古大野泽遗迹，春秋至汉称巨野泽，宋称梁山泊。由于黄河决溢改道，泥沙淤积，大部分涸为平陆。元至正十一年（1351 年）贾鲁治河后，断绝河水的补给，梁山泊逐渐分割为几个较小湖泊，即所谓北五湖：安山、南旺、马踏、马场、蜀山湖。1855 年黄河铜瓦厢决口改道夺大清河入海后，截断汶河入海流路，黄河及汶河来水汇入后扩大了安山湖区面积，逐渐形成了东平湖，该湖是梁山古巨野泊与北五湖唯一被保留至今的残留湖泊。

东平湖的形成和发展，是随着黄河历史的变迁而形成和发展的。黄河历史上在这一带变迁，由于受到鲁中山区隆起阻挡的影响，不是南走淮、泗入黄海，就是北夺漯、济入渤海。因而，形成四周陆地较高、中间较低的洼地。山溪河流不同河口三角洲的发育和长期行河泥沙的淤积，以及地表径流的侵蚀，致使大量泥沙不断堆积在湖盆中，最后使这一带洼地自然分割成高低不平的小块积水湖泊。有大水补给时就会连成一片。

春秋至汉，大野泽称巨野泽，唐代李吉甫编著的《元和郡县志》载，"大野泽在巨野县东五里，南北三百里，东西百余里"。据此，则今日之梁山、东平、郓城、巨野、汶上、嘉祥、济宁一带，都可能是大野泽波及之处。其水势之大甚至可以与洞庭湖、鄱阳湖相比。南北朝时期，桓公渎纵穿，泽分为二，渎东称茂都淀，渎西称巨野泽。隋代淀泽合一，仍称巨野泽。五代至唐宋，黄河下游不断决口改道，多次流注巨野泽，泽底淤高，泽水南北分流。北流泽面与东平、梁山、郓城一带洼地相连，构成"周围港汊数千条，四方环绕八百里"的梁山泊。南宋建炎二年（1128年）黄河决南流自泗入淮，这时黄河极不稳定，梁山泊水域也随其变化。水至则"漂没千里，复成泽国"，水退即"涸为平陆，安置屯田"。金代，梁山泊水面大减，退地甚广，已偿遣使安置屯田。元末一度又为黄河决入，成为大泊，不久又干涸。明代时，这一代洼地只剩下分散的几个积水湖，已不再称梁山泊。明弘治年间，湖水完全失去黄水补给，大面积涸退，其余流被分离成南北两个湖泊：北湖因紧靠梁山境内的安民山，故称安山湖；南湖因在南旺内，故称南旺湖。南旺湖曾有记载"明永乐九年重开会通河，遂划为二堤，漕渠贯其中，渠之东岸有蜀山湖，谓之南旺东湖，周六十五里。堤北有马踏湖，亦谓之南旺北湖，周三十四里有奇"。西湖仍称南旺湖，周九十余里，再加上济宁毗邻的马场湖，即近代所谓的"北五湖"。明万历六年（1578年）丈量，安山湖方圆百余里，面积4.93万亩（约32.87平方千米）。

康熙年间地图中明确标注了南旺湖、蜀山湖、马踏湖及马场湖四个湖泊，同时也标注了安山闸，但并未出现安山湖字样（图8-4），当时四个湖泊面积总计约为170.9平方千米。1735年，安山湖周长65里，围堤15 600余丈，总面积9.4万亩（约62.67平方千米）。清咸丰五年（1855年），黄河改道夺大清河入海后，由于大清河原河道"深阔不及黄河三分之一，寻常大水，业已漫溢堪虞"，漫水汇入洼地的河流尾闾水位，使广阔干涸的土地又漫溢成巨泽，以至在原梁山泊东北部大清河、龙拱河、大运河等汇流处两岸一带洼地造成新的积水区，形成了东平湖老湖区。

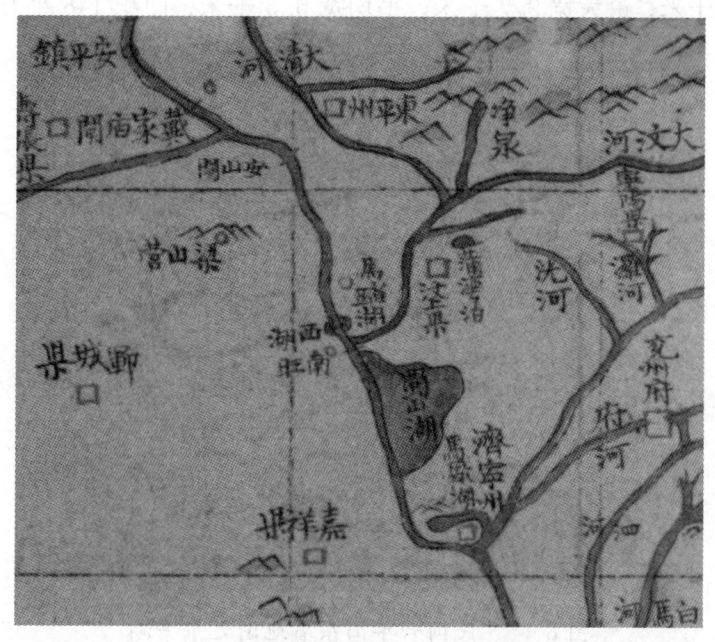

图 8-4 《康熙皇舆全览图》(山东舆图)之东平湖

随着黄河淤积抬高,洼地积水面积日益扩大,新积水洼绝大部分属东平县所辖。资料记载民国初年始有东平湖之称,但民国六年地图中仍标注南旺湖,尚未出现东平湖字样(图 8-5),当时湖泊面积约为 123.9 平方千米,因此东平湖之名可能出现在民国六年之后。民国二十二年(1933 年),民国政府召开的运河讨论会上的《黄淮运河整理计划初步报告》中说明,东平湖的高度(江淮水准)洪水位 38.9 米,湖底高程 37.2 米,容水量 1.19 亿立方米,集水面积洪水位 229 平方千米,低水位 167 平方千米,与老湖区范围情况基本一致。1938 年,国民党军在花园口决黄河大堤,水南灌入淮,湖涸为田。1947 年,堵塞花园口,黄河复回故道入海,东平湖重又蓄水。1950 年,确定为黄河的自然滞洪区。黄河涨水即漫流入湖,洪水过后,漫水处逐渐淤积,使湖底抬高,湖区逐渐扩大。1951 年,堵复旧临黄堤,修复运东堤,形成了滞洪区分级运用的格局。滞洪区总面积为 943 平方千米,其中第一滞洪区 223 平方千米,第二滞洪区 720 平方千米(包括东平、梁山两县),蓄水位 44 米,库容 33 亿立方米。《中国湖泊志》载,当水位 41 米时,湖泊长 23.5 千米，最大宽 9.7 千米，平均宽 6.3 千米，面积 148 平方千米，最大水深 2.4 米，平均水深 1.59 米，蓄水量 2.35 亿立方米。

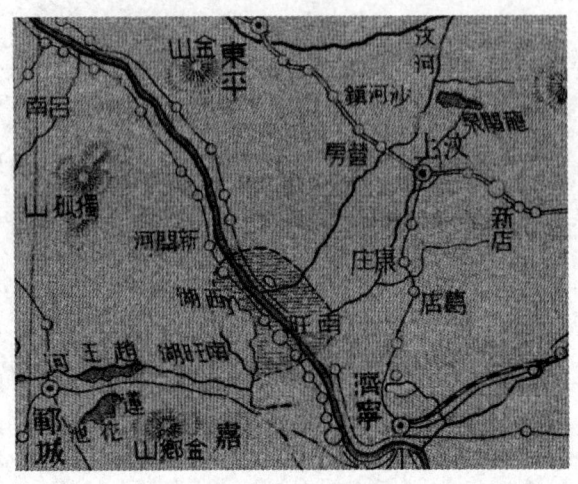

图 8-5　民国六年山东省地图之东平湖

综合来看，历史时期以来东平湖轮廓与现代差异较大，水域名称及面积也发生了较大的改变（图 8-6）。这种变迁既与黄河泛滥、气候变迁等自然因素有关，也与开挖运河、蓄水济运等人为因素密切相关。如果没有历史时期黄河几次改道，特别是 1855 年的黄河改道，横截汶河入海流路，就不可能形成今日之东平湖。人类活动对湖泊演化存在双重效应，一方面，诸如滨湖居民的"围湖垦田"等大大加速了不同时期湖泊淤填的过程，但另一方面如果历史以来东平湖没有加以人工控制治理来改变运用方式、减少黄河泥沙淤积的影响和概率，可能最终也会被黄河淤平而消失。

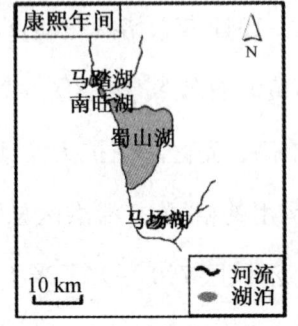 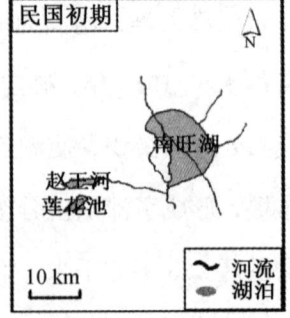

图 8-6　东平湖不同时期对比

巨淀湖—清水泊

巨淀湖,古作钜定,亦作巨淀,位于山东省寿光县境西北部,系由淄河、跃龙河、王钦河、织女河、阳河诸水汇注而成。过去水流畅旺,物产丰饶,以盛产苇草、鱼虾著名,并有引水灌溉之利。清水泊位于巨淀湖北边,南与巨淀湖相通,南北有古岭(即古代老淄河故道)横亘其间。来水先入巨淀湖,淤尽泥沙后,始入此泊,故名清水泊。目前两湖均已干涸。

巨淀湖在汉代称钜定。史料曾记载"自是之后,用事者争言水利。朔方、西河、河西、酒泉皆引河及川谷以溉田。东海引钜定,泰山下引汶水,皆穿渠为溉田,各万余顷"。说明当时湖泊面积很大,但当时没有出现对清水泊的记载,有研究认为当时巨淀湖与清水泊很可能是连为一体的。北魏时,有巨洋水(今弥河)、淄水(今淄河)、浊水(今阳河,又名北阳水)、女水(今女织河,又名裙带河)、时水、涌水众多河流注入巨淀湖,表明其为多条河流的吐纳湖。北魏以来,由于巨淀湖的一条重要入注河流古弥河在唐宋之际改道,再加之河流泥沙的淤积,巨淀湖范围缩小。由于唐宋时期巨淀湖无灌溉之利,因此这一时期没有关于该湖的记载。北魏至元代,由于淄河的长期注入,携带的大量泥沙在巨淀湖中淤成一道天然堤,巨淀湖被一分为二,两湖相通。来水先入西南之湖,淤尽泥沙后始入东北之湖。因元、明、清之际,两湖始终相通,故史书中多以一湖出现,并谓之清水泊。

《康熙皇舆全览图》中只出现了清水泊(图8-7),当时湖泊面积约为152.3平方千米。乾隆时期,"泊,自西南而东北长五十里,南北二三十里",据此推断,该时期清水泊面积与康熙时期差异应该不十分显著。到了咸丰年间,"(泊)旧在寿光境者十七八,乐境者十二三……今皆在寿光境内,不及乐安矣",表明该时期湖泊较之以往已有缩小之势。但在清代,仍有多条河流入注清水泊,因而湖泊不至于干涸。另外，卫星遥感图像判释表明，在广饶县城东南面与寿光县交接处，明清时期清水泊位置南稍偏西有一明显古湖迹象，呈椭圆形，长轴南北方向，长近40千米，宽近20千米，也说明明清时期清水泊确为一面积较大的湖泊。

图 8-7 《康熙皇舆全览图》(山东舆图)之巨淀湖—清水泊

民国初期地图中仍只标注了清水泊，而未出现巨淀湖（图8-8），湖泊面积约为172.3平方千米，说明当时湖泊面积仍较大，且巨淀湖与清水泊可能还是连为一体的。民国十二年（1923年），由于入注河流淄河的迁徙改道，以及塌河北泄湖水，两湖湖区的蓄水受到很大影响。民国二十四年（1935年）资料记载清水泊已分为西南和东北两湖，分别叫作巨淀湖和清水泊，当时清水泊"东西三十余里，南北十余里"。1949年后，清水泊泊区范围内先后建立了国有农场、林场和种羊场。巨淀湖只有在夏秋之际雨水丰富时，降水及地表径流汇集于湖心区，维持部分芦苇生长，而湖心周围地区则早已建成农田。《寿光县志》中记载的巨淀湖曾南北长约10千米，东西宽约7.5千米，蓄水面积为25平方千米，最大蓄水量为

1 250万立方米，清水泊东西约15千米，南北约5千米，泊水北出流入渤海，后来二者均干涸。

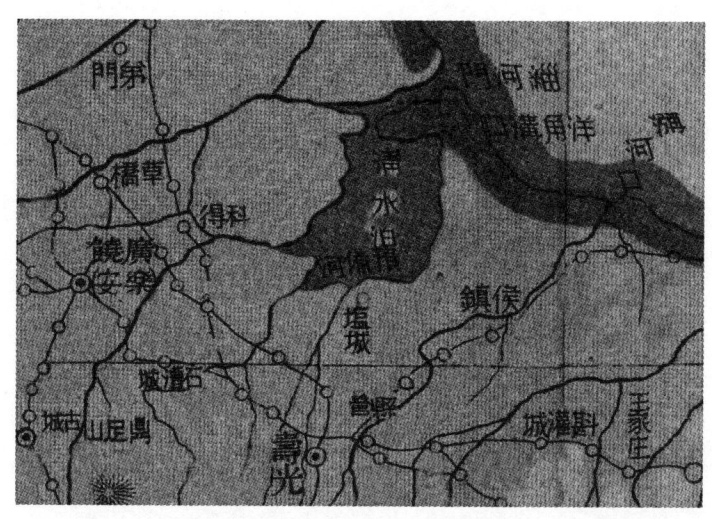

图8-8　民国六年山东省地图之巨淀湖—清水泊

综合来看，汉代时曾记载从"钜定"湖引水灌溉，而明清时期清水泊已无灌溉之利，这可能反映汉代该湖位于地势相对较高位置，而明清时期湖泊已向东北迁移，所处地势较低，距海较近，也即湖泊位置在历史时期曾发生改变。此外，从不同时期湖泊对比来看（图8-9），巨淀湖—清水泊流域出/入湖河流也发生了较大改变，进而导致湖泊位置及面积等也会随之变化。这种变化除了与气候因素有关外，可能还与河流淤积、迁徙以及人类活动有着密切的关系。钻孔资料也表明，巨淀湖—清水泊沉积区自中全新世以来气候环境发生过较大变化，因而其湖泊位置也会存在多变性。

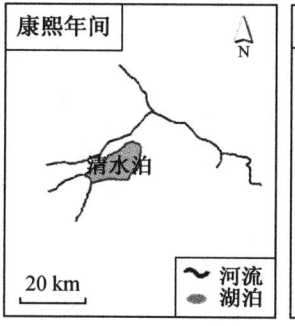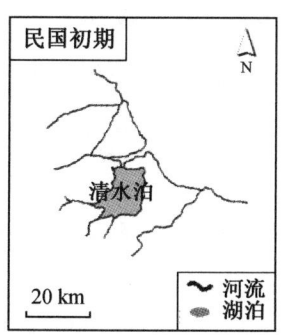

图8-9　巨淀湖—清水泊不同时期对比

第九章 河北省湖泊

白洋淀

白洋淀,位于河北雄安新区,属于海河流域大清河水系,是华北第一大淡水湖泊湿地,素有"华北之肾"之称。湖泊接纳上游潴龙河、唐河、府河、漕河、瀑河、萍河、孝义河、小白河及北支白沟引河等河流入淀,出水口为赵王新河。现除府河外,其余河流已基本季节性断流,依靠流域内调水和外流域调水。

白洋淀古称掘鲤淀,又名白羊淀、白阳淀,亦称西淀。白洋淀最早见于古籍是在西晋时期,时称掘鲤之淀,其地理位置即今白洋淀。在北宋时期,史籍称之为白羊淀,"羊"与"洋"实为同音,"洋"为后来演绎而成,但当时记载的白洋淀范围绝非今之广义的白洋淀,水面要大得多。明嘉靖时期,"白洋淀"名字第一次出现,几乎又同时被载入正史和志书,此时的白洋淀指的是九十九淀中的白洋淀本淀,时至清代,相对于东淀,又有西淀之称,它是对白洋淀区域的总称。

寒武纪时,地壳下沉,海水由东向西入侵,使内蒙古陆以南包括白洋淀地带汪洋一片。从晚三叠纪开始,地壳活动逐渐增强,这时,西部太行山区和北部燕山山区慢慢崛起,喜马拉雅运动使华北下降运动与太行山、燕山山区上升运动形成鲜明对比。第四纪,在平原仍在不断下降的同时,上升的太行山和燕山地区形成大量的河谷阶地,并在山麓地带发育了一系列的冲积扇群,就在冲积扇与冲积平原的交接处,形成了许多洼地。正是在这一时期,河北平原古地理地貌环境形成,同时形成白洋淀—文安洼两大古湖盆区。白洋淀是河北平原北部古湖盆地的一部分。第四纪早全新世后期,白洋淀再度兴起,范围比今日白洋淀略大,中全新世时古白洋淀扩张到最大范围,此时,古白洋淀水势连绵,堪称浩瀚恣肆。晚全新世,由于来自白洋淀西北部的上游河流下泄减少,海水向东退却,古白洋淀水因此变浅乃至收缩、分解,进而局部干涸,河北平原上出现湖泊洼淀广布但水体各不相连的地貌特征，古白洋淀向退化方向发展。

春秋战国时期，燕昭王沿着古黄河流经白洋淀的北岸，筑起一条长达五百里的燕长城，阻止淀水北泛，继而奠定了白洋淀从古至今的北界。两汉时期，由于古黄河脱离白洋淀已久，北水南移，解体、收缩的白洋淀无人治理，加之气候干燥，长时间出现枯水状态，东汉末年，大量水利工程的兴建，使清、淇、漳、洹、易、涞、濡、沽、滹沱同归于海，形成今天包括白洋淀流域在内的海河水系，对古白洋淀的变迁产生了一定影响。唐代以前的白洋淀，仍保持在天然的、未经人工大型治理的原始面貌。其面貌发生大变化，始于宋代。宋代对白洋淀大规模人工治理，才形成今天白洋淀的基本格局。元代，由于战乱等原因，白洋淀少有人烟，趋于荒废。同时，在今北京建立大都城，自此燕山、太行山茂密的森林遭到破坏，一方面使白洋淀流域水土流失严重，河流泥沙增多，加速了淀泊淤积，另一方面导致沥涝灾害加重，形成恶性循环。元至正二十二年（1362年），白洋淀大水肆溢，淹没了任丘城。明弘治元年（1488年），白洋淀淤积严重，并可耕种，官府将淀中（光淀北）辟为牧马场。明王朝时期组织南方大批移民迁移进淀并不断增筑堤防，对白洋淀的格局产生了重要影响。此外，明朝对白洋淀及周围主要淀泊名称及面积在史志中均有详尽记载。

明末清初开始，由于白洋淀地处九河下梢，洪水连年，因此白洋淀周边不断大筑堤防，清顺治时期，境内已是"堤堰蜿蜒可数百里或数十里"。雍正时期，除结合治水外，还大搞造田，使淀区水面范围大大缩小。据有关资料表明，从顺治元年（1644年）到光绪七年（1881年）的237年间，白洋淀淀区面积缩小了十分之九。雍正年间围堤营田，虽是有利之举，但"惜功未竟，后渐废弛"。到乾隆中期，因淀缩小，淤积严重，淀区周围洪涝灾害加剧。鉴于此，乾隆三十七年（1772年），皇帝下令严禁围淀造田。道光年间，白洋淀内之马棚淀、五官淀、留通淀等均被淤平，因而道光年间治水重点在清淤扩淀，经过清淤，马棚淀、五官淀、留通淀水面又呈原貌。宣统元年（1909年）出版的《中国近世舆地图说》

中，保定府幅中将白洋淀全部注记为"白阳淀"，尽管"洋""阳"有别，但充分证明，从二十世纪初，白洋淀具有了今天广义的概念。

民国时期，白洋淀"十年九涝"，民国十四年（1925年），顺直水利委员会经过实地勘测，将易受水患区域分成三种类型，即除旱年外常被水淹洼地、被淹较长时期区域和被淹较短时期区域，并将勘测结果绘图。白洋淀常年被淹区域大致为北起容城，南至高阳，东至千里堤，西至新安界以西。如将此范围理解为民国十四年的白洋淀湖盆范围，它的面积约1400平方千米，但从民国早期地图来看（图9-1），当时白洋淀的面积约176.4平方千米，大概是现在湖泊面积的一半，远低于1400平方千米的估计值。民国十九年（1930年）白洋淀范围为东起赵北口，西到寨里村，北至新安北堤，南至高阳龙化村。比今之白洋淀界还靠南，当时马棚淀还是一片汪洋，这与20世纪60年代的白洋淀面积接近。

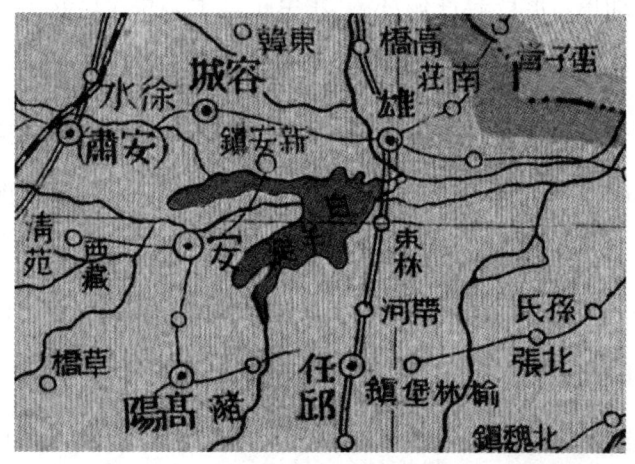

图9-1 民国六年京兆直隶河北地图之白洋淀

新中国成立初，白洋淀湖盆总面积为561.6平方千米。上游诸河通畅，下游和东淀连为一体。但是，因入淀河道狭窄，淀水宣泄不畅，加之堤防不固，所以虽可保持一般的细水长流状态，但一到汛期，淀上一片汪洋，最高水位都在9米以上，1954年和1956年达到了11.31米和11.30米，淀内村庄、田园全被淹没，人民群众遭到严重水灾。1965年建成的白洋淀下口枣林庄大闸和1970年筑成的赵北口溢流堰，导致白洋淀处于半封闭状态，不仅白洋淀湖盆面积减少了60平方千米，而且使得历史上同白洋淀并存的著名东淀干涸荒废，变为沙丘。1970年在"向淀底要粮"的口号指导下，先后围淀24处，总面积2.2万亩，占用淀容量0.2亿立方米。20世纪80年代，白洋淀出现历史上少有的连续干淀现象，1981年汛后至1982年汛前，1983年汛后直至1988年汛前，出现了持续不等的干淀。1988年，白洋淀重新蓄水，使濒临荒废的大淀有了生机，"华北明珠"重放光彩。《中国湖泊志》载，白洋淀洪水年水位11.73米，长39.52千米，最大宽28.56千米，平均宽9.26千米，面积366平方千米，最大水深5.5米，平均水深2.84米，蓄水量10.38亿立方米，枯水年水位6.5米，面积70平方千米，蓄水量0.52亿立方米，当水位降至5.5~5米时，即出现全湖干涸。

大陆泽—宁晋泊

大陆泽，又名广阿泽、泰陆水、巨鹿薮、沃川。自明以后，俗称张家泊，亦名南泊，又称小东湖。古代大陆泽，是由黄河、漳河、滹沱河、滏阳河冲积不平衡造成的一片洼地。它北起宁晋，经隆尧，至任县，全长50多千米。故有"浩渺大陆泽""汪洋浩荡，望之居然一湖"之称。在先秦之前大陆泽就曾名列全国著名的10多处大型湖泊之内。后经洪水淤积，大陆泽逐渐分为两洼，其南部仍称大陆泽，北部则称宁晋泊。宁晋泊位于宁晋和隆尧县境内，北起宁晋县大曹庄农场，南至隆尧县莲子镇，全长约26千米。泊内地势低洼，滏阳河从南至北贯流其间，将泊分成东西两半，大水时则连成一体。大陆泽—宁晋泊与海河平原北部的白洋淀、文安洼齐名，分别称为南北二泊和东西二淀。

全新世中期，海河平原上尚未填平的洼地便形成一系列湖淀群。随着全新世晚期气候干化，湖淀群逐渐瓦解成三个相对稳定统一的湖群：大陆泽—宁晋泊湖群、白洋淀—文安洼湖群、七里海—黄庄洼湖群，而大陆泽—宁晋泊湖群是海河水系南部重要的湖群。在19世纪后期及20世纪初，大陆泽与宁晋泊迅速走向了消亡。

先秦时，大陆泽—宁晋泊湖群湖泊分布广泛，当时就已有"大陆即作"的记载。大陆泽（今任县、巨鹿县境内）、鸡泽（今邯郸鸡泽县境内）、低泽（今宁晋县境内，为宁晋泊前身）、海泽等众多湖泊分布，其中以大陆泽为最。据钻孔资料分析，当时湖沼范围南北长约60千米，东西最宽可达20余千米，包括今南起巨鹿，北至深州的广大地区。据史料记载，当时的黄河长期北泛于此，受泥沙充填的影响，湖沼形态通常比较平浅。秦汉以后，尤其东汉以后，黄河南徙，该地区植被覆盖良好，同时太行山东部诸河流继续补给大陆泽，湖泽变化不明显。隋唐时，华北地区人口不断增加，该地区植被破坏加剧。入泽河流漳水、滹沱水含沙量大增，同时决口改道次数多，泽内泥沙沉积严重，唐后期，大陆泽已经显著缩小，据史料记载，分解后的湖泊分别有三处，一为巨鹿泽，面积已大为减小，主体部分仅"东西二十里，南北三十里"，且"葭苇鱼蟹之利充仞其中"，呈现出一片沼泽化的景象。剩余两个分别称为广阿泽和大陆泽。唐代之后，后两者均已消失，不见记载。只有西南巨鹿泽仍然存在，而且此后"大陆泽""巨鹿泽""广阿泽"等名号一般均指这一处湖沼。北宋大观二年（1108年），黄河决口于邢州（今邢台），被认为是大陆泽开始解体的标志，此时大陆泽被大量泥沙灌入，湖底抬高，积水向北部相对低洼处排泄，汇入宁晋县的泜泽，使后者扩展成宁晋泊。

至16世纪后期，大陆泽范围南起任县，北至宁晋。尽管有资料记载当时湖面约750平方千米，但季节所指不明。17世纪初，大陆泽逐渐分解成南、北两个相对独立的部分。分解后的南泊原本就是大陆泽的主体，湖泊范围分明，湖体比北泊更加深广，因此承袭了湖泊分解前的名称，仍称大陆泽。分解后的北泊则湖体平浅、散漫，呈现一片河湖交错的景象，因主要位于宁晋县内，故称之为宁晋泊。湖泊分解以后，由于滹沱河的再度徙入，北泊向北迅速扩大，南泊则因为"引漳济卫"，漳河长久离去而迅速缩小。尤其是雍正以后，朝廷命令施行导南泊之水入北泊的水利措施，这种趋势表现得更为显著。虽然直到1700年，大陆泽仍大于宁晋泊，但此后就发生了巨大的变化。

据乾隆十三年（1748年）实地丈量，南泊大陆泽面积尚"南北袤三十五里，东西广十三里"。到嘉庆十四年（1809年）时，南泊持续缩减，宁晋泊则不断扩大，宁晋泊已三倍于大陆泽了。清道光年间，由于滹沱河从此离去，北泊水源大为减少，宁晋泊与南泊一样，迅速缩减。道光四年（1824年），大陆泽不过"一泓宛在"，"惟宁晋泊尚称巨浸"。到了光绪年间，二泊情况更发生了根本性的改变，南泊大陆泽已完全干涸，宁晋泊也已经大为萎缩。据修撰于1897年的《赵州属邑志》中当年的采访册《河图》载，宁晋泊当年"已被淤成平陆，不显泊形"，只是尚未完全消亡。

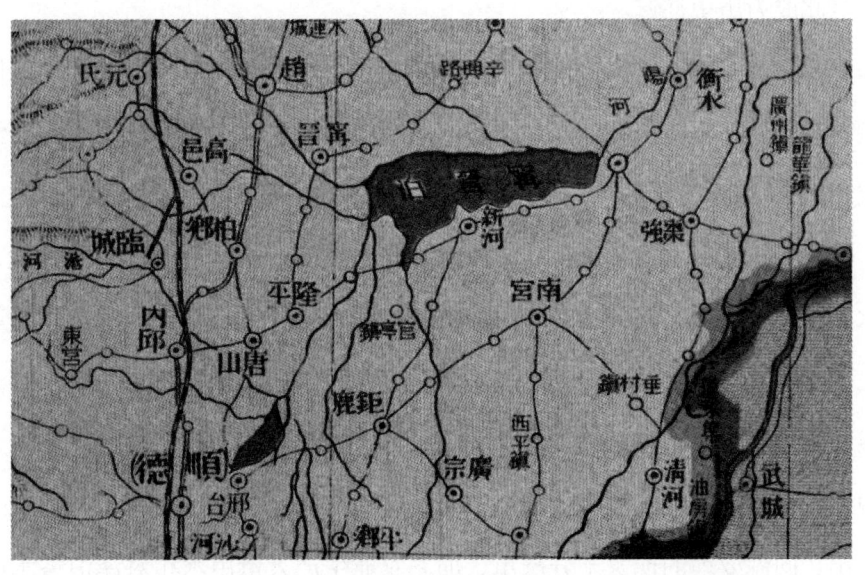

图9-2 民国六年京兆直隶河北地图之大陆泽—宁晋泊

民国时期，苏毓琦等《宁晋县志》曾记载当时宁晋泊纵横二十八里，"然亦河涨成泊，水落返洓，一片沙卤低地耳。旧籍所谓北方巨浸，北泊广倍南泊，尽成往迹"，表明大陆泽及宁晋泊面积较小且随季节变化较大。然而，据民国前期地图（图9-2），当时宁晋泊仍较大，湖泊面积约为453.7平方千米。尽管地图中没有标注大陆泽，但从其相对宁晋泊地理位置来看，很可能为图9-2中南边的小湖，其当时面积为47.9平方千米，这与记载中宁晋泊及大陆泽面积较小的说法并不一致。民国前期地图中显示湖泊面积较大的原因可能与所选季节有关，该区受大陆性季风气候影响，湖面自古就有随季节大幅变化的特点，导致地图中所展示的信息不能完全反映湖泊真实面貌。如唐执玉等修纂的《畿辅通志》曾载，清代雍正年间，这里"水势变迁，涸溢靡定"，"当水发时洪涛浩渺，一望无际，及其既去……悉为膏壤"，也表明湖泊面积受季节性影响较大。

1939年，宁晋泊在洪水季节纵横仅余14千米，在枯水季节已不显泊形。20世纪五六十年代，宁晋泊就完全走向了终结。一处自先秦以来一直存在的宽广湖沼群，至此成为历史往迹。

作为古黄河与海河不断变迁造成差异堆积，并与太行山东麓之间共同作用形成的大型洼地，近几百年来大陆泽—宁晋泊总体经历了水域面积不断缩小并最终干涸的变化趋势。这种变化与当时的气候条件密切相关。明清时期是我国历史上的小冰期，降水较其他历史时段较少，大陆泽—宁晋泊所处的华北地区尤其如此，而两泊供水河流漳河、滏阳河更是来徙不定，导致两湖的水文状况表现为持续萎缩。虽然汇入湖泊的河流变迁是这两个湖泊消失的主因，但是明清时期人类对二泽的开发及垦殖利用更加剧了湖泊蓄水能力的降低，进而加快了湖泊消亡。由于人口增加等原因，人们对土地的需求大幅度提高，对大陆泽—宁晋泊洼地的开发就表现得愈加突出，向湖要地的现象十分严重，加之农业生产大量用水和对泽泊蓄水能力保护的忽视，在入泽河水减少的前提下，这种向湖要地的做法加剧了大陆泽—宁晋泊的干涸。

第十章 天津市湖泊

三角淀

三角淀，古雍奴薮（在今河北霸州市、永清县、文安县、大城县及天津市静海区等区域）的一部分，位于北运河、永定河、凤河等河流交汇的位置。海河水系呈扇形结构，海河干流又受到潮汐的影响，夏秋季节各河流洪峰齐至，含沙量大的河流如永定河、滹沱河等挟沙而下，洪水难以宣泄，再遇到潮水顶托，流速减缓，在河流交汇处很容易潴水为淀，三角淀就是在这种情况下形成的。它的形成、盛涨、淤废与永定河的变迁有很大的关系，也可以说永定河尾闾的摆动促使了三角淀的形成、盛涨，也加速了淀泊的淤废。

金元时期是三角淀形成的关键时期，永定河在辽金时期多称为卢沟河，卢沟河主派经行今凤河、龙河故道，为下游洼地提供了丰富的水源，也为处于卢沟河尾闾三角淀的形成奠定了环境基础。元代，"三角"之称已经出现，如孛兰肹等《元一统志》载，"西出霸州永济镇，东入永清县，东与武清县三角白河合"，永乐缪荃孙《顺天府志》永清县载，"西出霸州永济镇，东入永清县东与武清县三角白河合"。据推测，三角白河，很可能就是三角淀和白河的合称。

明代文献中较早记载三角淀的是《寰宇通志》，其中说到三角淀"在武清县南周二百余里，其源自范瓮口王家陀河、掘河、越深河、刘道口河、鱼儿里河，诸水所聚，东会叉沽港入于海"。后世的方志所载三角淀内容与《寰宇通志》的记录基本一致，说明早在明景泰年间，三角淀的水域面积就已经扩张至周围二百余里的范围。明代期间，由于永定河（当时称之为浑河）对三角淀影响较小，三角淀成为周边区域的沥水汇集之区，蓄水量并不是很大。嘉靖时期资料记载"直沽之上有大淀，有小淀，有三角淀，广延六七十里，深止四五尺"，其补给河流包括凤河、王家陀河、刘道口河、鱼儿里河等，表明三角淀的大致范围北至今黄花店，东至汉沽港、范瓮口（今大范口），西至北运河西堤，南至王庆坨、韩家墅。明嘉靖之后，随着运河堤坝系统的完善，永定河、大清河等河流汇入运河道路受到一定影响，为三角淀的盈涨创造了条件，三角淀渐渐与东淀相连通。拒马河、黄汊河等河流也成为三角淀的补给水源。

清代资料中一般称三角淀为东淀。清初齐召南《水道提纲》中记载三角淀"即古雍奴水，当西沽之上最大，周二百余里，后渐填淤。袤延霸州、永清、东安、武清，南至静海，西及文安、大城之境，东西百六十余里，南北二三十里，为七十二清河所汇。永定河自西北来，子牙河自西南来，咸注之，今曰东淀"。清朝初期也是东淀水域的极盛期，"渺然巨浸，周二三百里，清泓澄澈，中港汊纵横，周流贯注"。三角淀与东淀相通连，收纳凤河、龙河、永定河、拒马河、大清河等河流，发挥重要的蓄水调水功能，由于淀水浩渺，常常还会出现海市蜃楼的景象。清代中期，清廷对永定河下游筑堤束水，以牺牲三角淀为代价，来缓解永定河对大清河和运河的压力，导致三角淀逐渐淤废，到乾隆后期基本淤为平壤。清代后期，三角淀失去了调洪蓄沙的作用。至民国年间，三角淀已是南北两堤之间西自双营，东至北运河西堤范围内的区域，堤内不断淤积，三角淀淤高后就会有农民迁入垦殖。

七里海

七里海，地处天津东北，宁河县西南部，是全新世以来海退过程中在天津平原留下的众多古潟湖之一。平均海拔 0.8 米，为常年性蓄水洼淀。东距县城芦台 23 千米、唐山市 70 千米，西距天津市区 30 千米，西北距北京 140 千米，与渤海湾最近距离 15 千米。潮白新河由北至南穿流而过，将七里海分为东海和西海，东海主要由连片水面和苇地组成，西海绝大部分是原生态苇地。

据史书记载，七里海名称演化大体经历雍奴薮、武清陂泽与七里海三个时期。《水经注》中记载的"自是水（指鲍丘水，即今蓟运河）之南，南极滹沱，西至泉州雍奴，东极于海，谓之雍奴薮"，其中"雍奴薮"指的就是包含七里海的广阔区域。辽代史书把雍奴薮称为"武清陂泽"，并曾设皇家度假的禁宫。七里海名称在史书有记载的是明朝嘉靖年间，但七里海的名称含义就指面积而言，清咸丰年间史书记载"县西南四十里，曰后海，受青龙湾之水而注于七里海，因其小于七里故名"。"小于七里"是指不足七里的送水路程，相当于七里，由此而得名。

七里海古潟湖所处的天津北部平原，是全新世以来滦河冲积扇和永定河冲积扇之间的大型洼地，强烈的构造运动下沉造成地势低洼，海侵时海水可以顺势伸入陆地内部，海退时则留下串珠般的一系列洼地。七里海古潟湖是海侵、海退过程中，在天津平原留下的众多潟湖之一。据地质学家考证，距今 1 万年前，全球气候变暖、海面上升，7 500 年前，七里海区域被海水占据，成为渤海浅海的一部分。距今 5 000 年开始，海面逐渐回落，七里海成为浅海湖泊。距今 4 000 年，七里海演变成沼泽洼淀，后因通道淤塞而变成淡水湖。

北魏时期，雍奴薮"其泽野有九十九淀"。这里说的九十九淀就包含七里海。到了辽代，七里海被称为"武清陂泽"，陂泽指有水岸的湿地，当时已有农耕、樵采和渔猎，说明此时七里海比北魏时期自然泽薮有了进化。

明朝时期，"七里海广袤二百五十二里"。到了明末清初，七里海还呈水深泽阔如海的气势，且面积基本没变。清代，七里海演变成前海、后海、曲里海三部分，乾隆四十四年（1779 年）资料记载，"七里海……宽二十里，长四十里……海之西北为后海，宽八里，长十八里。其东南为曲里海，宽四里，长十里"。到了光绪三十三年（1907 年），七里海的面积已大大萎缩，七里海中的前海，"今南北十余里，东西约三十里，深数尺……其西北三里许为后海，南北六里许，东西十余里。其东南十里,为曲里海,今涸"。

民国时期,七里海"西接塌海淀,北承后海。后海之西北为鲫鱼淀……东南为曲里海……每逢雨多水汇则……极目无涯,旱则诸淀皆涸;惟七里海尚有宁车沽一道,下通北塘潮汐,水常不竭"。民国早期地图(图10-1)显示当时七里海面积约为59.2平方千米,和现今面积较为接近。

1949年以后,七里海总面积为68.5平方千米,海底平均高程2.4米,海内鱼苇虾蟹丰盛。1971年开挖潮白河,将其拦腰穿过,分为东海和西海。1978年和1980年为扩大自备水源,分期两年,动土兴建东海水库。1985年对水库实行分割治理,用以蓄水、养苇、养鱼综合利用。同时,西七里海为宁河县产苇基地。

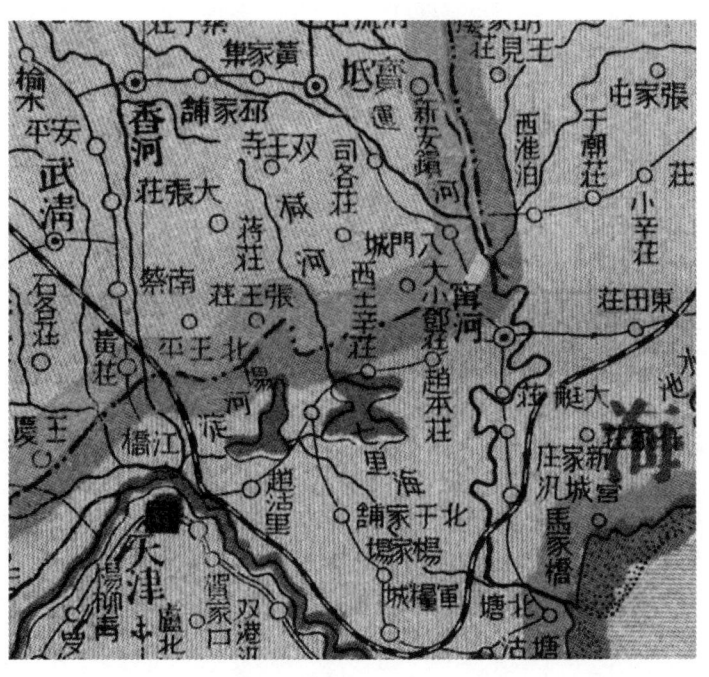

图 10-1 民国六年京兆直隶河北地图之七里海

第十一章 内蒙古湖泊

呼伦湖

呼伦湖，我国第五大湖，也是我国北方第一大湖。呼伦湖在呼伦贝尔满洲里市南郊，跨新巴尔虎左旗和新巴尔虎右旗。呼伦湖水系包括呼伦湖、贝尔湖、克鲁伦河、乌尔逊河、哈拉哈河、达兰鄂罗木河（新开河）、海拉尔河（引河济湖工程人工连接）、乌兰诺尔和新达赉湖（已干涸）。呼伦湖水系与额尔古纳河水系，有时相通同属于一个水系，有时分开各自成为独立水系，时分时合，关系密切，随水量而变，但不是内陆湖，而是属于额尔古纳河外流水系。

《中国湖泊志》载，呼伦湖又名呼伦池、达赉诺尔。呼伦为突厥语，意为海；北齐称大泽，唐称俱伦泊，元名阔夷海子，清名库木樗湖；达赉诺尔，蒙语，意为海一样的湖泊。

晚侏罗纪至早白垩纪，在海拉尔多字型构造作用下，形成额尔古纳隆起和阿系山隆起带。在新生代喜马拉雅运动影响下，在原有构造基础上产生新的褶皱和断裂，盆地沉降中心移至乌尔逊河以东至辉河一带，近期移至今呼伦湖一带。在地形上表现为滨湖的剥蚀高地和西岸的陡崖，东岸形成东高西低的呼伦贝尔高原。两断层之间的下陷盆地，由于河水长期汇聚而形成今日的呼伦湖。

我国史籍中有不少涉及呼伦湖的记载。如《山海经》中有"东胡在大泽东"的记载，意为东胡族住在呼伦湖之东。公元554年完成的《魏书》中，有"宣皇帝讳推寅立，南迁大泽，方千余里，厥土昏冥沮洳"的记载。公元945年的《旧唐书》记载呼伦湖水面较大，是克鲁伦河和乌尔逊河流入额尔古纳河东流入海的吞吐湖。

此后的史籍中对呼伦湖的记载更多，名称各异。清光绪二十三年（1897年）完成的《呼伦贝尔副都统衙门册报志稿》中记载"乌尔逊河从东南方流入，克鲁伦河从正西方流入，达兰鄂罗木河从东北流入，布勒嘎那从西南流入"。"达兰鄂罗木河，在城（海拉尔）西北三百一十多里，从海拉尔河分出一支西南流六十多里，经高勒特格卡伦北流入呼伦湖。此河有官渡一处，小船两只"。此记载说明了呼伦湖水系与现代近似，但海拉尔河通过达兰鄂罗木河补给呼伦湖的水量比现今大。1897年后，湖水面逐渐缩小，至1900年前后，呼伦湖地区已成为一片沼泽，由几个水泡子串联而成东北—西南向的河道，其两侧为平坦草地，低洼之处则成苇塘。1903年至1904年间，湖水突增，一年内便将分散各处的低洼连在一起。据1929年出版的《呼伦贝尔》一书记载，"就调查所得，最近二十年来，面积渐次广阔，回溯西历一九零三年与一九零四年间，达赉湖之延长，尚未二十千米，宽仅一十千米，深亦不过一公尺。光阴荏苒，沧桑悬殊，二十年前割取芦苇及猎获飞鸟之处，今已变成湖心"。"清光绪三十二年（1906年）因克鲁伦河、哈拉哈河—贝尔湖—乌尔逊河河水骤增，达赉湖水同时增加，湖面逐渐扩展，长三十千米，宽十五千米左右"。又据该书渔业篇记载，"一九一二至一九一五年间，达赉湖和贝尔湖尚能相通，第年五月一日至三日，贝尔湖的鱼类游回达赉湖，八月上旬又从达赉湖洄游贝尔湖……民国五年至六年（1916—1917年），天气亢旱，雨量稀少，贝尔湖之水面，既较前降低，而乌尔逊河口，亦颇干涸，鱼类遂无出路。在民国十三年（1924年）前，不得不永在石底无草之贝尔湖留置"。自20世纪20年代初，呼伦湖水又逐渐增加。至民国十三年春季，冰雪融化，桃花水迅猛，约5月10日至12日"所有困饿七载之鱼类，始能自无食之贝尔湖，经由哈拉哈河、扎洛里治（今沙尔勒金河）及乌尔逊河移达赉湖孵化，然达赉湖水势增高，鱼类冬令仍聚于斯，不复返贝尔湖矣"。1923年出版的《呼伦贝尔志略》"河流湖泊篇"中记载，"呼伦湖……为诸河潴水之区，呈椭圆形，面积广阔，在唐时为最大，今缩小……自西南而东北长约二百余里，东西广百余里，周可五六百里。湖之来源有四……各河入湖后皆潴而不流"。可见当时呼伦湖面积是比较大的，而且是内陆湖。从1952年以后，湖水渐涨，特别是1958年到1960年，湖水上涨到往额尔古纳河出流，成为外流水系。此期间海拉尔河也处在丰水期，海拉尔河水时有通过达兰鄂罗木河注入呼伦湖。于是扎赉诺尔煤矿在达兰鄂罗木河上筑坝堵截三处，以防止湖水上涨，但结果事与愿违，反而堵死了湖水外流的通道，使湖水位越涨越高。到1962年湖水持续猛涨，湖水位达到545.28米，蓄水量132亿立方米。在大风浪的作用下湖东岸双山子一带决口，造成面积为147平方千米新达赉湖（新开湖）。1963年，湖水继续上涨，湖面向东、南两个方向扩展，在湖东岸双子山附近顺海拉尔河的叉流阿尔公河故道向外扩大，在乌尔逊河口和克鲁伦河口则沿着河口三角洲向上扩展，这样大量的优良草场被淹，影响牧业生产，扎矿沙子山铁路专用线被冲毁40米，威胁矿区安全，影响煤炭生产。于是国家有关部门决定采取修建人工运河的办法修建"呼伦湖近期泄水工程"，以调节呼伦湖水量。此工程从1965年6月15日动工兴建至1971年9月8日竣工，历时六年零三个月。新修建的人工河称"新开河"，全长16.4千米。新开河南起呼伦湖东部沙子山附近，从东侧绕过扎赉诺尔矿区和火车站，穿越滨洲铁路，向西北至黑山头脚下汇入达兰鄂罗木河旧河道。在新开河上设有泄水闸和拦洪闸，控制呼伦湖水位涨落。当海拉尔河水位高、呼伦湖水位低时，河水可以顺着新开河流入呼伦湖，当湖水位高、河水位低时，湖水又可以顺着新开河流入额尔古纳河，外流入海。此工程既可在呼伦湖高水位时泄洪，又可调节海拉尔河河水，当河水位高时，引流入湖，至此呼伦湖第一次得到人工控制，在此以前，呼伦湖水资源的开发与利用基本处于原始自然状态。泄水工程建成后，进入枯水周期，湖水逐渐下降，至1979年新开湖基本干涸，到1983年湖水位比1962年下降了2米左右。1983年冬至1984年春，降雪较大，造成牧区特大白灾。当1984年4月冰雪融化时，各河流水量大增，加之夏秋两季雨水偏多，因而呼伦湖水位又上涨。到1985年4月末，湖水又沿着故道东流，重新注入新开湖，但进展速度比较缓慢，尚未达到1962年那样的规模。同时贝尔湖水位也上涨，冲毁了蒙古人民共和国贝尔湖渔场的拦鱼栅，使大量的鱼类游向呼伦湖。

18世纪初期《康熙皇舆全览图》揭示乌兰泡的存在，并与乌尔逊河相连，与现今的河湖格局一致（图11-1），该时期海拉尔河与呼伦湖相连，呼伦湖的面积约

第十一章 内蒙古湖泊 | 149

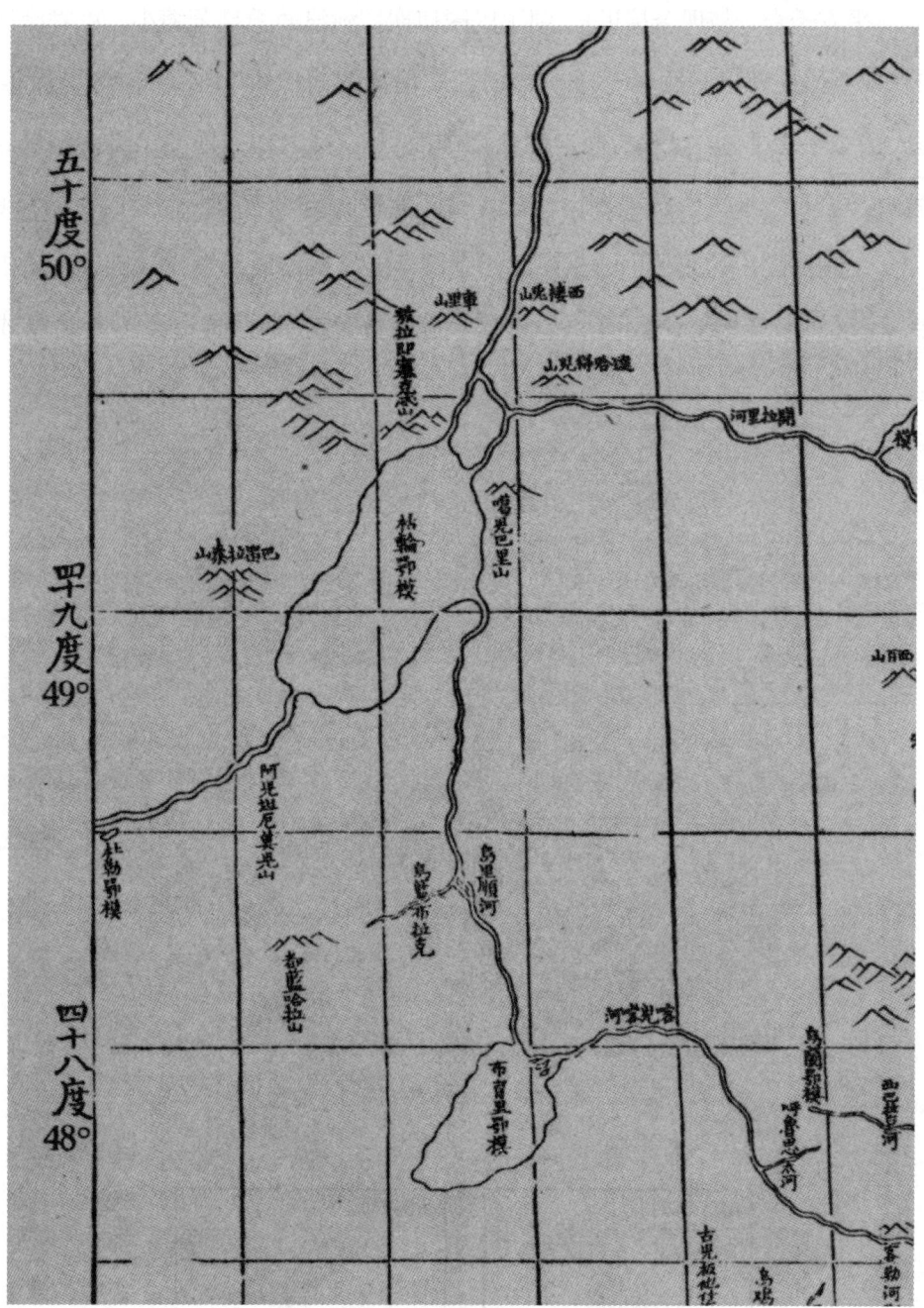

图11-1 《康熙皇舆全览图》(黑龙江中)之呼伦湖

2 153.5平方千米,与现今接近。 到了民国初期,湖泊面积显著缩小,克鲁伦河入湖口在现今位置以北(图11-2),该时期呼伦湖的面积约713.2平方千米,但该数据大于《呼伦湖志》揭示的同期呼伦湖的面积。 民国初期地图已见滨洲铁路,海拉尔河与呼伦湖联系已隔断。 18世纪初期和民国初期地图的对比揭示(图11-3),湖泊面积的减小集中在湖泊的东部,这与湖泊西部湖岸较陡、水深相对较深,而东部水下地形平缓有关,随着水位的降低东部的湖底会不断出露成为陆地。

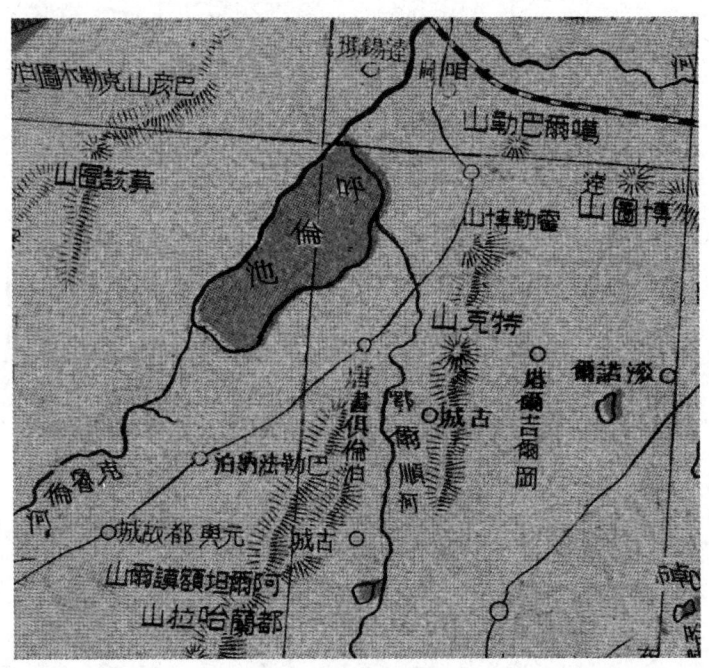

图11-2 民国六年黑龙江省地图之呼伦湖

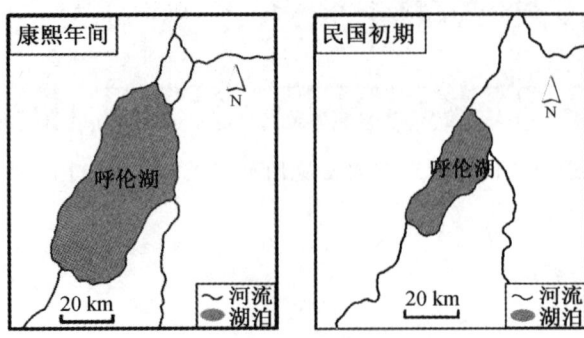

图11-3 呼伦湖不同时期对比

由于呼伦湖降雨量少,蒸发量大,湖泊面积自 20 世纪初以来变化较大,呼伦湖经历了四次水位上升和三次水位下降时期,即 1903—1915 年的上升期、1916—1945 年的下降期、1946—1965 年的快速上升期、1966—1982 年的缓慢下降期、1983—1991 年的上升期(1991 年最高水位 545.3 米,相应湖泊面积 2 339 平方千米)、1992—2012 年的快速下降期,尤其 2000 年之后下降更为急剧,湖水位从 2000 年的 544.5 米降至 2012 年的 539.9 米,累计下降 4.6 米,相应地,湖泊面积从 2 247.5 平方千米减至 1 759.9 平方千米(减少 22%),蓄水量从 120.5 亿立方米减至 38.6 亿立方米(减少 68%)。自 2012 年以后,湖水位又呈现增加的趋势,截至 2015 年末,湖泊水位为 543.09 米,相应的湖泊面积和蓄水量分别为 2 038 平方千米和 103.9 亿立方米。

黄旗海

黄旗海,位于内蒙古自治区乌兰察布市察哈尔右翼前旗境内,湖水补给主要来源于霸王河、泉玉林河、磨子山河等 19 条河沟。黄旗海 2006 年干涸,成为季节性湖泊。

据《黄旗海的演变与发展前景》一文,黄旗海其名称有过多次更易,远在北魏郦道元《水经注》中,称为南池,又叫作乞伏袁池,隋唐时称乞伏海,金代称为白水泊,明代称为集宁海子,蒙语称昂给淖尔,清代谓之奇尔泊,俗称威宁海子,近代则称二苏木海子,亦称亥淋诺尔。1949 年后,因黄旗海归属设立的正黄旗管辖,始改名为黄旗海。《中国湖泊志》载,黄旗海又名昂古里淖。

《中国湖泊志》引述史料,黄旗海 1880 年水位 1 275 米,最大面积 140 平方千米;1910、1929 年曾经干涸;1940 年水位 1 264 米,1959 年 1 273 米,1960 年 1 274 米,1962 年 1 269 米,1969 年 1 270 米,1978 年 1 263 米,至 1989 年降至 1 262 米,湖泊面积只剩 55 平方千米,1990 年七八月大雨,湖面又有扩大。《内蒙古湖泊》载,20 世纪 60 年代初测定,黄旗海湖面东西长 25 千米,南北宽 7~10 千米,水面面积 107 平方千米。70 年代开始,在黄旗海补水河流上大修截流坝,切断了补水来源。1974 年降雨量继续减少,湖面缩小。1984 年水面只剩 93 平方千米。据《黄旗海的演变与发展前景》一文,1929 年大旱,降水量只有 40 毫米左右,黄旗海急剧萎缩,大部成为沼泽湿地。30 至 50 年代,由于降水量增加,湖水面连年扩展,到 1950 年湖水面达到 112 平方千米,最深处水深 9~10 米。1959 年黄旗海最深处水深 8~9 米,面积达到 133.3 平方千米。60 年代初期水面面积 107 平方千米。1974 年湖面仅 68 平方千米。1979 年湖水面积为 72 平方千米。1984 和 1985 年,湖水面 93 平方千米。1986 年,由于降水少,流域内农业生产用水又多,湖水深仅 2 米左右,卫片概算湖面积 68.2 平方千米。文献资料表明历史时期黄旗海湖泊面积变化复杂。

图 11-4 《康熙皇舆全览图》(河套)之黄旗海、岱海

康熙年间地图显示(图 11-4),奇儿鄂模(黄旗海)北部有 2 条主要入湖河流,其中之一是那林河即今之霸王河,该时期黄旗海湖泊面积约 43.6 平方千米,大于同期的岱海。民国六年地图未见黄旗海,1939 年《中国分省新图》第四版(申报六十周年纪念)的绥远地图可见黄旗海,分为两个独立的湖泊,名为苏木海子和葫芦海。民国两期地图出现这种差异可能与黄旗海水位、面积变化较大有关,如上述的 1910、1929 年曾

经干涸,这可能是民国六年地图未标注黄旗海的原因。20世纪60年代末地形图(图11-5)揭示,黄旗海湖泊面积约112.6平方千米。对比揭示(图11-6),20世纪60年代末相比18世纪初期,黄旗海和岱海的湖泊面积均大幅增加。

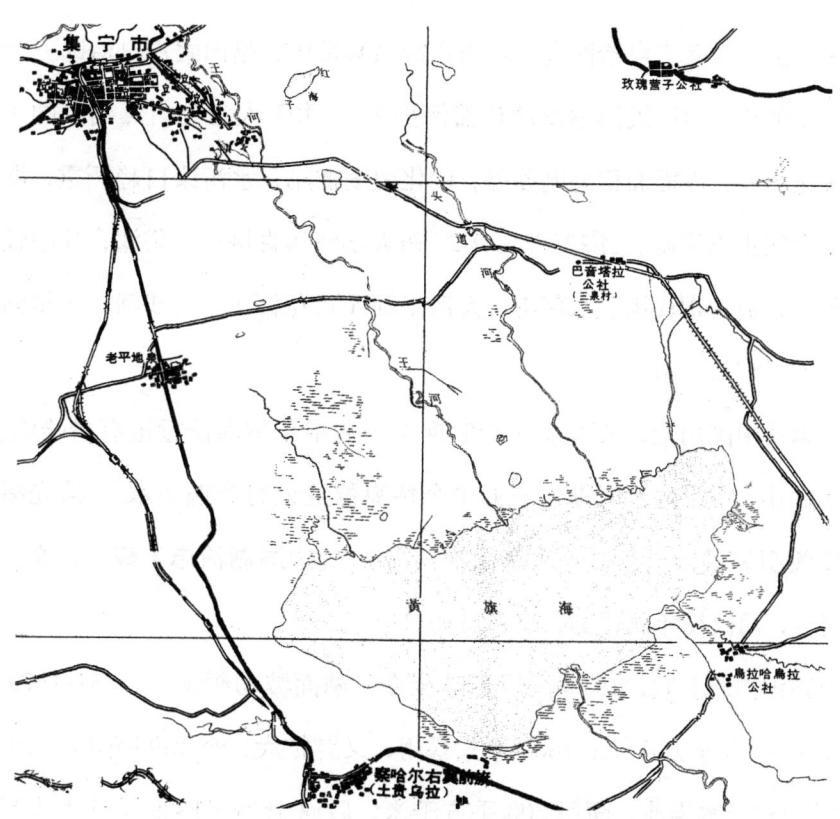

图11-5 20世纪60年代末地形图(集宁市)之黄旗海

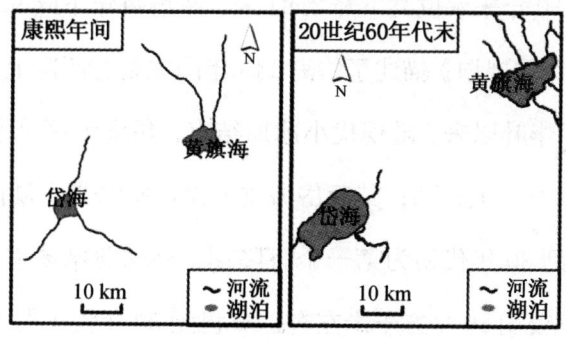

图11-6 黄旗海、岱海不同时期对比

岱 海

岱海，位于内蒙古自治区乌兰察布市凉城县境内，是内蒙古自治区三大内陆湖之一，同时也是自治区级湖泊湿地自然保护区。由于人为及自然因素的干扰，岱海水位快速下降，湖面面积急剧萎缩，咸化程度加剧，水污染日趋严重，湖泊湿地面临着巨大的生态风险。岱海流域有22条大小河沟直接汇入岱海，其中较大的河沟有8条，分别为索代沟、水草沟、大河沿河（目花河）、天成河、步量河、土城子河、五号河和弓坝河。

谭其骧《中国历史地图集》（清时期）一书中今岱海位置记有岱哈泊。《中国历史地图集》（宋辽金时期）一书中今岱海位置记有奄遏下水。清光绪《皇朝中外一统舆图》载，"丰镇西北有代哈泊"。《中国湖泊志》载，古文"代"与"岱"同音，西汉初年属代国，故名岱海。

《中国湖泊志》载，19世纪后半叶至今，湖面波动频繁，1875—1879年连续大旱，缩小到60平方千米；1880年大暴雨，又有扩大；至1896年增至91平方千米；20世纪初降水丰沛，面积200平方千米，后遇1926—1929年连续大旱，湖面又缩至50平方千米；直至50年代中期，湖面又进一步扩大；60年代以后，又进入新的退缩时期；近30年来水位共下降2.84米，平均每年下降9.47厘米。《乌兰察布市岱海水生态保护规划》描述了岱海140年间主要有两次上升过程和两次下降过程：自19世纪后半叶以来，随现代小冰期结束，岱海地区降水增加，19世纪末至20世纪初进入第一个上升期；其后岱海进入湖面扩张期，湖面面积增至140平方千米左右；此后到30年代初为第一个下降期，湖面急剧萎缩，水位急剧下降，到1929年湖面面积仅剩80平方千米左右；20世纪30年代中期到60年代末为第二个上升期，1934—1935年连续大涝，湖面面积急剧扩张，40年代和50年代中期，西岸的河洞子、五号地、四块地、六甲地等先后被淹，反映湖面的进一步扩张，至60年初期湖面积最大达182.46平方千米，至70年代初期湖面面积一直维持在150平方千米以上；自1973年开始，岱海水位又进入一个持续下降的时期，至今仅有3次短暂微幅回升，至2014年湖面面积最低达62.12平方千米。岱海水位下降最快的时段为21世纪近10年，年均下降0.395米，相应湖面面积年均萎缩2.66平方千米；受岱海湖盆形状影响，湖面面积萎缩及蓄水量减少速度最快时段发生在20世纪80年代中期至90年代中期，湖面面积年均萎缩3.48平方千米，蓄水量年均减少3 098万立方米，相应湖水位年均下降0.296米。《岱海湖变迁的分析探讨》载，50年代末期岱海湖面面积达到177.5平方千米，1990年湖面面积缩小到113.3平方千米。

康熙年间地图显示，代哈鄂模（岱海）有3条主要入湖河流（图11-4）。从地图上看，岱海要小于同期的黄旗海，岱海面积约26.9平方千米。民国六年地图未见岱海，1939年《中国分省新图》第四版（申报六十周年纪念）的绥远地图可见岱海，名为岱海（大冶海子）。该时段，岱海要大于同期的黄旗海。20世纪60年代末岱海（图11-7）的湖泊面积相比18世纪初增加到约165平方千米，这与《乌兰察布市岱海水生态保护规划》的相应时段的湖泊数据一致。

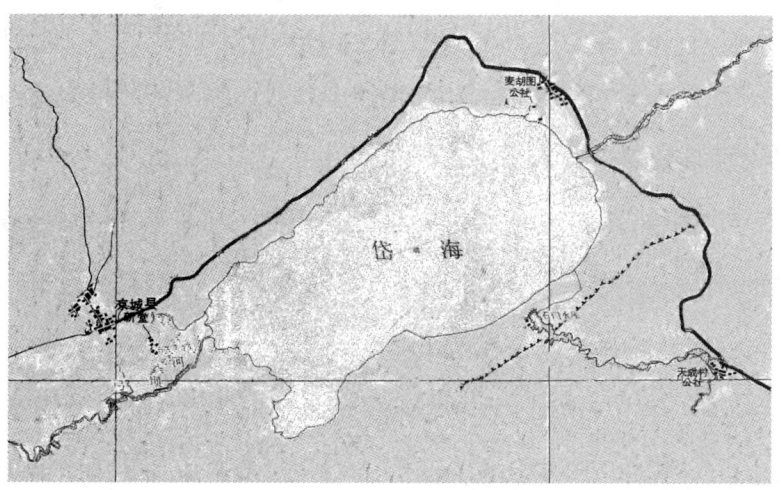

图11-7　20世纪60年代末地形图（右玉县）之岱海

乌梁素海

乌梁素海，在内蒙古自治区巴彦淖尔市乌拉特前旗境内。《中国湖泊志》载，乌梁素海系蒙语音译名，意为杨树湖。在1978年以前，乌梁素海通过几条一级或二级灌渠靠重力从黄河补水。现今，河套灌区的退水经总排、通济干渠、长济干渠、九排干、塔布干渠、八排干及塔南干沟流入乌梁素海，经乌梁素海南端汇入黄河。

乌梁素海是河迹洼地湖，成因与黄河改道和后套平原发展农业灌溉关系密切。1850年前，黄河流入后套平原，分为南、北两河，当时主河道并非南河（今黄河），而是北河（今乌拉河至乌加河间），并沿狼山东流与石门河相汇再南转注入南河。清道光三十年（1850年）乌拉河至乌加河间长15千米的一段河道淤塞，迫使北河南移，成为现今之黄河，原河道仅残留大巴尔洞与海壕两处积水洼地，形成面积仅2平方千米的河迹洼地湖，其余低地被垦为农田。清光绪二年（1876年）清政府废除汉族妇女禁止出关禁令后，汉族农民在后套得以定居，发展农业生产，曾先后开凿各大灌渠，尤其是1931年以来，把乌加河作为后套农业灌溉总退水渠道，使灌溉尾水全部汇入大巴尔洞和海壕洼地，加上此时黄河多次泛滥，注水入湖，使原积水面积逐年扩大。

民国六年地图今乌梁素海位置处未见乌梁素海，1939年《中国分省新图》第四版（申报六十周年纪念）的绥远地图今乌梁素海位置，靠近西山嘴处可见一较小的湖泊水面，标记为乌拉素海，在西山嘴入黄河。《内蒙古湖泊》载，1949年乌梁素海湖面达667平方千米。《乌梁素海渔场志》载，1949年湖面积达8万公顷，大王圪旦（今五分场）正是海子的中心点。20世纪50年代初，为整治后套平原的水利设施，曾疏通乌梁素海通向黄河的退水渠道，沿湖兴建大堤，控制了湖面扩展，至60年代使湖面缩至400平方千米，70年代因围垦，湖面进一步缩小，如1969—1976年，湖面仅247平方千米。根据20世纪70年代初的地形图（图11-8），乌梁素海的面积约209.8平方千米。1977年11月，湖水持续20余天上升，西北岸大堤决口，湖面又开始扩展。

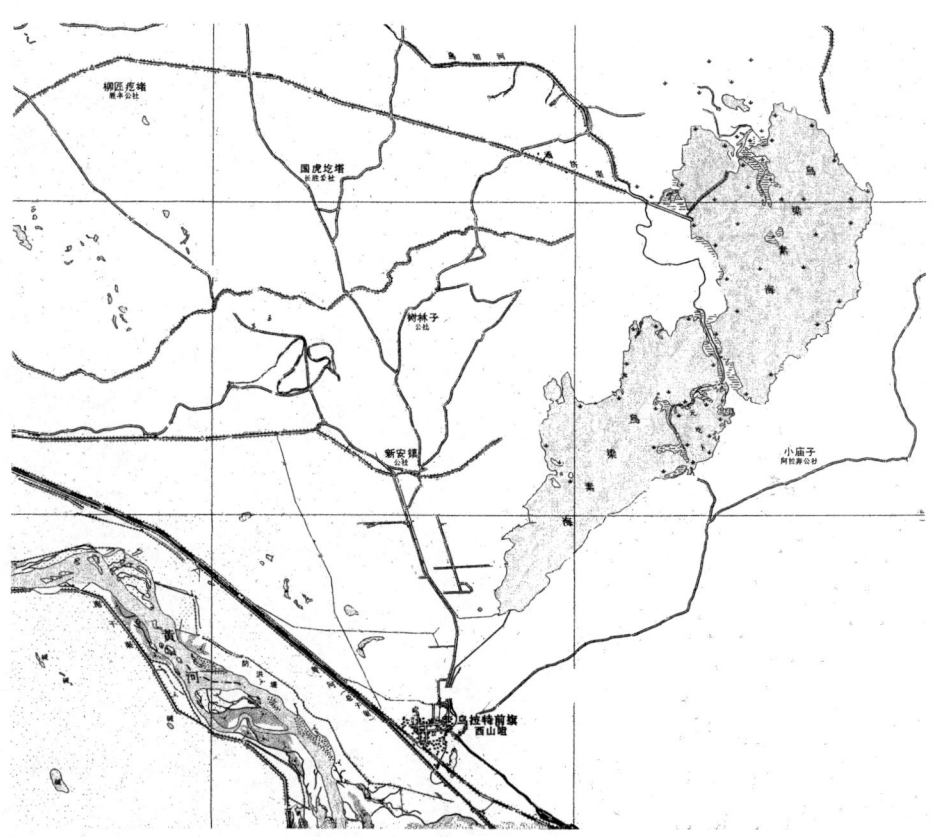

图11-8　20世纪70年代初地形图（五原县）之乌梁素海

第十二章 新疆湖泊

博斯腾湖

博斯腾湖，维吾尔语意为"绿洲"，位于中国新疆维吾尔自治区焉耆盆地东南部博湖县境内，汇集了来自盆地西部的开都河及盆地北坡的清水河、黄水沟、乌什塔拉等河沟的径流。湖水从西流出，为孔雀河，穿铁门关，经库尔勒、尉犁，归宿罗布泊，是中国最大的内陆淡水吞吐湖。湖的西南侧，小湖密集，形成小湖群。自东向西主要有那木克湖、乌力侧湖、库尔勒湖、阿洪克湖、阿拉特湖，总面积约240平方千米。湖水主要依赖地表径流补给，其中开都河占总入湖地表径流量41.55亿立方米的84.2%；其余来源于北部天山的乌拉斯台河、黄水沟、青水河、曲惠沟和乌斯塔拉河，出山口后，水量引入灌区，以地下水形式入湖。出流经铁门关峡谷排入孔雀河，多年平均出湖水量约11.5亿立方米；年际变化较大，如1959年为21.99亿立方米，而1968年仅8.06亿立方米。

历史上博斯腾湖名称很多，古称"西海"，汉书《西域传》称为"焉耆近海"，在北魏郦道元编撰的《水经注》中称为"敦薨浦"，唐谓"鱼海"，清代中期定名为博斯腾湖，又名巴喀喇赤湖。此外，在历史资料中也有很多关于博斯腾湖的记载，如《汉书·西域传》"焉耆国王至员渠城，南至尉犁百里，近海水多鱼"中的"近海"、《水经注》的"敦薨浦"，均指此湖，清乾隆《西域图志》卷二十七，博斯腾淖尔"在哈喇沙尔城南四里。东西袤三百余里，广半之，周七百余里。亦名待雅海子。北岸受奇尔归图郭勒、海都郭勒两水，而海都郭勒为大"。

历史上，博斯腾湖乃至湖泊全流域主要是古焉耆国的所在地。古焉耆国是丝绸之路中线上的重要中转据点，也是西域传统的五大城邦王国之一。它是一个绿洲农耕文明生活形态的城郭，也是南疆塔里木盆地地区为数不多的发展至今的绿洲城邦之一。古焉耆国在清代以前历史上又称乌耆、乌夷、鸹夷、乌缠、阿耆尼、亿尼、忆尼、乌抵，清代称喀喇沙尔，民国又改为焉耆。博斯腾湖流域由于其地形平坦、岔流较多、水量较丰且集中、流速较平稳，主要河流（开都河）的中下游地区及孔雀河的中上游区域是塔里木盆地开发最早的地区之一，其早在新石器时代已有人类活动，当时以狩猎、畜牧为主，距今4 000年至2 000年之间居民生活以农业为主，兼营畜牧业，只是对于这一时期缺少相关文字资料的记载，对其历史进程不能有更进一步的了解。根据史书《隋书·西域传》《旧唐书·西戎传》《新唐书·西域传》《大唐西域记·阿耆尼国》中关于焉耆基本状况的描述可了解到，焉耆在长安以西七千多里，西距龟兹、东距高昌都九百里有余，且都有沙埂相隔；东南距离瓜州二千二百里，南边是尉犁。在焉耆西南为天山支系霍拉山，有扼守西境的天险铁门关，道路艰险而易守难攻。

《钦定皇舆西域图志》中绘有博斯腾湖，不过该地图采用的是传统的山水式画法，无经纬线和比例尺，湖泊的大小与实际存在较大误差（图12-1）。《大清一统舆地全图》和同治年间《汉西域图考》中对博斯腾湖及其周围湖泊和山脉的记载

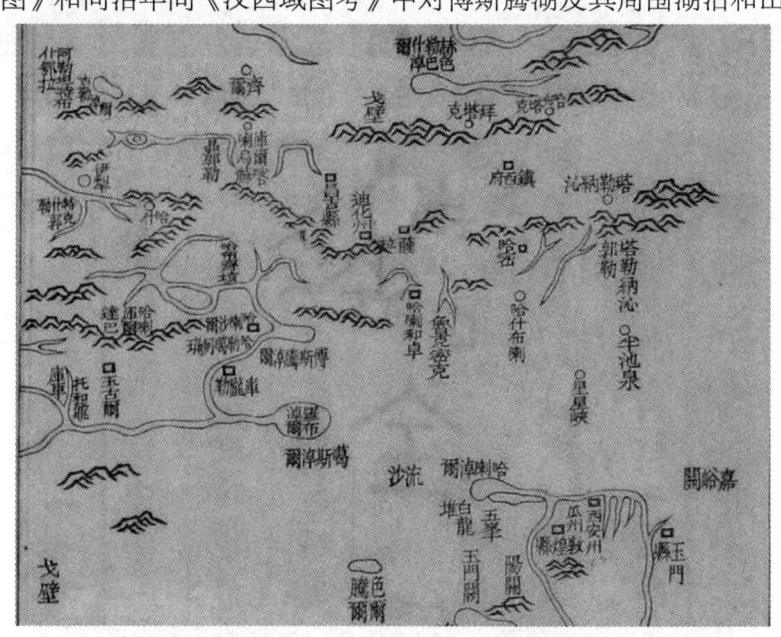

图12-1 《钦定皇舆西域图志》之博斯腾湖、罗布泊

则相对准确（图 12-2、图 12-3）。民国初期湖泊面积约为 2 384.4 平方千米（图 12-4、图 12-5）。《中国湖泊志》载，博斯腾湖水位 1 048 米，长 62.8 千米，最大宽 35.2 千米，平均宽 15.8 千米，面积 992.2 平方千米，最大水深 16.5 米，平均水深 8.1 米。刘瑞霞等发现 1990 年到 1998 年博斯腾湖湖体面积在不断扩大，由 1 180.7 平方千米增加到 1 265.5 平方千米。可见民国以来，博斯腾湖水体萎缩严重，但 20 世纪末开始扩大。

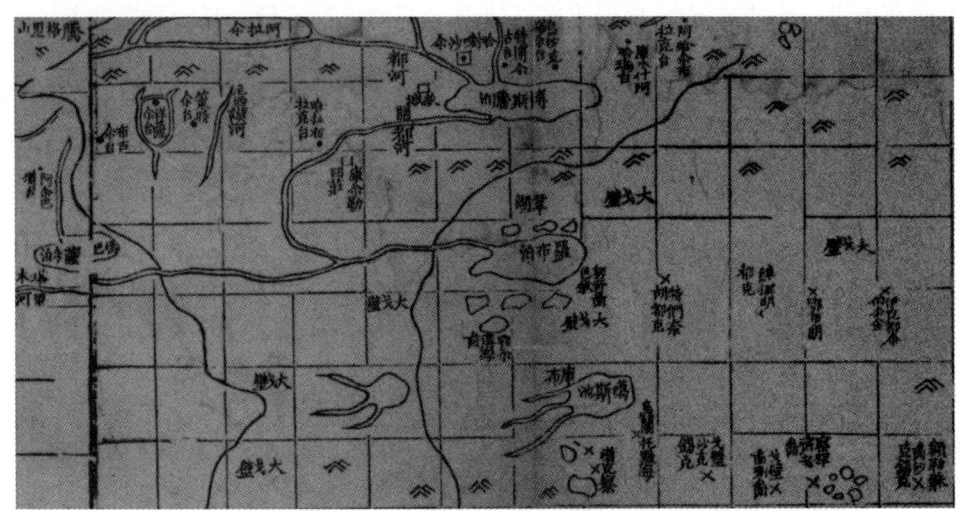

图 12-2 《大清一统舆地全图》（新疆图）之博斯腾湖、罗布泊

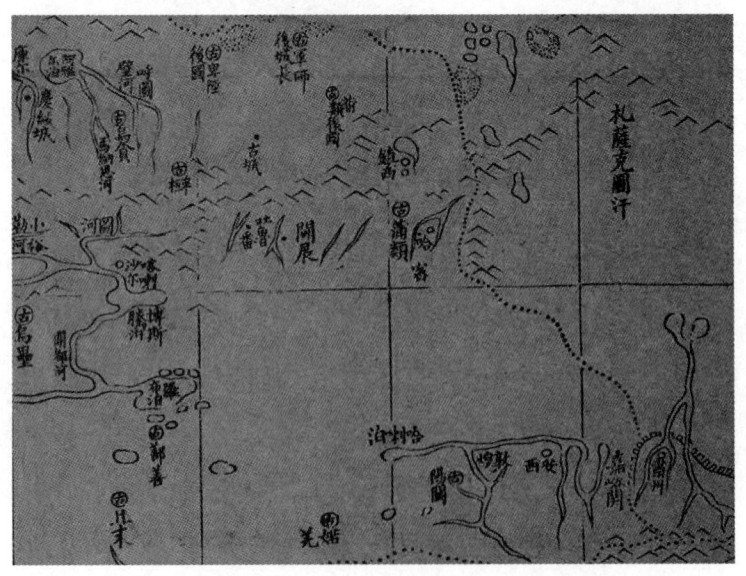

图 12-3 《汉西域图考》之博斯腾湖、罗布泊

图 12-4 民国六年新疆省地图之博斯腾湖

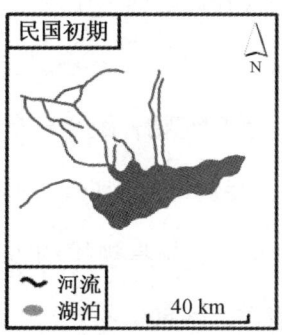

图 12-5 民国初期博斯腾湖数字化

罗布泊

罗布泊，位于中国新疆维吾尔自治区东南部，由于形状宛如人耳，被誉为"地球之耳"，又被称作"死亡之海"，又名"罗布淖"。《山海经》记载，"不周之山，东望泑泽，河水所潜也"，称之为"泑泽"。《史记·大宛列传》记载，"于田之西，则水皆西流注西海。其东，水东流注盐泽"，称之为盐泽。《汉书·西域传》记载，"南北有大山，中央有河。其河有两源，一出葱岭山，一出于田。于田在南山下，其河北流与葱岭河合。东注蒲昌海。蒲昌海一名盐泽者也"。此外还有牢兰海、辅日海、临海、洛普池、罗布池等多种名称。公元330年以前湖水较多，西北侧的楼兰城为著名的"丝绸之路"咽喉，元代以后，称罗布淖尔。20世纪70年代罗布泊完全干涸（在此之前为中国第二大咸水湖，罗布泊干涸后纳木错成为中国第二大咸水湖）。

古罗布泊诞生于第三纪末、第四纪初，距今已有1800万年，面积约2万平方千米，在新构造运动的影响下，湖盆地自南向北倾斜抬升，被分割成几块洼地。汉朝时期这里曾经有一个人口众多、颇具规模的古楼兰王国。古楼兰于公元前176年以前建国，公元630年消亡，有800多年历史。古楼兰东起古阳关附近，西至尼雅古城，南至阿尔金山，北至哈密。公元前126年，张骞出使西域归来，向汉武帝上书，"楼兰，师邑有城郭，临盐泽"。此后，它成为闻名中外的丝绸之路南支的咽喉门户。而罗布泊"广袤三百里，其水亭居，冬夏不增减"，它的丰盈，使人猜测它"潜行地下，南也积石为中国河也"。这种误认罗布泊为黄河上源的观点，由先秦至清末，流传了2000多年。

据郦道元《水经注》记载，东汉以后，当时塔里木河中游的注滨河改道，导致楼兰严重缺水。敦煌的索勒率兵1000人来到楼兰，又召集鄯善、焉耆、龟兹三国兵士3 000人，不分昼夜横断注滨河，引水进入楼兰，缓解了楼兰缺水困境。到4世纪，曾经是"水大波深必汛"的罗布泊西之楼兰，到了要用法令限制用水的拮据境地。尽管楼兰人为疏浚河道做出最大程度的努力和尝试，但在此之后楼兰古城最终还是因断水而废弃了。烟波浩渺的罗布泊，也变成了一片干涸的盐泽。至清代末叶，罗布泊水涨时，仅有"东西长八九十里，南北宽二三里或一二里不等"。

历史时期的罗布泊曾是满湖淡水，最大面积是12 600平方千米，后来缩小为5 140平方千米。《钦定皇舆西域图志》和《大清一统舆地全图》中罗布泊位于博斯腾湖的南部，形似椭圆，面积较大（图12-1、图12-2）。而民国初期罗布泊则由四周向内严重萎缩，面积较之前显著缩减，该时期湖泊面积约为1 643平方千米（图12-6、图12-7）。20世纪40年代以来，在盆地边缘扩大农业生产，截留了大量的河水，加上塔里木河中游沙丘间水量散失的加剧，罗布泊的补给水源日渐减少，以及在干旱区水分的强烈蒸发，加速了它的消亡过程，大致在1970年前后，罗布泊干涸见底。

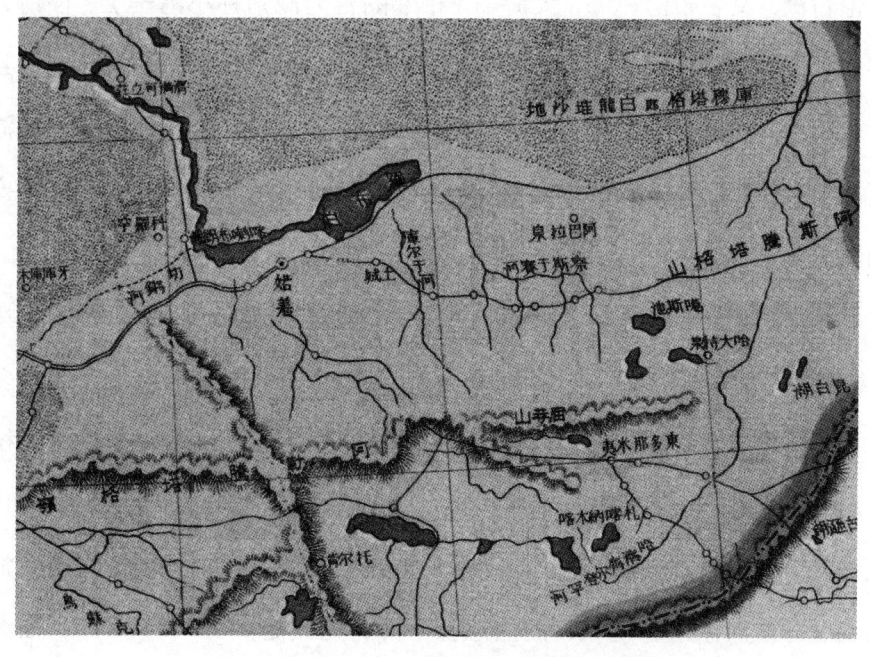

图12-6　民国六年新疆省地图之罗布泊

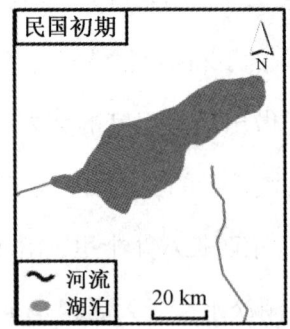

图 12-7　民国初期罗布泊数字化

乌伦古湖

乌伦古湖，又名布伦托海、大海子（相邻的吉力湖则称小海子）、福海、乞则里八寺海。布伦托系维吾尔语音译名，为小树枝之意。在阿勒泰地区福海县，准噶尔—北天山褶皱系福海山间拗陷内。全新世时期，与吉力湖原为统一的湖体，湖面辽阔。后因乌伦古河入湖河口三角洲发育、湖泊退缩，河道被沙丘阻塞，遂演变为独立的湖泊。

光绪《大清帝国全图》新疆省图中记载，"西北有乌陇古湖"，就是指乌伦古湖。《大清一统舆地全图》中乌伦古湖形似圆形，且湖泊周围河流分布众多（图12-8）。民国初期乌伦古湖称为布伦托海，呈不规则的圆形，此时期面积约为313平方千米（图12-9、图12-10）。《中国湖泊志》载，20世纪50年代下游年径流量8.03亿立方米；60年代中期以后，由于灌溉用水量剧增，乌伦古河多处筑坝截流，导致入湖水量锐减，湖面急骤下降；尤其是1974—1983年，福海水文站年平均径流量小于0.2亿立方米的有6年，其中1978年、1982年、1983年几乎断流。1988年阿勒泰地区扩建引额济海工程后,年引水量10亿立方米,湖泊水位得以回升。乌伦古湖水位478.6米时面积约753平方千米。

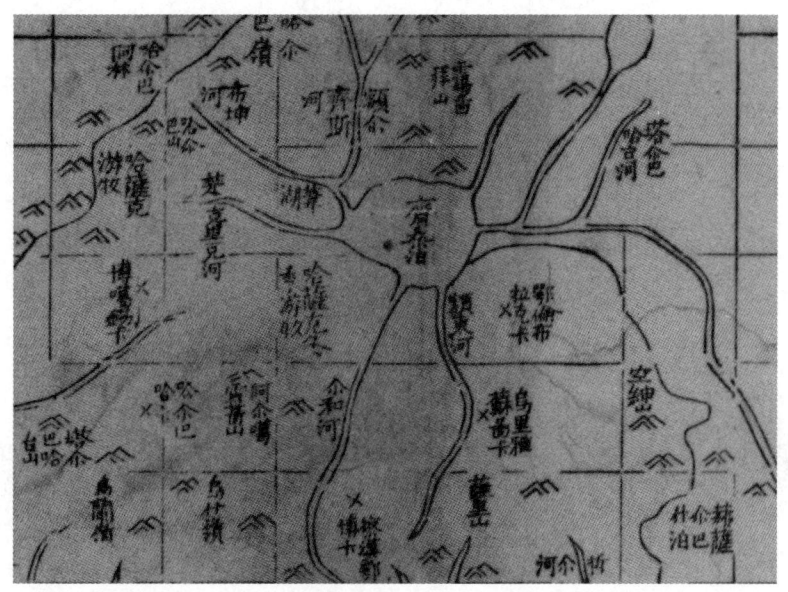

图 12-8 《大清一统舆地全图》(新疆图)之乌伦古湖

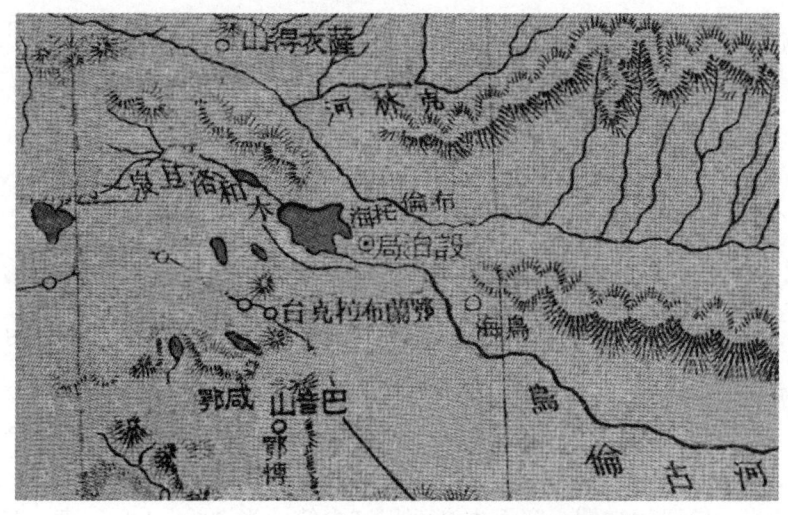

图 12-9 民国初期地图之乌伦古湖

图 12-10　民国初期乌伦古湖数字化

赛里木湖

赛里木湖，又名三台海子，古称"净海"，以湖东岸三台（即鄂勒著依图博木军名）得名，现名系哈萨克语音译名，为祝愿之意，以祈求古丝绸之路行人路途平安得名。处于博尔塔拉蒙古自治州博乐市境内北天山山脉中，紧邻伊犁州霍城县。

赛里木湖成湖于上新世至早更新世；中更新世以后，湖面时有升降，但总趋势缩小。《大清一统舆地全图》中，赛里木湖大致为南北走向，形似矩形，东部邻近托里台，西南则靠近哈什（图12-11）。民国初期赛里木湖则演化为东西向的不规则的矩形，位于如今伊犁城的东北部，该时期湖泊面积约为972.4平方千米（图12-12、图12-13）。《中国湖泊志》载，赛里木湖水位2 071.9米，面积453平方千米，较民国初期，赛里木湖面积减少约一半。近200年来，赛里木湖的面积呈逐渐缩小的趋势。

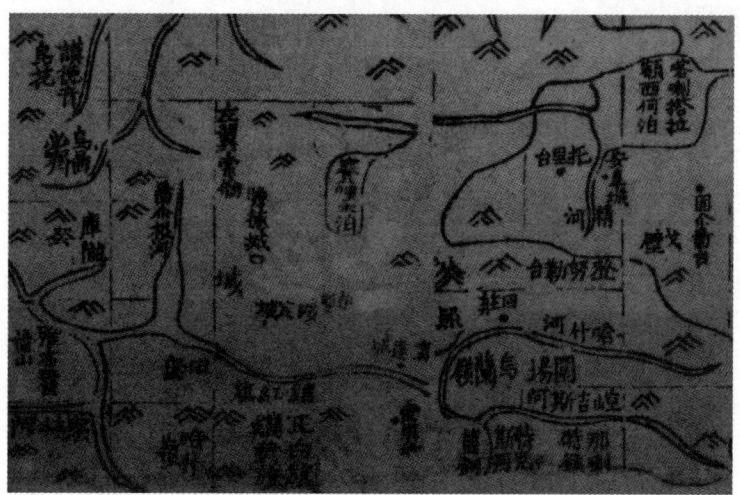

图 12-11 《大清一统舆地全图》(新疆图)之赛里木湖

图 12-12 民国六年地图(新疆省)之赛里木湖

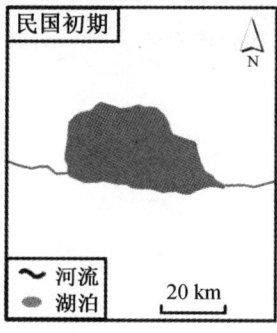

图 12-13 民国初期赛里木湖数字化

喀纳斯湖

喀纳斯湖位于新疆维吾尔自治区阿勒泰地区布尔津县北部,湖水来自奎屯、友谊峰等山的冰川融水和当地降水,是一个坐落在阿尔泰深山密林中的高山湖泊、内陆淡水湖,也是中国最深的冰碛堰塞湖。"喀纳斯"是蒙古语,意为"美丽而神秘的湖"。入湖河流仅喀纳斯河1条,汇冰雪融水,丰水期出流由南部泄入布尔津河。

《大清一统舆地全图》显示,喀纳斯湖位于腾格里山以北,与青水峡相邻(图12-14)。20世纪80年代初喀纳斯湖呈东北—西南走向,东北部与喀纳斯河相接,南部则与喀拉苏河相连,《中国湖泊志》载,喀纳斯湖是我国第二深水湖,水位1 370米,水域面积约为44.7平方千米。

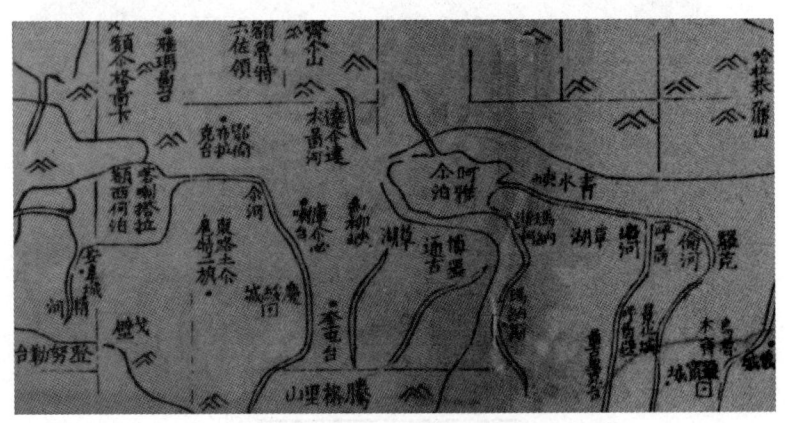

图12-14 《大清一统舆地全图》(新疆图)之喀纳斯湖

第十二章 新疆湖泊 | 171

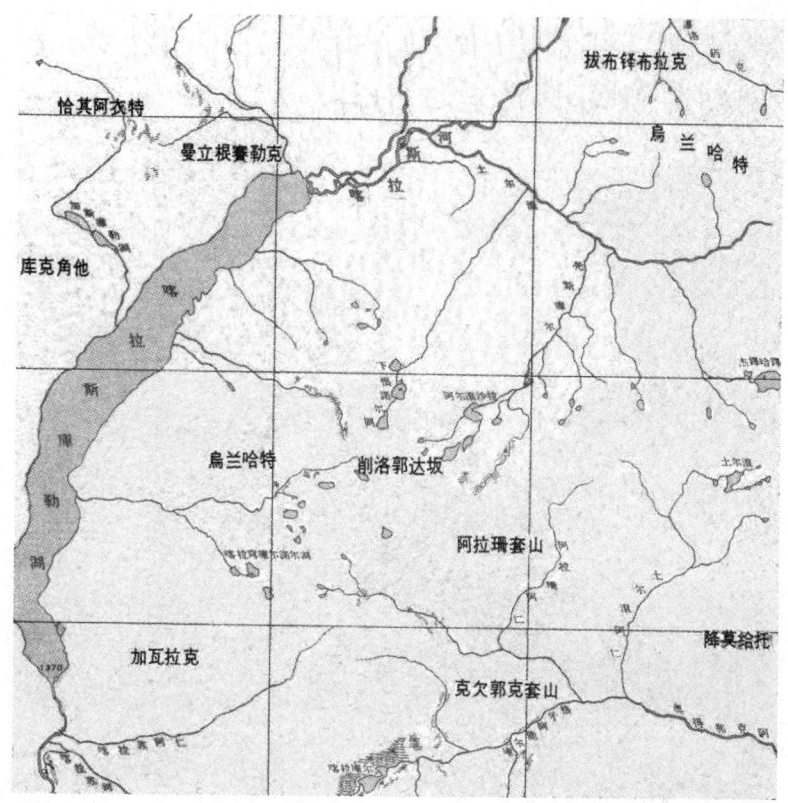

图 12-15 20 世纪 80 年代初地形图之喀纳斯湖

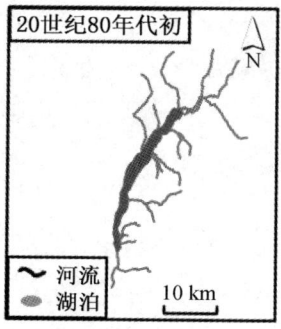

图 12-16 20 世纪 80 年代初喀纳斯湖数字化

第十三章 云南省湖泊

泸沽湖

泸沽湖，川滇两省界湖，古名勒得海、鲁枯湖，纳西族摩梭语"泸"为山沟，"沽"为里，意即山沟里的湖。又因西岸盐源县元、明、清三代设左所土司千户所，又名左所海，俗称亮海。泸沽湖是中国第三深的淡水湖，湖泊略呈西北—东南走向，由亮海和草海组成。属受岩溶作用影响的高原断陷湖泊，湖中有落水岛、永宁海堡等6座小岛和4个半岛，其中落水岛最大，面积500平方米，东与呈楔状伸入湖中长4千米的长岛半岛几近相接，把泸沽湖湖面收缩成宽仅1.1千米的狭窄通道。

明朝《徐霞客游记》将泸沽湖及其附近的三个小湖描述为"四池"，并且记载了泸沽湖中有三个小岛，即"池上有三峰中峙"。明代诗人胡敦赋诗泸沽湖"泸湖秋水间，隐隐浸芙蓉"。乾隆年间的《永北府志》也将泸沽湖中的"泸沽三岛"列为胜景之一。清代诗人曹永贤赋诗"祖龙求神仙，三山渺何处"，盛赞泸沽湖同如蓬莱仙境。

在历史地图中，《中国新地图集》首次描绘了泸沽湖的大略方位，位于四川省和云南省的交界处，形状与现在泸沽湖相似（图13-1）。《康熙皇舆全览图》中泸沽湖西部分布有四条河流分支，泸沽湖形似月牙，该时期泸沽湖面积约为71.2平方千米（图13-2、图13-5）。《大清一统舆地全图》中泸沽湖演变为不规则椭圆形（图13-3）。后两幅图中可以明显识别出位于泸沽湖中的湖心岛。20世纪80年代初泸沽湖则进一步向中心处萎缩，面积约为52.4平方千米（图13-4、图13-5）。《中国湖泊志》载，泸沽湖水位2690.7米，亮海湖面积48.4平方千米，草海面积7.4平方千米，与亮海通连，冬季枯水成沼泽湿地。康熙以来，泸沽湖面积存在缩小的趋势。

第十三章 云南省湖泊 | 175

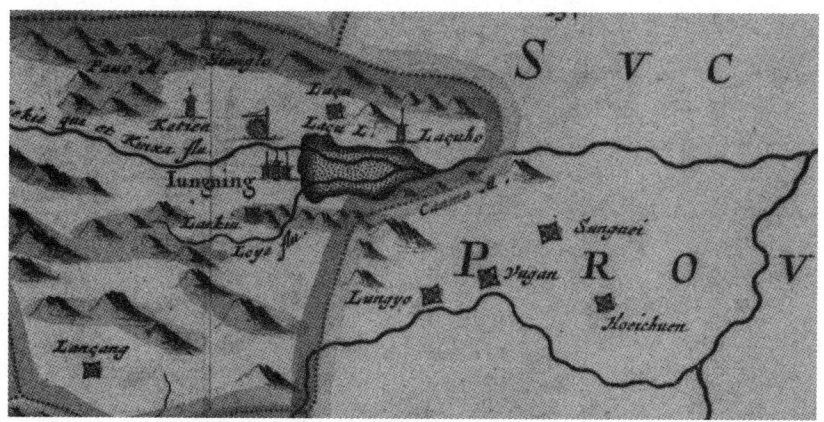

图 13-1 《中国新地图集》(云南)之泸沽湖

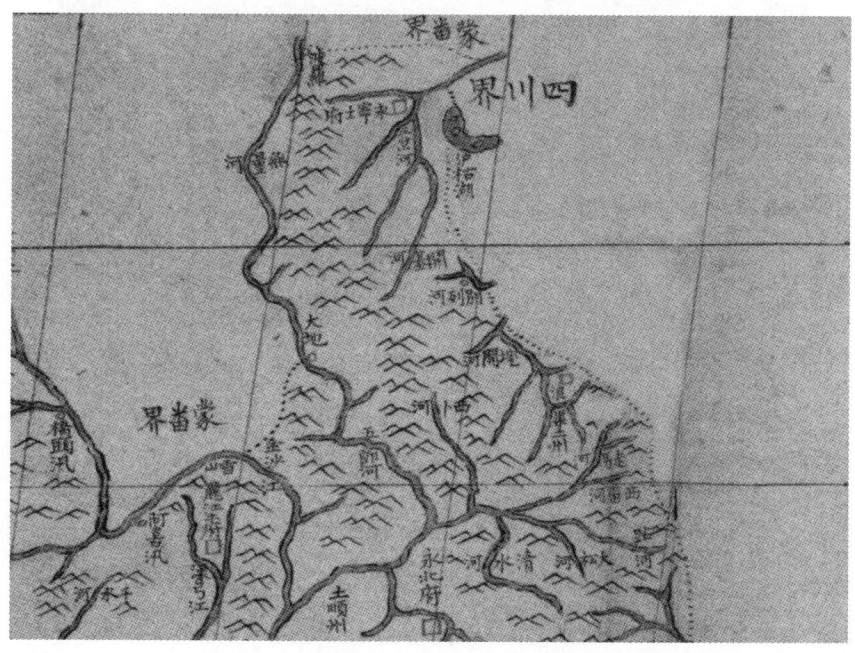

图 13-2 《康熙皇舆全览图》(云南舆图)之泸沽湖

176 | 中国湖泊历史图谱

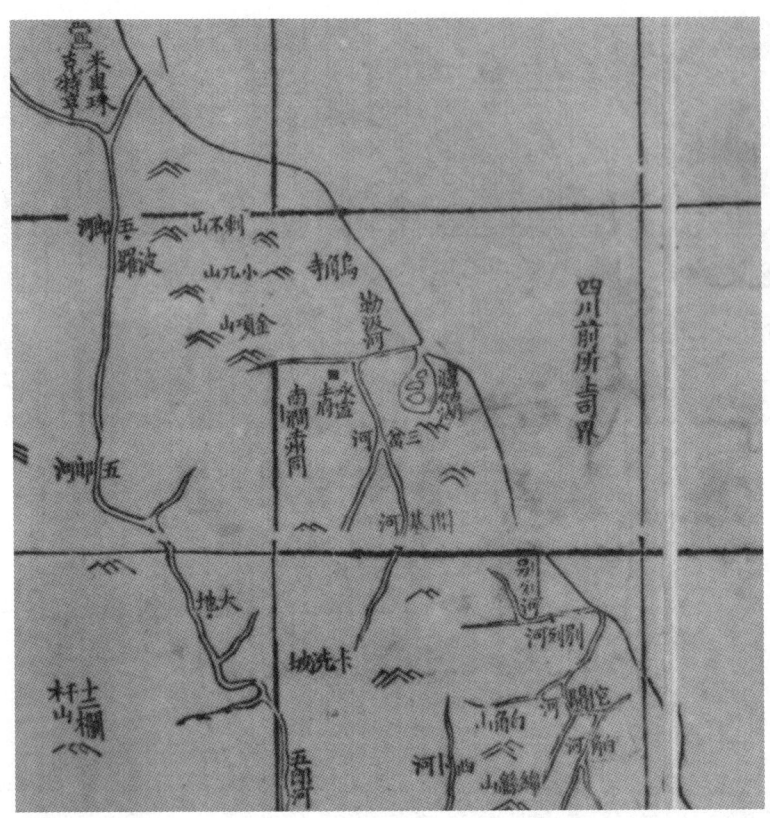

图 13-3 《大清一统舆地全图》(云南全图)之泸沽湖

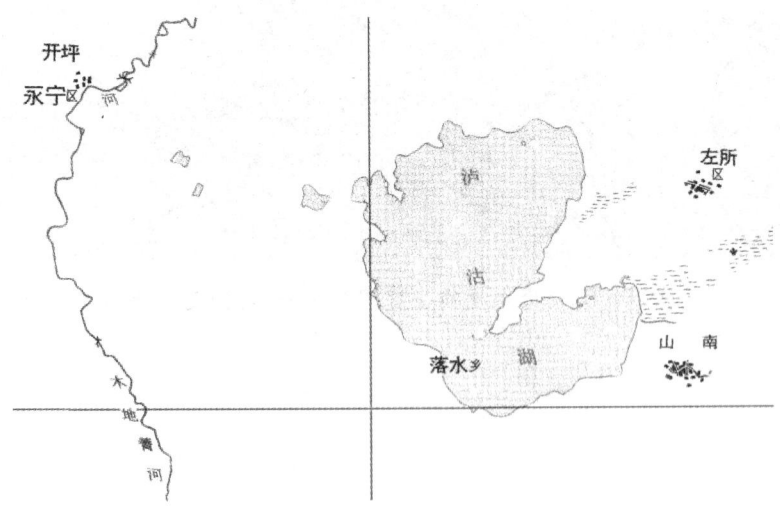

图 13-4 20世纪80年代初地形图之泸沽湖

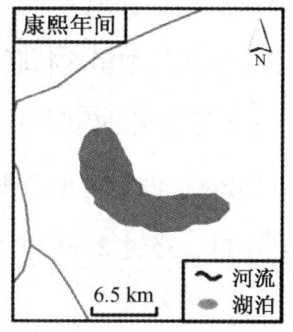 

图 13-5 泸沽湖不同时期对比

洱 海

洱海位于云南大理郊区，因湖形似耳状，故名为洱海，为云南省第二大淡水湖。洱海，古称为叶榆泽，汉朝名为昆明池，唐代称为西洱海，历史上还称为西洱海、昆弥川等。

洱海早在汉代已名载史册，公元前122年，张骞出使西域回到长安，在向汉武帝汇报西域情况时，他说在大夏国（今阿富汗）曾看到蜀布，经了解是从身毒（印度）贩运去的。他极力进言，从蜀郡通身毒，道路近便，有利无害。根据张骞的建议，汉武帝派使者到西南夷寻求通身毒之路。道路为洱海附近的昆明族所阻，最终未能通身毒。公元前120年，汉武帝因使者阻于昆明族之事，征调人力在首都长安开挖了一个人工湖，名之为"昆明湖"，训练水军，准备征讨洱海地区的昆明族。当然，汉武帝征服云南高原，其在长安"昆明湖"训练的水军不可能派上用场。但是，这段"汉习楼船"的典故却永留在司马迁的《史记》中。清朝乾隆皇帝因景仰汉武帝开疆拓土的功业，把北京颐和园西湖也改名为"昆明湖"。

洱海为构造断陷湖,初期的洱海可能为浅水湖沼环境。中晚更新世盆地深陷,湖面扩大,洱海与北部的古邓川湖和南部的古凤仪湖串珠状联通,湖泊发展到全盛时期。进入全新世以后地壳下陷与沉积充填等达到补偿阶段。随着现代入湖三角洲的发育,凤仪湖消失,洱海也与邓川湖分离,湖面逐渐收缩。汉代洱海的西岸大约在大理县以东不远处,直到20世纪中叶,经过2 000多年以来的泥沙沉积,岸线推进近千米。

《中国新地图集》中洱海形状与现在洱海相似,湖中有部分小岛分布,西南部与大理县相邻,中部西岸与邓川洲紧靠(图13-6)。《康熙皇舆全览图》显示,洱海西侧有8条河流入湖,湖泊面积约498.3平方千米(图13-7、图13-10)。民国初期洱海向内萎缩,湖泊面积约319.5平方千米,仅约为康熙年间的三分之二(图13-8、图13-10)。20世纪80年代初洱海面积进一步减小,约为264.4平方千米(图13-9、图13-10)。《中国湖泊志》载,洱海水位1 973.6米,面积249平方千米,可见湖泊在进一步萎缩。

图13-6 《中国新地图集》(云南)之洱海与程海

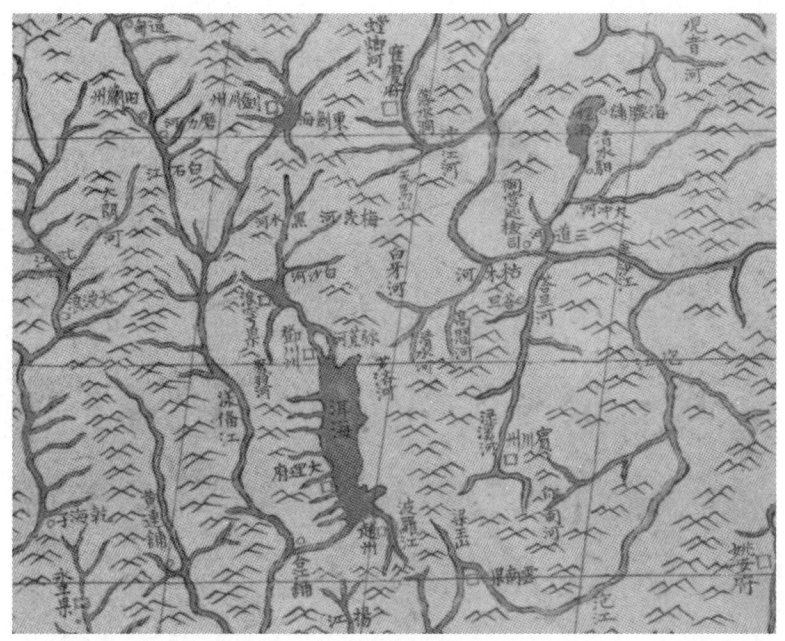

图 13-7 《康熙皇舆全览图》(云南舆图)之洱海与程海

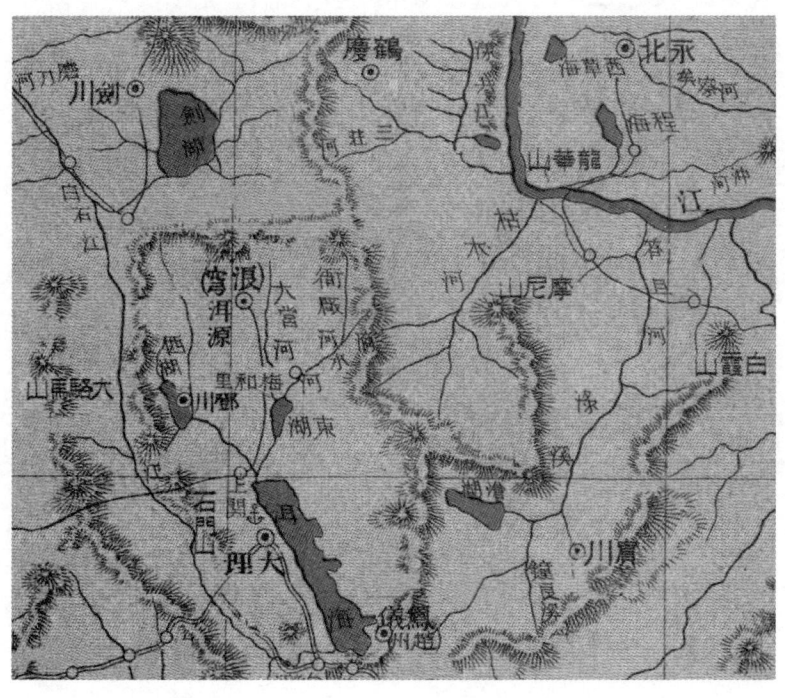

图 13-8 民国六年云南省地图之洱海与程海

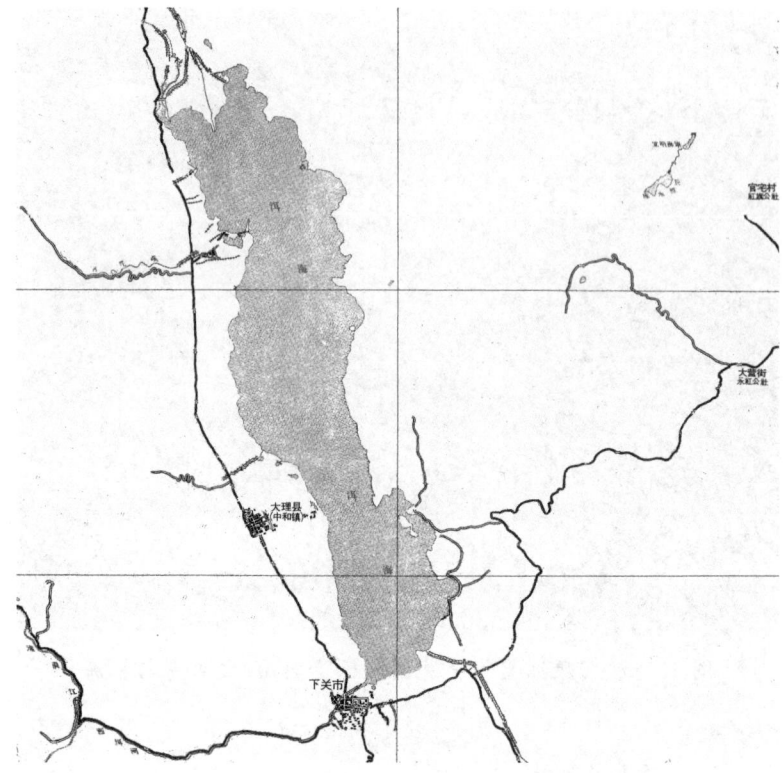

图 13-9　20 世纪 80 年代初地形图之洱海

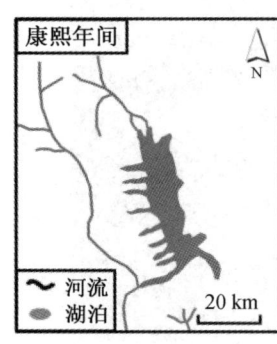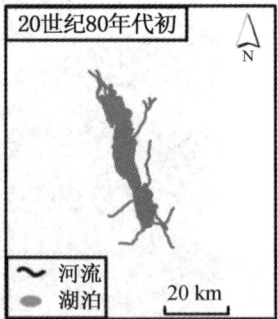

图 13-10　洱海不同时期对比

程海

程海，又名黑伍海，因湖北岸的黑伍尔而得名，位于云南省永胜县境内。程海位于程海断裂带形成的盆地底部，古为程河，为金沙江支流，后陷落为湖。成湖于更新世早期，原是吞吐型湖泊，曾由海口河（古称程河）与金沙江相通。据史料统计，在1690—1965年的276年间，水位共下降37.8米，平均每年下降0.137米，海口河从此断流，湖水不再外泄，演变成闭流类湖泊。

程海，原名程河，程河一名，来自唐宋之时，古代程海，自湖首至金沙江60千米，统称程河。据万历《云南通志》卷四《北胜州古迹》载，"程海石碑：相传渔者网鱼，偶获石碑，上题'大圣程河妙感景帝'，盖蒙氏仿封地也，其石沥水数十年，至今始乾，尚有润"。《新纂云南通志·金石考》载，"按刘文征《滇志》卷三所载同，惟改蒙氏仿封为段氏仿封"。程海一名，从明代史志记载及地图上来看，已经在使用。据记载，俗传，昔本陆地，一姓陈者居之，一夕成海，故名。后易陈为程。

《中国新地图集》中程海位于洱海的东北部，北部相邻北永县（图13-6）。《康熙皇舆全览图》中程海西面和北面被山围绕，南靠清水县，大冲河和三道河是流域内重要的河流，该时段湖泊面积约92.1平方千米（图13-7、图13-12）。民国初期大冲河更名为冲河，据民国《新纂云南通志》和清乾隆《永北府志》记载，"程海之水，明代中叶之前，一年四季泛泛长流，经八十里而入金沙江，名程河"，明中叶后因水位下降，始建程河闸控制，民国初期湖泊面积约37.4平方千米（图13-8、图13-12），面积较康熙年间少一半多。至20世纪80年代初，程海面积较民国时期略大，约为44.2平方千米（图13-11、图13-12）。《中国湖泊志》载，程海面积77.2平方千米，可见康熙以来湖泊面积存在先缩小再扩大的过程。

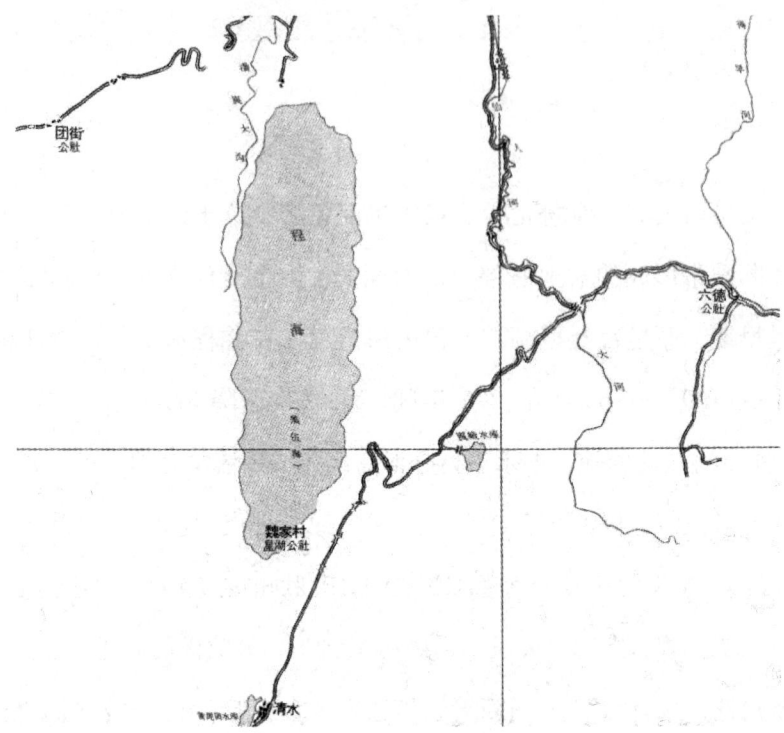

图 13-11　20世纪80年代初地形图之程海

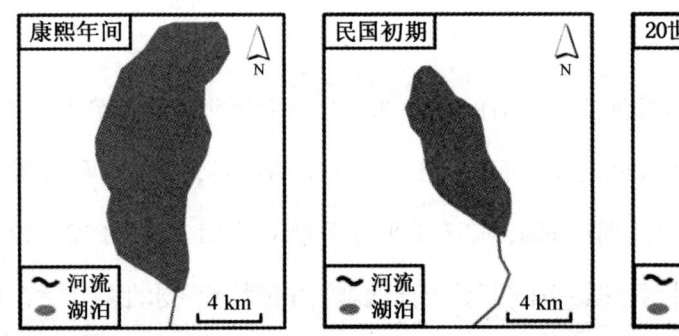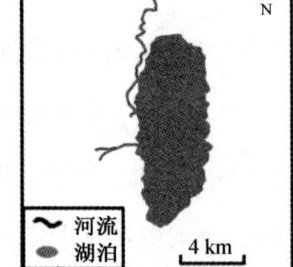

图 13-12　程海不同时期对比

滇 池

滇池，古称"大泽""滇南泽"，又称"昆明湖""昆阳海"。滇池位于昆明市西南，东南临呈贡和晋宁两县，西北近西山和官渡两区。滇池是云南省最大的淡水湖，有盘龙江等河流注入，有"高原明珠"之称。

滇池区域有史以来第一次有文字记录是战国末期。《史记·西南夷传》描述，楚国的农民起义领袖庄蹻（亦称庄豪）率兵来到滇池，此时滇池区域已"肥饶数千里"。因秦兵阻其归路，庄蹻带领的楚兵不得不"变服从俗"定居下来。西汉末年，文齐做益州太守，"造起陂池，开通溉灌，垦田二千余顷"。当时益州郡治在滇池县，虽然"陂池"具体在哪里已无从考查，但这段文字是滇池区域水利的最早记录。《汉书·地理志》记载，"益州郡，滇池县，大泽在西，滇池泽在西北"。《水经注》又载，"北郡有池，周围二百里，水源深广，末更浅狭，有似倒流，故曰滇池"。另据今人考证，滇与甸同音，系古代彝民所指"坝子"之谐音，意"坝子中的湖泊"。

此外，也有部分史籍记载了滇池附近的水域发展历史，元代滇池区域水灾频繁，"夏潦暴至，必冒城郭"。元代的统治者，一方面为了发展经济以巩固其统治，另一方面也迫于天灾形势，曾经较为系统地兴修了滇池区域的水利。"赛典赤·赡思丁经划水利，创筑松花坝，分盘龙江、金汁河，并修筑宝象、马料、海源、银汁合为六河，均用闸座蓄泄，溉灌万顷。""又凿开海口、石龙坝、疏通河道，由安宁、武定、东川以入马湖……"此外，还规定了制度，"轮叙放水，自上润下，额定为三百六十匹报马，三百六十名报水丁，倘遇崩倒水侵，即时飞报上司，齐集乡民，排补修筑不容怠缓"（《咸阳忠惠王抚滇功绩》）。这样大规模、有计划地兴修滇池水利，扩大了农田用水，疏浚了下游，大大降低了滇池水位。

但这一时期滇池的水患并没有杜绝，据《新纂云南通志》记载，元、明两代，中庆路（元）、云南府（明）的水灾仍史不绝书。如元泰定元年（1324年）、明正德七年（1512年）、嘉靖三十三年（1554年）、隆庆元年（1567年）、隆庆四年（1570年）、万历元年（1573年）、泰昌元年（1620年）等，曾多次大水冒城垣、荡民居，造成严重灾害。明清以来，岁修、大修频繁，但当时水灾仍严重。到了清代，滇池区域的水灾还是有增无减。200余年间，较大的水灾见之记录的就有20余次。如康熙十年（1671年）"昆明大水淹塌营房千余间，坏堤坝庐舍人畜无数"。乾隆四十年（1775年）"昆明大水，坏民房无算"。道光九年（1829年）"螳螂川溢，坏城垣、民居、井灶"。这一次和次年，昆明、晋宁、呈贡、安宁皆"大水伤禾"。咸丰七年（1857年）"昆明大水灾，泛溢数十里，灌入城东南低洼穴处，深丈余，坏民居无数"。咸丰九年（1859年）"晋宁大水灾，河西厂堤溃，陷民房数十间，田禾数百亩"。同治十年（1871年），"昆明霪雨浃旬，冷水洞水暴洪，六河涨溢，东南城不没者数板。浸坏东城小鼓楼，圮民房无数。出入城门咸以舟济。越六日始渐退"。这一年富民、安宁、晋宁、嵩明等地也都遭大水灾。这些水灾的形成，除天然的因素外，人为的因素也很重要，如吴三桂统治时期破坏了六河河埂，连松花坝也被损坏而倒塌了。继明之后，清代200多年间，滇池流域曾数次兴修水利。其中，以雍正七至十年（1729—1732年）鄂尔泰、黄士杰主修的一次规模较大，成效也较为显著。他们经过多次实际勘测并总结前人的经验教训订出计划施工。鄂尔泰的《修浚海口六河疏》和黄士杰的《云南省城六河图说》均属滇池区域有价值的水利文献。例如分析滇池出水口是"两岸群山诸箐，沙石齐下，冲入海中，填塞壅淤，宣泻不及，河身平衍，易于壅淤"，因而对症下药，开挖子河，较好地解决了泥沙沉积的问题，收到良好效果。

嘉靖二十六年（1547年）《大明舆地图》较为形象地描绘了滇池（图13-13）。《大清一统舆地全图》中，滇池北邻昆明，西靠大华山，东接呈贡，南部则与海宝山相邻（图13-14）。民国初期滇池面积约为555.7平方千米（图13-15和图

13-17)。至20世纪80年代初,滇池面积显著缩小,约为365.2平方千米(13-16和图13-17)。《中国湖泊志》载,滇池水位1 886.3米,面积297.9平方千米。由于人类活动和自然因素的综合影响,滇池的水域面积较民国时期显著缩小。

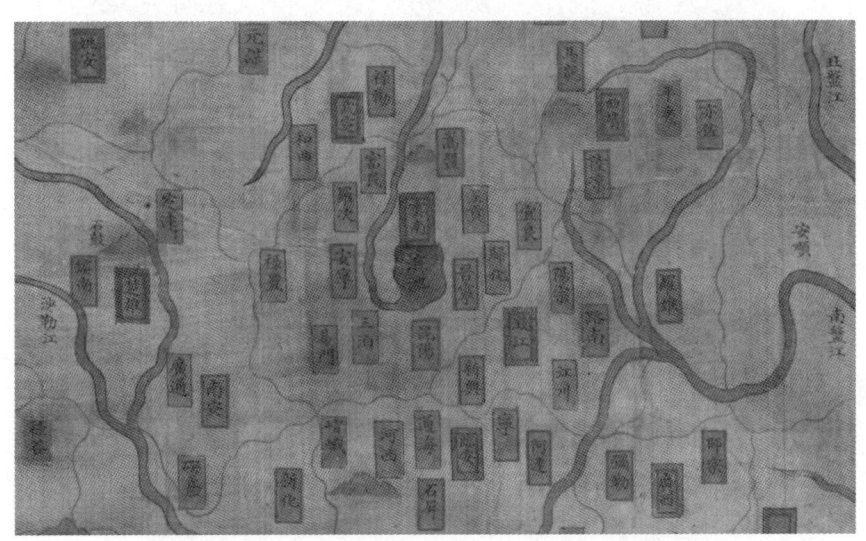

图13-13 《大明舆地图》(云南舆图)之滇池

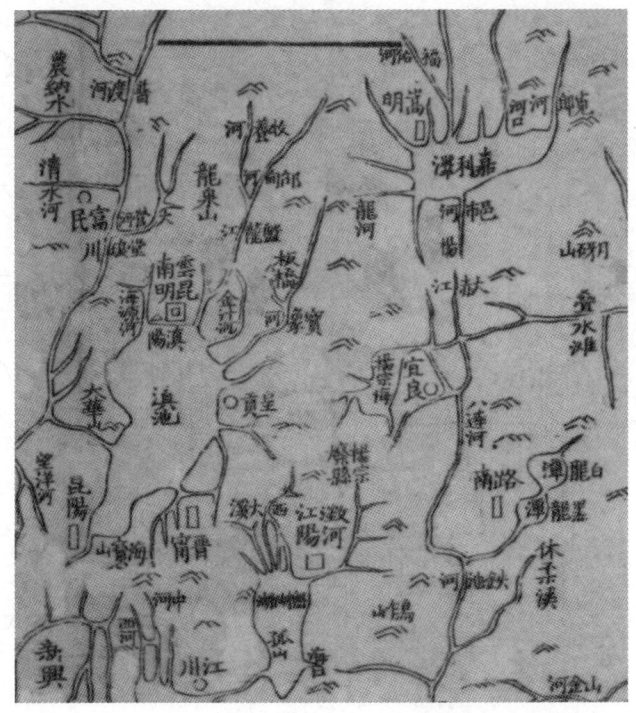

图13-14 《大清一统舆地全图》(云南全图)之滇池、嘉丽泽

186 | 中国湖泊历史图谱

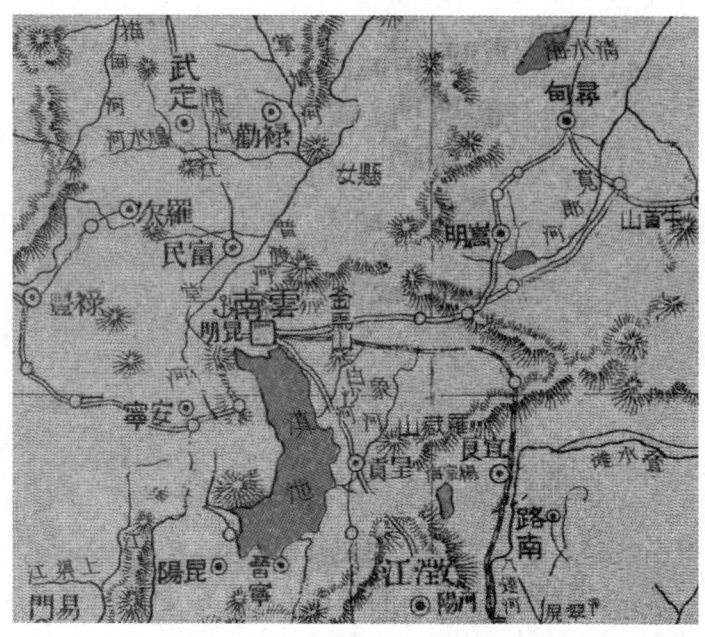

图13-15 民国六年云南省地图之滇池

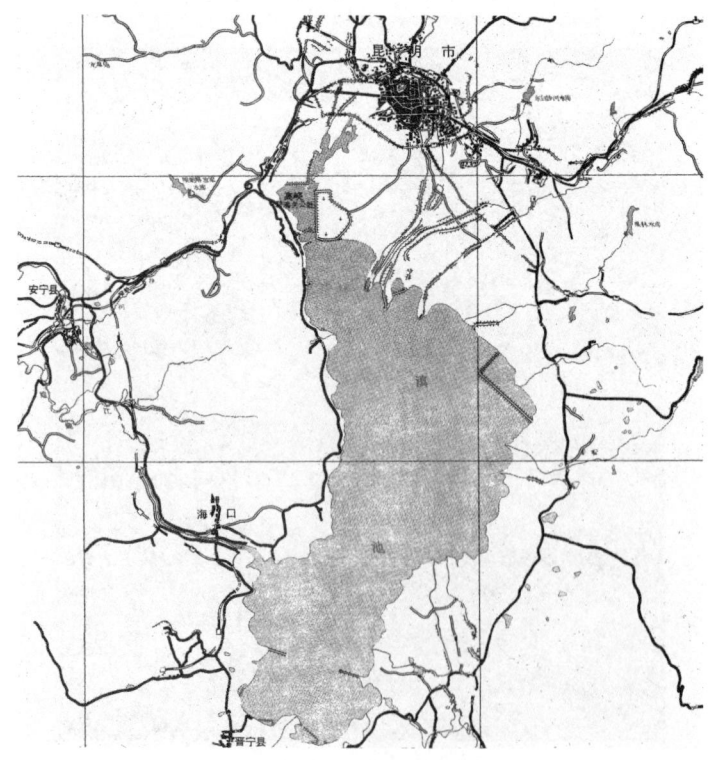

图13-16 20世纪80年代初地形图之滇池

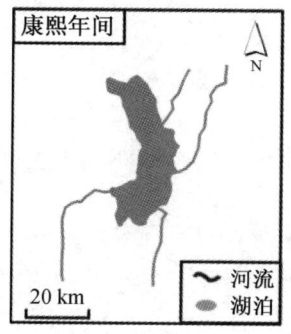 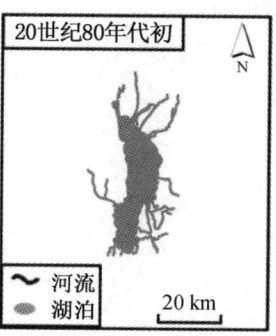

图 13-17 滇池不同时期对比

第十四章 四川省湖泊

马 湖

马湖，位于四川省凉山彝族自治州雷波县黄琅镇，地处金沙江左岸，与金沙江隔江对望。与云南省的永善县隔金沙江对望，北毗邻宜宾、乐山，与美姑县西部相连，西南与昭觉县、金阳县相连。马湖上部原系一条古河道，下部为深沟峡谷，由于强烈地震，山谷崩塌，造成今日之堆石坝和湖泊。

马湖是与邛海、泸沽湖齐名的四川第三大天然高原湖泊。据传，昔人以壮马系湖岸，湖中龙出与交，后产异马，因得名马湖，又以湖中有龙，亦称龙湖。马湖历史悠久，史载，"自汉晋来已疆域其土，列郡编户、置吏而守之"。蜀汉置马湖县，隶越蜀郡。唐宋为湖蛮部，元代置马湖路，明置马湖府。明朝设置的马湖府，即是以马湖命名的。

1655 年出版的由意大利传教士卫匡国绘制的《中国新地图集》上，出现了比较清晰、完整的马湖，并明确地标为"Mahu"（图 14-1）。民国初期，马湖由四周向内萎缩，面积缩减明显，该时期马湖面积约为 26.2 平方千米（图 14-2、图

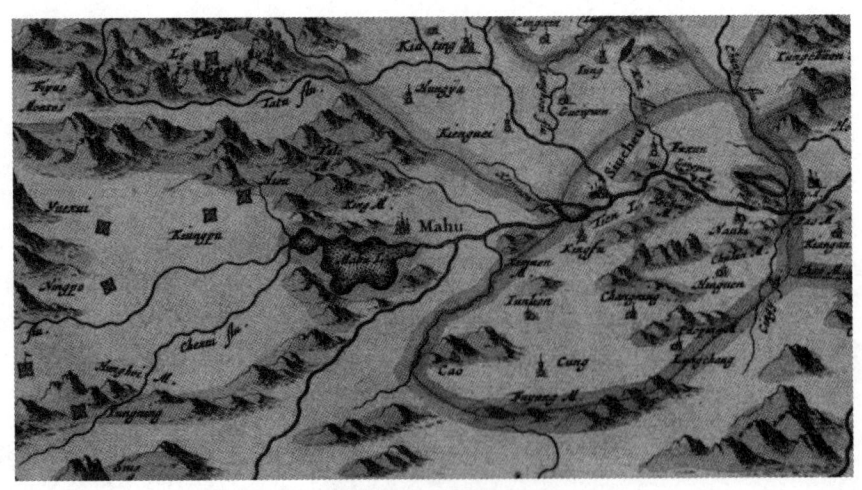

图 14-1 《中国新地图集》之马湖

14-4）。20世纪80年代初，马湖演变为南北走向的菱形湖泊，面积约为4.1平方千米，较民国时期面积明显缩小（图14-3、图14-4）。《中国湖泊志》载，马湖水位986.5米，湖面南北长5.5千米，东西宽近2.5千米，面积仅存7.3平方千米。

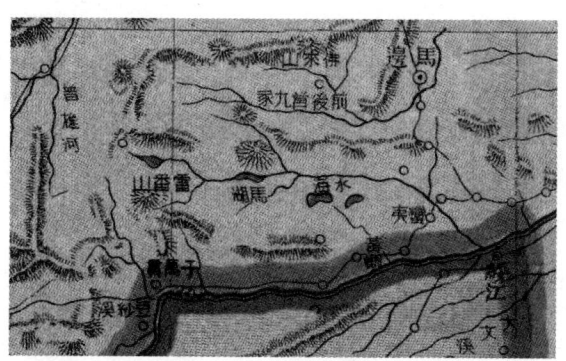

图14-2 民国六年四川省川边地图之马湖

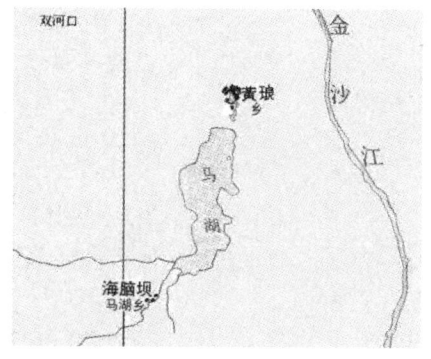

图14-3 20世纪80年代初地形图之马湖

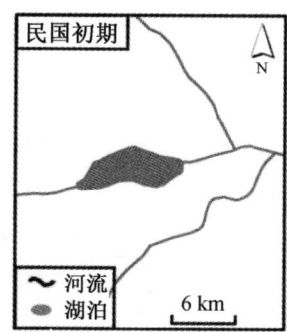 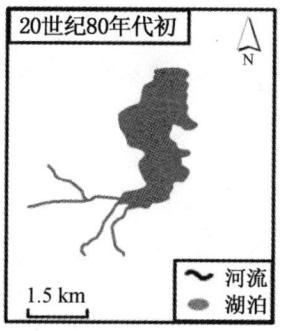

图14-4 马湖不同时期对比

第十五章 西藏湖泊

纳木错

纳木错是中国仅次于青海湖的第二大咸水湖,位于冈底斯—念青唐古拉山的北部,属于藏北南羌塘高原湖盆区,目前为一封闭湖泊。"纳木错"为藏语,蒙古语名称为"腾格里海",两种名称都是"天湖"之意。纳木错隶属于西藏自治区,拉萨市以北当雄、班戈两县之间。纳木错是第三极喜马拉雅运动时期发生坳陷形成,形似楔形,呈东北—西南向延伸,主要入湖河流为波曲、昂曲、测曲、岗牙桑曲、你亚曲、作曲卡,流域面积为 590 平方千米。

《大清一统舆地全图》中,纳木错(腾格里海)与东北部的布喀池(今巴木措)相邻,形似矩形,东部有三条出湖河流(图 15-1)。1904 年由 Alexey Afinogenovich Ilyin(阿列克谢·阿费诺根诺维奇·伊雷因)于 1859 年建立的位于圣彼得堡的著名地图制作公司制作的《西藏全图》(此图初印于俄罗斯,后翻译成中文)中纳木错则与西北部较小湖泊分离,形状与今天的纳木错相似,该时期纳木错面积约为 2 554.6 平方千米(图 15-2、图 15-4)。至民国六年,纳木错的面积约为

图 15-1 《大清一统舆地全图》(西藏全图)之纳木错、巴木措

2 808.1平方千米,较1904年时显著增加(图15-3、图15-4)。朱立平等揭示,1971—2004年期间,纳木错湖面面积从1 920平方千米增加到2 015.38平方千米,认为纳木错流域气温升高引起的冰川融水增加、流域降水量增长、湖面蒸发量减小共同构成了湖泊水量增加的原因,从而引起了近年纳木错湖面迅速扩张。

图15-2 《西藏全图》(1904年)之纳木错、巴木措

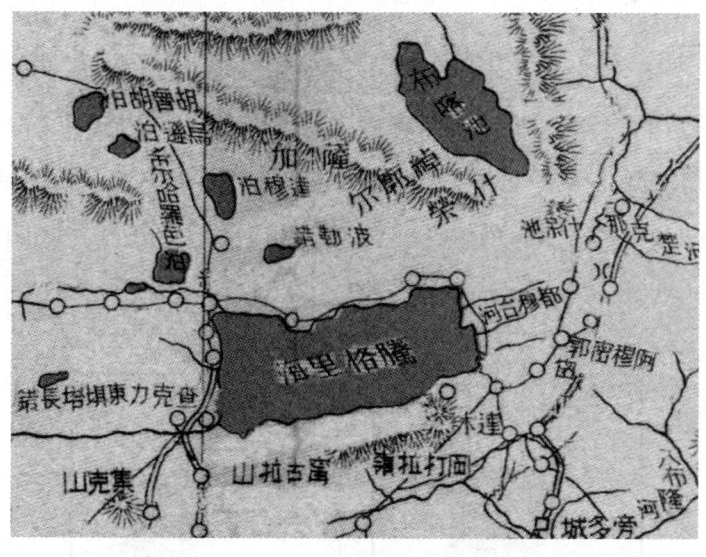

图15-3 民国六年青海川边西藏地图之纳木错、巴木措

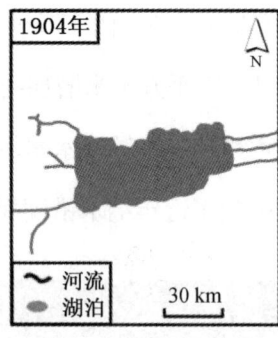 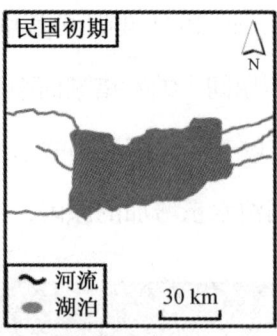

图 15-4 纳木错不同时期对比

巴木措

据《中国湖泊志》,巴木措又称布喀池,意为勇士湖,亦称"巴木错",位于班戈县城以东,是依偎在纳木错不远处的"姐妹湖"。

《大清一统舆地全图》中,布喀池位于纳木错的东北部,形状呈不规则的椭圆形。《西藏全图》中布喀池南部水域萎缩,湖泊呈东南—西北向轴状分布,形状和格局与今巴木措基本一致。《西藏全图》揭示巴木措面积约为 167.9 平方千米,民国初期湖泊扩张至 180.7 平方千米(图 15-5)。《中国湖泊志》载,巴木措基本呈南北向长方形展布,面积 190.9 平方千米。可见,近百年来巴木措水域面积处于不断的扩张之中,但扩张的幅度较小。

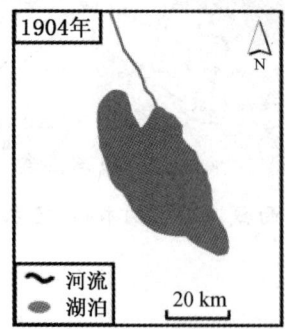 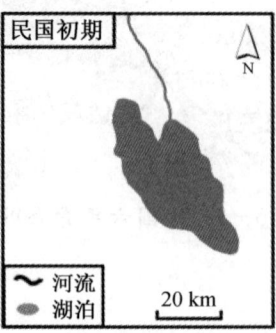

图 15-5 巴木措不同时期对比

第十六章 青海省湖泊

青海湖

青海湖，位于我国青海省东北部，是我国最大的内陆高原微咸水湖。它是维系青藏高原东北部生态安全的重要水体，也是高原高寒干旱地区重要的水汽源，在西部生态平衡中起着不可替代的特殊作用。青海湖四面环山，北部为大通山，东为日月山，南为青海南山，西面是阿木尼尼库山，青海湖以西地势较低，与哈拉湖仅有一个低矮的分水岭相隔。青海湖周围河流50余条，多为季节性河流。主要的河流有布哈河、乌哈阿兰河、沙柳河、哈里根河、倒淌河及黑马河。水系呈明显不对称状态分布，西北多而流量大，东南少而流量小。

青海湖古称"西海"，又称"鲜水""卑禾羌海"，蒙语叫"库库诺尔"，藏语叫"错温布"，意即青蓝色的湖，"青海"由此得名。《魏书》卷一○一之列传"吐谷浑"条载，"青海周回千余里，中有小山……东西对峙。水色青绿，冬夏不枯不溢。自日月山望之，如黑云冉冉而来"；唐代继续延用西海和青海的称谓。《通鉴》卷二一五之天宝七载（748年）十二月条记，"哥舒翰筑神武军于青海上……又筑城于青海中龙驹岛（即今海心山）"；《通鉴》卷二二四之大历八载（773年）九月条载"每岁盛夏，吐蕃畜牧青海"；唐《敦煌吐蕃古藏文文书》称青海湖为"错温波"，同样是青色的湖的意思。

青海湖盆地形成于上新世，在初期有流向贵德盆地的出口。湖泊发育主要划分为三个阶段：中更新世湖泊最盛期、晚更新世湖泊稳定期和全新世湖泊收缩期。晚更新世早期由于湖盆强烈沉陷，河流出口处相对抬高，河水倒流而形成倒淌河。在新构造和气候因素的综合影响下，在经历了晚更新世的全盛时期之后，青海湖自全新世以来，湖体日益缩小，分割性日益加剧，水体含盐量增加，水生生物日趋贫乏和单一，沉积物中开始出现了化学沉淀等，构成了青海湖近期发展历史的主要特征。

北魏时青海湖的周长号称"千里"，唐代为 400 千米，清乾隆时缩减为 350 千米。在布哈河三角洲前缘约 20 千米处有古湖堤遗址，距湖东岸 25 千米处的察汉城（建于汉代），原在湖滨，东西两边已分别退缩 25 千米和 20 千米，水位下降约 100 米。《大清一统舆地全图》中，青海湖西南部与盐池（今茶卡盐湖）相邻，东南部有黄河流过（图 16-1）。此后，《西藏全图》中青海湖面积约为 3 854 平方千米（图 16-2、图 16-4）。1908 年，俄国人柯兹洛夫推测当时湖面水位 3 205 米，湖面积约为 4 800 平方千米。这说明该图绘制的青海湖的大小与当时湖体实际大小存在偏差，这可能与当时的地图绘制技术有限有关。民国六年揭示的青海湖面积 3 946.7 平方千米，对比显示民国初期湖泊面积有所增加（图 16-3、图 16-4）。

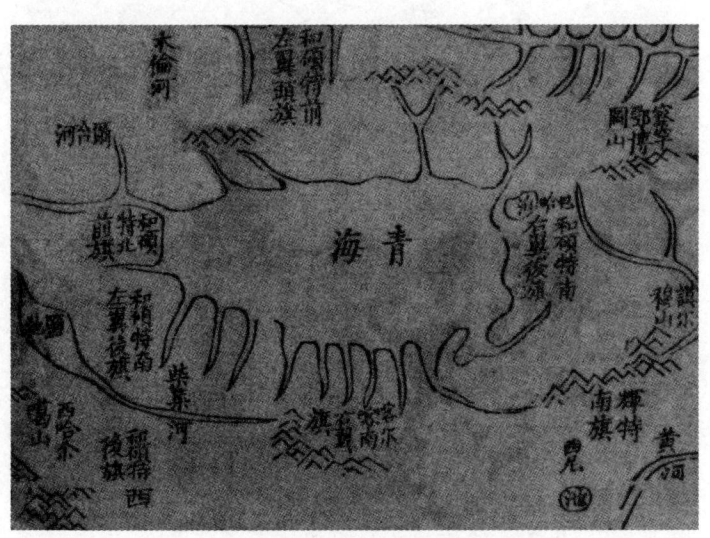

图 16-1 《大清一统舆地全图》（青海合图）之青海湖、茶卡盐湖

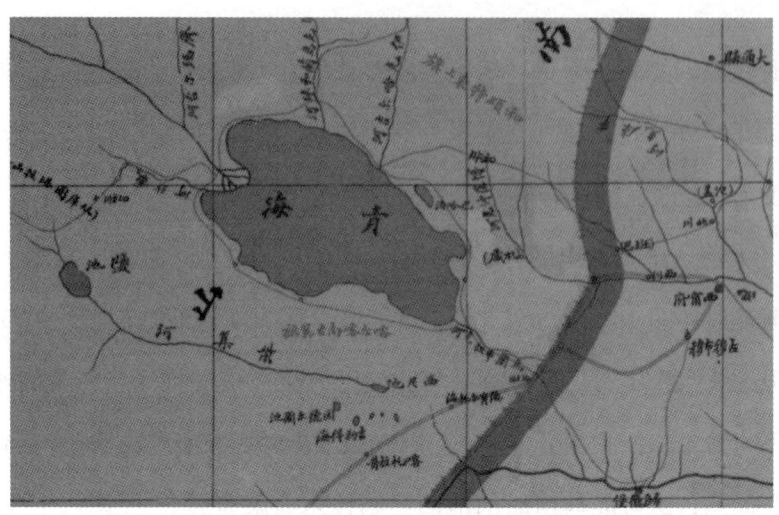

图16-2 《西藏全图》(1904年)之青海湖、茶卡盐湖

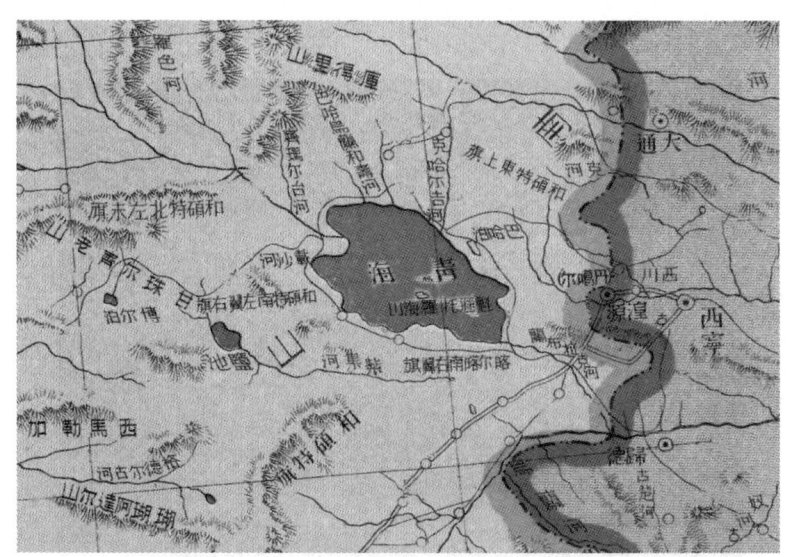

图16-3 民国六年青海西藏川边地图之青海湖、茶卡盐湖

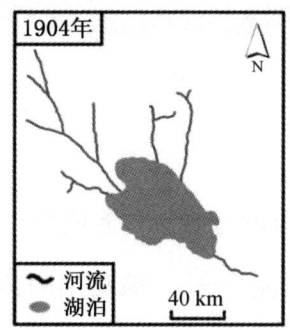 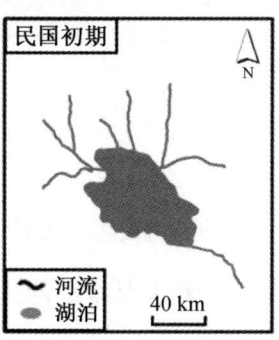

图 16-4 青海湖不同时期对比

20世纪50年代的测绘资料显示,青海湖面积为4 568平方千米。沈芳和匡定波利用图像配准和像元统计计算了青海湖1975年和2000年的面积,分别为4 405.6平方千米和4 256平方千米,25年来面积年平均减少6.0平方千米。同时,20世纪70年代出版的地形图揭示湖水位在3 195米左右,湖面积为4 473平方千米。《中国湖泊志》载,1981年实测水位3 193.9米,长109千米,平均宽39.8千米,湖面积为4 340平方千米。冯钟葵和李晓辉选用1986年至2005年的美国Landsat-5卫星图像数据对青海湖地区进行长达20年的跟踪监测,研究发现2004年青海湖水域面积比1986年缩小了约80平方千米,与1989年相比,水域面积缩小了约129平方千米。2013年8月,青海湖湖区面积为4 337.4平方千米,湖水容积739亿立方米,最长约104千米,最宽约62千米,最大水深31.4米,湖水平均矿化度12.32克/升,含盐量1.25%。由上述可见,20世纪50年代以来青海湖水域面积在整体上呈现出明显的下降趋势。

茶卡盐湖

茶卡盐湖，古称咸池、盐池，位于青海省海西蒙古族藏族自治州乌兰县茶卡镇，是天然结晶盐湖，柴达木盆地四大盐湖之一。藏语中的盐叫作"茶颗"，"茶卡"意即盐池，也就是青海的盐；"达布逊淖尔"是蒙古语，也是盐湖之意。茶卡盆地的水系并不发达，常年河流不多，流量不大，其中较大的有位于西北部的漠河、东南部的黑河和东北部的朵巴河。

由于青藏高原的隆起，受班公湖—怒江构造带边缘深断裂的影响，形成了一系列的断陷盆地，茶卡盐湖就是在此基础上形成的，同时也是西藏西部重要的新生代成盐盆地。此外，由于长期的风化作用和古气候的变化，该湖出现明显的成盐作用，最终形成了如今的茶卡盐湖。与其他盐湖相比，茶卡盐湖是一个固液态共存的卤水湖，盐湖底部有一层厚厚的石盐层，盐板上覆盖着一层浅浅的卤水。这样，人站在石盐层，就像漂浮在水面上一样，再加上雪山、蓝天、白云的倒影，营造出了一幅美轮美奂的画面，茶卡盐湖也因此有了"天空之镜"的美誉。

在古籍中，早在战国时期就有对茶卡盐湖的记载，屈原就曾写下"饮余马于咸池兮，总余辔乎扶桑"的诗句，这说明在战国时期，咸池已经被人们了解。《汉书·地理志》也有对茶卡盐湖的记载，其中描述道，"金城郡……西北至塞外，有西王母石室、仙海、盐池"。仙海即今青海湖，盐池就是茶卡盐湖。《青海通史》记载，平宪等人带着大量的金银财宝，诱惑茶卡盐湖周边的羌人首领，自愿归附新朝，献上土地，并向朝廷提供所需的食盐。在诱惑不成的情况下，又威逼羌人。慑于武力，羌人只能俯首称臣，同意让出鲜水和盐池。王莽得到西海后，设立了西海四郡，控制了盐的出入。之后的很长一段时间内，茶卡盐湖所产的盐源源不断地运往各地，解决了许多地方食盐不足的情况。明朝医圣李时珍在《本草纲目》中称，"西海有盐池，所产青盐可明目、消肿"。自乾隆二十八年（1763年）始，官方就已有组织地对盐湖进行大规模开采，并定有盐律。光绪三十四年（1908年），设立了丹噶尔厅盐局，标志着茶卡盐纳入了有序经营管理轨道。

《大清一统舆地全图》显示，茶卡盐湖位于青海湖西南部，呈狭条状（图16-1）。《西藏全图》对20世纪初茶卡盐湖周边的河流与部分较小的湖泊也有详细的描绘，湖泊逐步萎缩，呈椭圆形（图16-2）。《西藏全图》揭示茶卡盐湖的面积约为107.1平方千米（图16-5）。民国初期时，茶卡盐湖向四周扩张，面积较1904年要大，约为134.1平方千米（图16-5）。《中国湖泊志》载，茶卡盐湖水位3 060米，长17.2千米，最大宽9.6千米，面积116.1平方千米，面积较民国初期时要小。

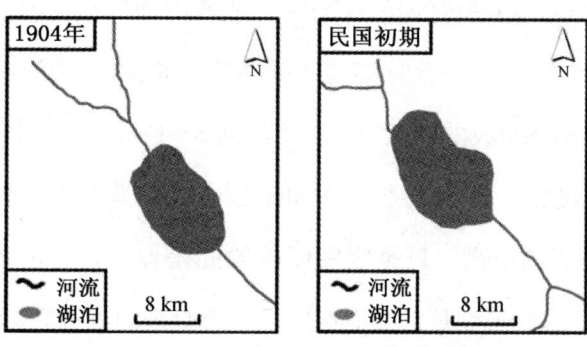

图16-5 茶卡盐湖不同时期对比

鄂陵湖

鄂陵湖，处于黄河源头的玛多县境内，位于巴颜喀拉山北麓，上距黄河源头卡日曲190多千米，距玛多县城40多千米，是黄河源头最大的高原淡水湖泊之一，与扎陵湖素有"黄河源头姊妹湖"之称。黄河在扎陵湖中经过回旋之后，从湖东南的草滩上流出,中间又经过一条长约20千米、宽约300多米的黄河峡谷,分9股注入第二个湖泊——鄂陵湖。鄂陵湖又名错鄂湖,似钟形,长轴近南北向延伸。两湖之间是海拔4 600多米的巴颜郎玛山,相距不到20千米,湖面高差约20米。湖水主要依赖地表径流和湖面降水补给,入湖河流有黄河、勒那曲等,其中黄河干流自西向北东向穿湖而过。

唐朝侯君集、李道宗曾到达"柏海",《旧唐书·吐谷浑传》记载,"又达于柏梁,北望积石山,观河源之所出焉";"君集与任城王道宗趋南路,登汉哭山,战乌海,行空荒二千里,阅月,次星宿川,达柏海,上望积石山,观河源"。贞观十五年(641年)文成公主入藏和亲,"弄赞率其部兵次柏海,亲迎于河源"(《新唐书·吐蕃传》),此处河源极可能指鄂陵湖与扎陵湖。

历史上鄂陵湖与扎陵湖曾经是一个湖。随着时间推移,湖泊面积逐渐缩小,扎陵湖与鄂陵湖分离,两湖完全分离的时间在晚更新世。湖泊逐渐缩小的证据仍然存在:由扁平状砾石组成的天然堤,高出湖面5~6米。天然堤在迎湖的一面较陡,背湖的一面坡度缓,堤外则是一些小的洼地。这些洼地,有的仍蓄积着水而成为扎陵湖和鄂陵湖的子湖,只是因发展阶段的差异,有的是咸水,有的还是淡水,有的则干涸。这些子湖是自然堤形成后,将原来的湖湾封堵而成的。由这些洼地再向外,还可见到比湖面更高的天然堤和洼地。这种天然堤和洼地相间的地貌形态,记载了扎陵湖和鄂陵湖长期演变的历史,也是湖泊逐渐缩小的见证。《康熙皇舆全览图》中的《河源图》河源部分(据中国科学院图书馆所藏木刻本)查陵鄂模(扎陵湖)和鄂伦鄂模(鄂陵湖)一起以实线封闭,二者之间有双虚线表示分开。铜板乾隆十三排图中的河源部分(据北京故宫博物院印行的《乾隆内府舆图》)扎凌淖尔(扎陵湖)和鄂凌淖尔(鄂陵湖)绘为一体。这些地图给出的信息应当是两湖有分有合,表达从一个大湖逐渐演化成两个小湖的过程。

此外,历史上关于鄂陵湖与扎陵湖的位置也曾引起过广泛关注。20世纪50年代的第一次黄河源头区考察"发现"两湖名称"颠倒了",随之而来的是地图出版中按照所谓"发现"进行更改,并引起国际上的关注。潘昂霄著有《河源志》,书中有"汇二巨泽,名阿剌脑儿"的记载,阿剌脑儿为蒙语,意为"花海子"。清代康熙四十三年(1704年)拉锡、舒兰探测河源后,向康熙帝进呈的《星宿海河源图》,明确记为扎陵湖在西,鄂陵湖在东。乾隆二十六年(1761年)齐召南编写《水道提纲》,对两个湖泊的水色、形状、名称和由来做了比较准确的记述,认为"查灵海"(即扎陵湖)在西,"鄂灵海"(即鄂陵湖)在东。此外《康熙皇舆全览图》《河源纪略》《西域同文志》《大清一统志》等重要历史文献,也都是记作扎陵湖在西,鄂陵湖在东。

《大清一统舆地全图》中鄂陵湖与扎陵湖相连,两湖形似矩形(图16-6)。《西藏全图》中鄂陵湖逐步萎缩,形似三角形,鄂陵湖面积约为598平方千米(图16-7),民国初期鄂陵湖面积约为418平方千米(图16-8)。对比显示(图16-18),到民国时期,鄂陵湖的东西向宽度显著变小。20世纪80年代初,地图上的两湖位置又发生了变换,即鄂陵湖在左,扎陵湖在右(图16-9)。《中国湖泊志》载,鄂陵湖水位4 268.7米,长32.3千米,最大宽31.6千米,平均宽18.9千米,面积610.7平方千米;最大水深30.7米,平均水深17.6米,蓄水量107.6亿立方米,面积较之前历史时期显著增加。

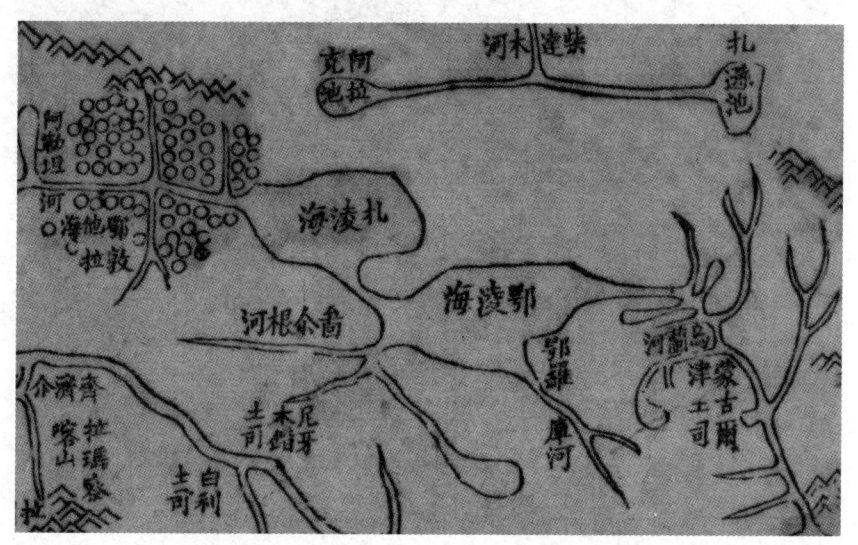

图16-6 《大清一统舆地全图》(青海合图)之鄂陵湖、扎陵湖

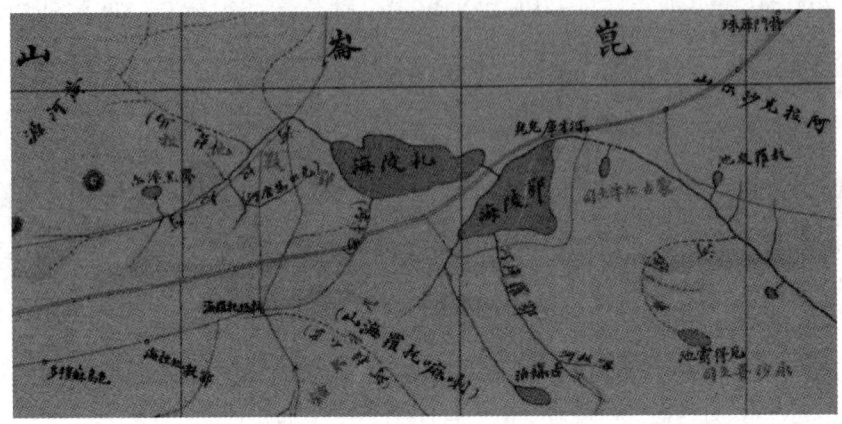

图16-7 《西藏全图》(1904年)之鄂陵湖、扎陵湖

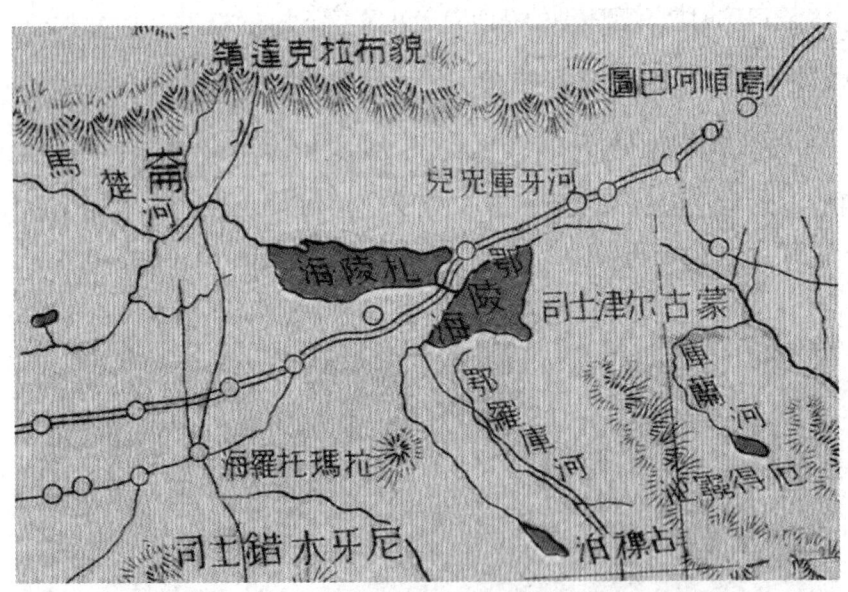

图16-8 民国六年青海西藏川边地图之鄂陵湖、扎陵湖

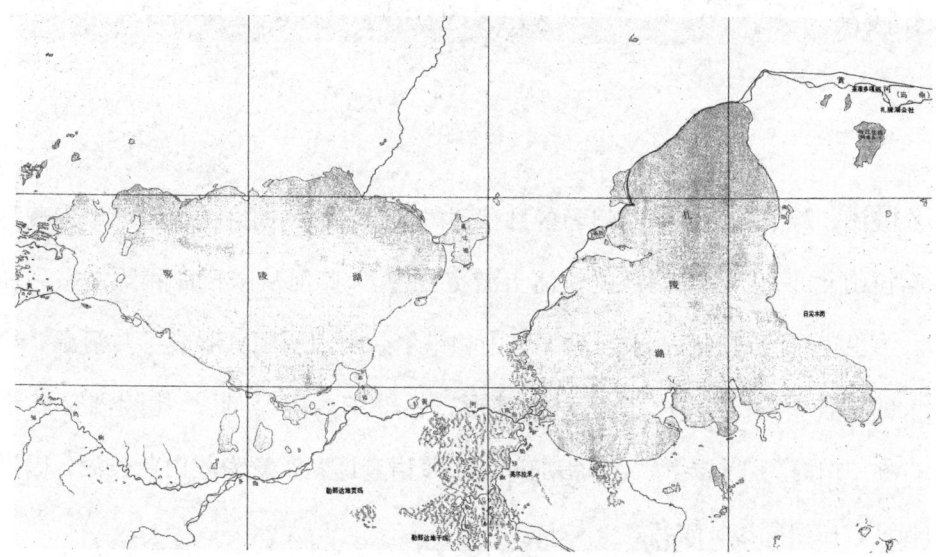

图16-9　20世纪80年代初地形图之鄂陵湖、扎陵湖

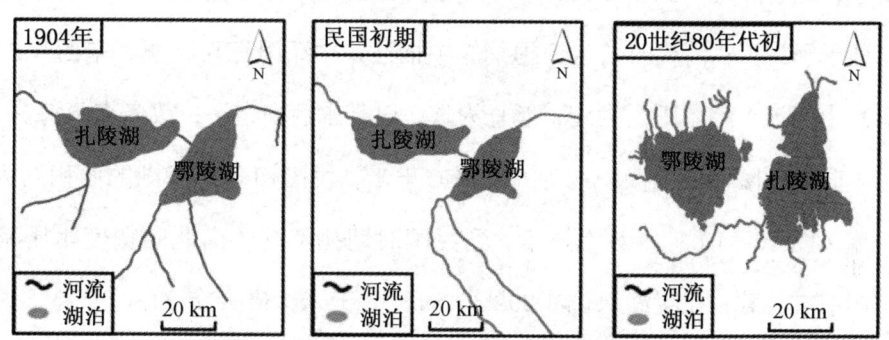

图16-10　鄂陵湖、扎陵湖不同时期对比

扎陵湖

扎陵湖，跨果洛藏族自治州玛多县和玉树藏族自治州曲麻莱县，处于青藏高原巴颜喀拉山北部，布青山南部的黄河上游宽谷中。黄河从卡日曲和约古宗列曲发源后，经星宿海流到这里，被巴颜郎玛山和错尔朵则山所阻，形成了黄河源头第一个巨大的湖泊——扎陵湖，呈不对称菱形，长轴东西向延伸。扎陵湖又名错加郎，古称"柏海""查灵海"。错加郎，系藏语音译名，意为灰白色长湖，因湖区风力强劲，白浪翻滚，故名。

《新唐书·吐谷浑传》称侯氏于贞观九年（635年）"达柏海，望积石山，观览河源"；此后贞观十五年（641年），文成公主入藏，松赞干布"率其部兵次柏海，亲迎于河源"；清代时《水道提纲》中描述，"泽周三百余里，东西长，南北狭，河其中而流，土入呼白为查，形长为灵，以其水色白也"，故名查灵海。《西藏全图》时期扎陵湖湖泊面积约为692平方千米，民国初期扎陵湖的面积约为525平方千米（图16-10）。对比显示，到民国时期扎陵湖的南北向宽度明显减小。《中国湖泊志》载，扎陵湖水位4 292米，长35千米，最大宽21.6千米，平均宽度15千米，面积526平方千米。可见民国以来，扎陵湖湖泊面积变化较小。

哈拉湖

哈拉湖，位于青藏高原北缘，青海省境内祁连山西段疏勒南山南部，距格尔木东北300千米。南北岸有高山，东西面为低矮丘陵。哈拉湖蒙古语（哈拉淖尔）

意为黑色的湖,又名黑海,是青海第二大湖泊。

《大清一统舆地全图》中记载了哈拉湖的存在(图16-11)。民国初期哈拉湖呈南北走向的圆形,面积约为25.7平方千米(图16-12、图16-14)。至20世纪80年代初,哈拉湖面积约为339.2平方千米(16-13、图16-14),相比民国时期的面积已显著扩大。《中国湖泊志》载,哈拉湖的面积为601.7平方千米,面积进一步扩大。2017年11月,遥感监测数据显示,哈拉湖达到625.06平方千米,为近52年来最大值,较1966年扩大27.7平方千米(http://www.xinhuanet.com/local/2017-11/09/c_1121928467.htm)。

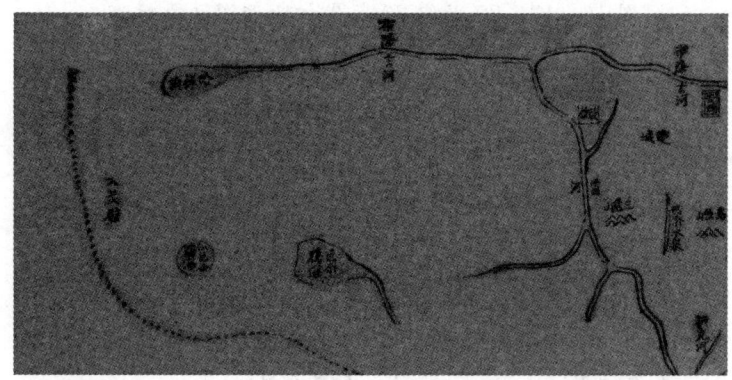

图16-11 《大清一统舆地全图》(青海合图)之哈拉湖

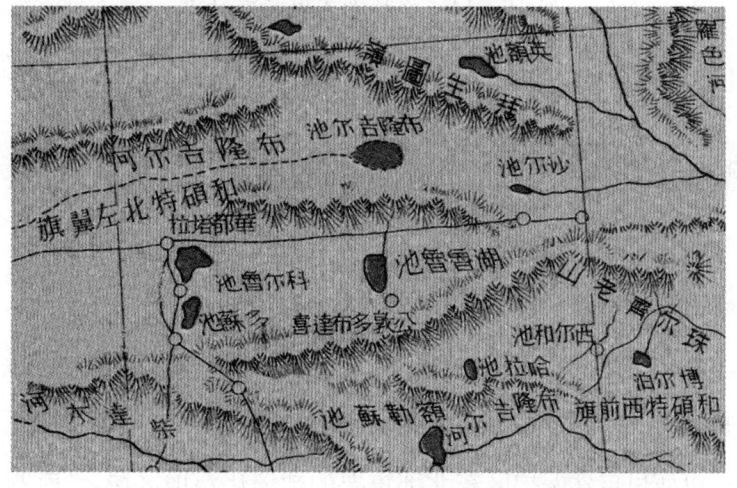

图16-12 民国六年青海西藏川边地图之哈拉湖

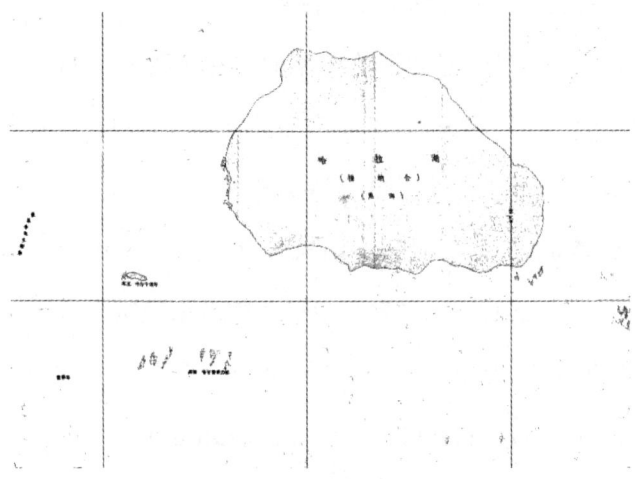

图 16-13　20 世纪 80 年代初地形图之哈拉湖

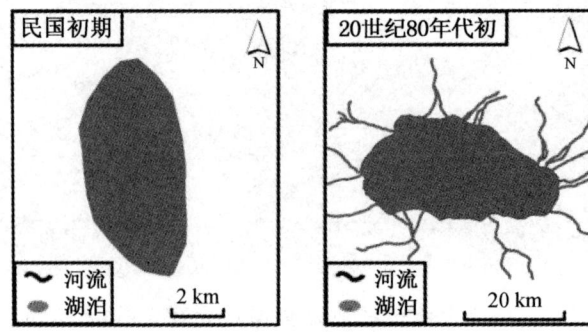

图 16-14　哈拉湖不同时期对比

库赛湖

库赛湖（库赛淖尔）位于青藏高原北部可可西里地区，隶属于青海省玉树藏族自治州治多县五道乡，是可可西里自然保护区第六大湖，与附近的海丁诺尔、盐湖等共同组成可可西里自然保护区东北部重要的盐渍化湿地区域。库赛湖主要依靠西南缘的库赛河补给，无河流流出，属硫酸镁亚型微咸水湖。

《大清一统舆地全图》中绘有库赛湖、库赛河及舒哈河等河流（图16-15）。《西藏全图》和民国初期地图较为准确地记载了库赛湖、库赛河及其周围地点的存在，形状上库赛湖由1904年的心形缩变为民国初期不规则的三角形（图16-16、图16-17）。《西藏全图》时期库赛湖面积约为189.1平方千米，民国初期库赛湖显著变小，面积约为102.5平方千米（图16-18）。《中国湖泊志》载，库赛湖湖面海拔4 475米，长42.5千米，平均宽5.9千米，湖水面积254.4平方千米。姚晓军等研究揭示，1989年库赛湖面积258.9平方千米，2011年8月面积为290.2平方千米，青藏高原地区降水在近30年的持续增加以及气候变暖导致冰川融水增加致使库赛湖规模呈持续增长态势，尤其是2006年之后湖泊面积快速增大。

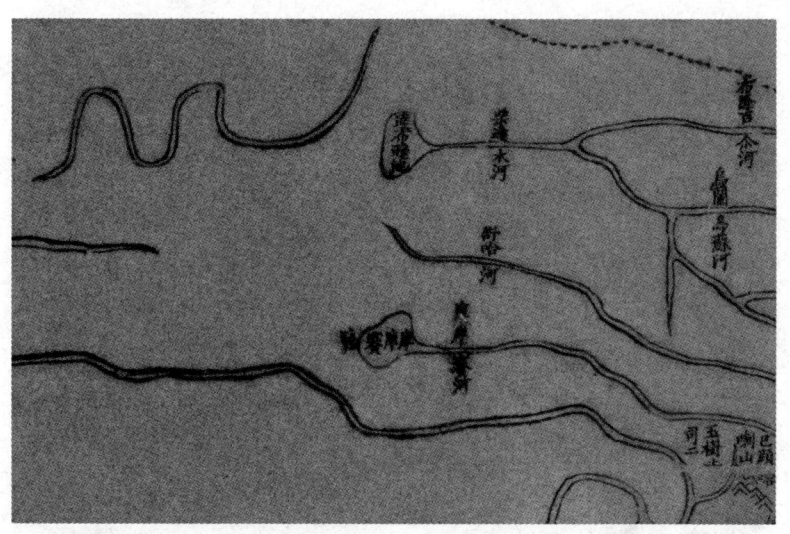

图16-15 《大清一统舆地全图》（青海合图）之库赛湖、达布逊湖

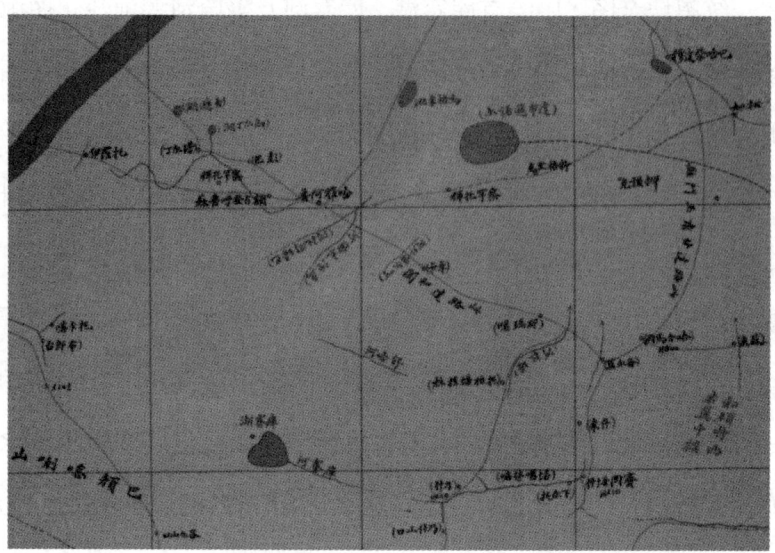

图 16-16 《西藏全图》(1904年)之库赛湖、达布逊湖

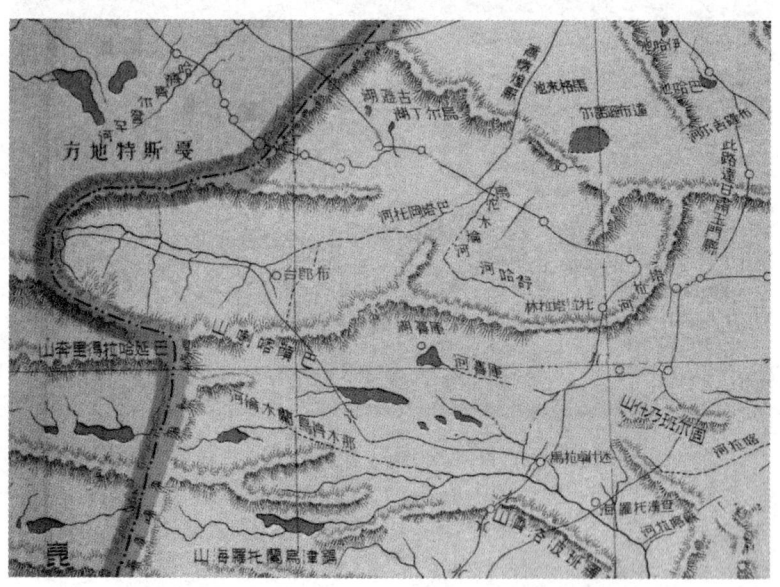

图 16-17 民国六年地图之库赛湖、达布逊湖

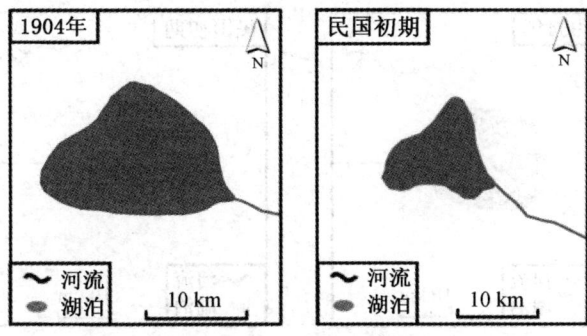

图 16-18　库赛湖不同时期对比

达布逊湖

达布逊湖，"达布逊"蒙古语意为"盐"，即"盐湖"，系察尔汗盐湖留存的时令盐湖，位于青海省中西部格尔木市境。据《中国湖泊志》，达布逊湖与北霍布逊湖、南霍布逊湖、达西湖、协作湖等10个湖泊以及大片干盐滩组成了察尔汗盐湖。达布逊湖为格尔木河尾闾，柴达木盆地最大湖泊，同时也是中国著名的钾盐生产基地。

《大清一统舆地全图》中，达布逊湖位于库赛湖北部，呈南北向狭长形，东部有柴达水河（图16-15）。《西藏全图》中，达布逊湖呈椭圆形，位于库赛湖的东北部，该地图较准确地记载了达布逊湖周围地点和河流的位置（图16-16）。民国初期地图关于达布逊湖的位置和形状记载与1904年的《西藏全图》所描绘的类似（图16-17）。《西藏全图》中达布逊湖面积约为395.4平方千米，民国初期达布逊湖面积显著减小，约为295.9平方千米（图16-19）。

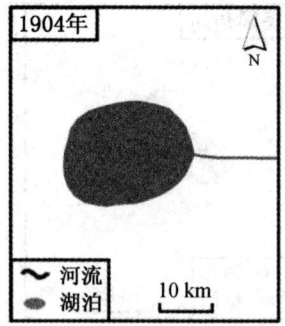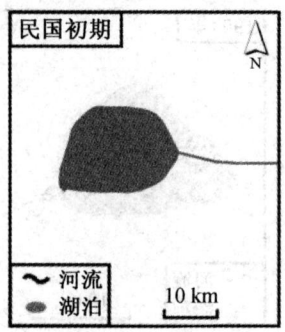

图 16-19 达布逊湖不同时期对比

第十七章 黑龙江省湖泊

小兴凯湖

小兴凯湖，在黑龙江密山市，主要入湖河流有坝子河、承紫河、金银库河和大西地河等，出流注入兴凯湖。《中国湖泊志》载，小兴凯湖又名达巴库湖。小兴凯湖是大兴凯湖退缩过程中，由浪成沙堤封堵而成的一个子湖。

《清一统志·吉林一》描述，达巴库湖"在宁古塔城东南七百里，兴凯湖之北。周围三十里"。民国徐曦《东三省纪略》卷三，"兴凯湖之北有小湖，一曰达巴达库，亦称小兴凯湖，距大兴凯湖约五里。二湖之间，界以地峡，形如麦陇，松柞芦苇生焉。小兴凯湖东西长六十里，南北宽十九里，窄处仅六里"。

康熙四十八年（1709年）五月十八日，雷孝思、杜德美、费隐开始测量东北地区地图，至康熙四十九年（1710年）年底共测绘有《盛京全图》《乌苏里江图》《黑龙江口图》《热河图》等图。《乌苏里江图》（图17-1）中"新开湖"三字清晰可见，其北部湖泊未标湖名，应是小兴凯湖。美国国会图书馆馆藏吉林图中小兴凯湖标注为达巴库湖，湖泊东侧与松阿察河相通。图中海岸及河流用绿色勾勒，松花江、绥芬河、鸭绿江、嫩江等几条大河及其支流绘制详细，均注明水名。尤以松花江最为宽阔、绿色最深。唯黑龙江用墨色表示。民国初期的吉林省地图中小兴凯湖标注为小湖（图17-2）。

从历代地图来看（图17-3），小兴凯湖呈拉长趋势。康熙年间地图显示小兴凯湖湖泊面积约220.6平方千米。1800年吉林地图显示小兴凯湖与松阿察河相连，小兴凯湖面积有可能比康熙年间还要大。民国早期地图揭示，小兴凯湖面积开始减少，约252.1平方千米。《中国湖泊志》载，小兴凯湖水位70.2米，长34千米，最大宽5.5千米，平均宽4千米，面积136平方千米。康熙以来小兴凯湖存在一个扩大再缩小的过程。

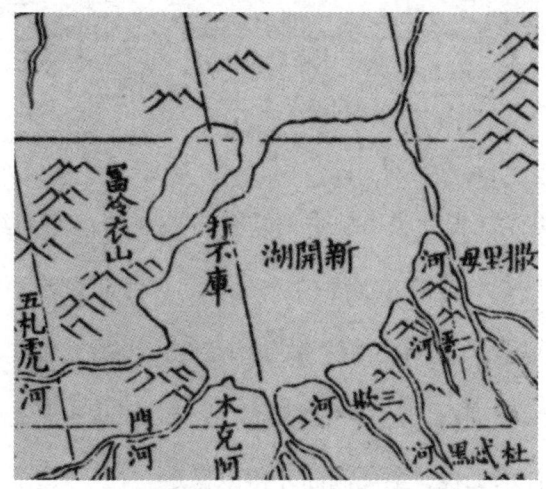

图 17-1 《康熙皇舆全览图》(乌苏里江)之小兴凯湖、兴凯湖

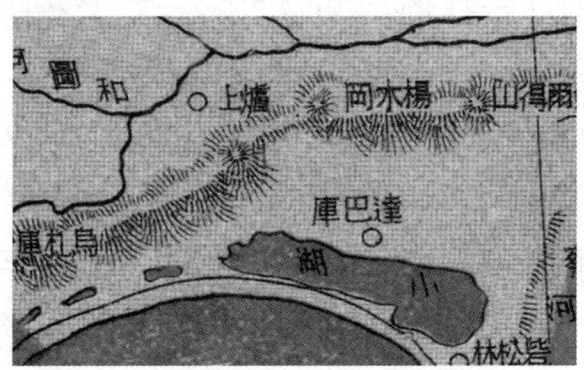

图 17-2 民国六年吉林省地图之小兴凯湖

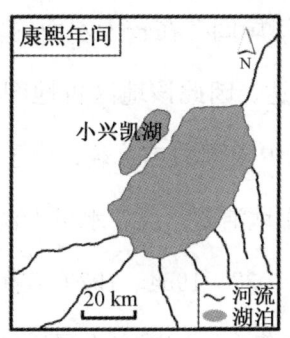

图 17-3 小兴凯湖不同时期对比

连环湖

连环湖，位于黑龙江省大庆市杜尔伯特蒙古族自治县西南约 21 千米处，是松嫩平原上的一个大型浅水湖泊，水面由哈布塔泡、西葫芦泡、火烧黑泡、阿木塔泡、他拉红泡、二八股泡、铁哈拉泡、敖包泡等 18 个湖泊组成。1959 年于嫩江支流托力河口开挖八一幸福河，1970 年兴修中部引嫩工程，开挖引水渠和输水总干渠，1980 年开通了补水工程，至此湖面才得以稳定。

《中国湖泊志》载，连环湖以河沟相连形似连环而得名，又名泰康野泡群。据《乌裕尔河流域的历史与文化以北安市为中心》一文，乾隆年间的乌裕尔河，在《大清一统舆图》中被标注为"胡羽尔毕拉"和"乌羽尔鄂谟"，这条河流在地图上显示发源于小兴安岭西麓的胡羽尔色钦，流入温托珲鄂谟和察汗鄂谟的沼泽湿地就消失了。清代的察汗鄂谟与温托昏鄂谟就是今天扎龙自然保护区和杜尔伯特附近的连环湖。据清代《钦定满洲源流考》，齐齐哈尔西南百三十里有温托珲鄂谟。据清代《盛京通志》载"城南曰察罕鄂谟，西南曰温托珲鄂谟，北曰乌裕尔鄂谟"。"鄂谟"即"泡子"的意思。

康熙年间地图（图 17-4）以及民国六年地图（图 17-5）均揭示了连环湖的存在，1864 年内外蒙古地图则揭示了乌裕尔河尾闾存在较大水面的现象。由于乌裕尔河下游沼泽密布，历史时期人类难以到达，因此该地区古地图的准确性难以把控，在地图上表现出相对简洁的特征。《中国湖泊志》载，由于乌裕尔河中下游沼泽湿地广袤，入湖水源大部被上述沼泽湿地滞蓄，入湖水量无法保证，湖面时涸时现，干湖现象在历史上曾多次出现，如 1937、1954、1979 年就出现三次干湖现象，均造成严重旱灾；若遇多雨年份，降水集中，流域来水漫溢又无法外泄，则使一些低洼地一片汪洋，湖面迅速扩大而形成涝灾。由于水利工程的实施，湖泊总面积由 20 世纪 70 年代的 358.9 平方千米，扩至 556.08 平方千米。

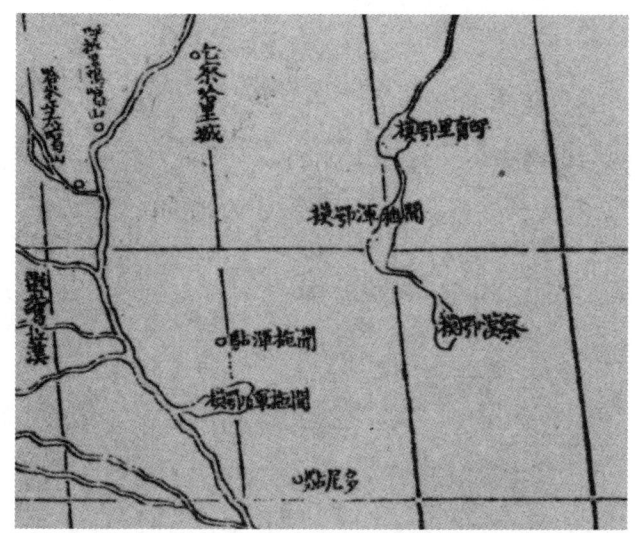

图 17-4 《康熙皇舆全览图》（黑龙江中）之连环湖诸湖

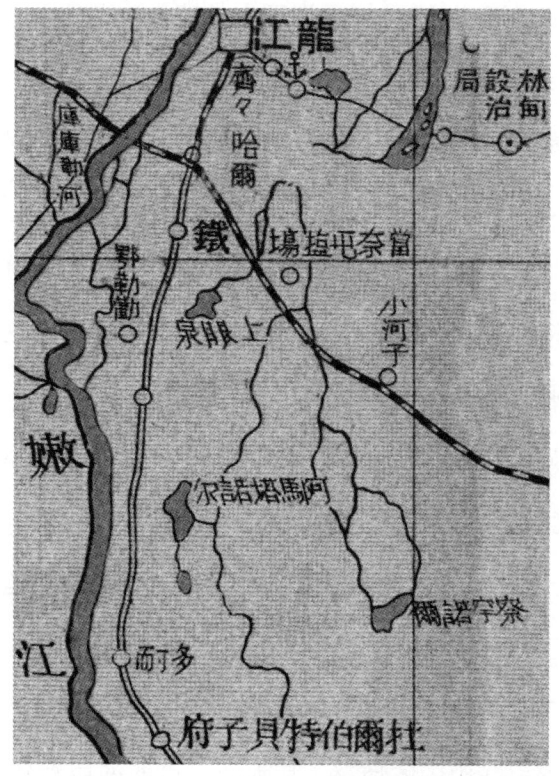

图 17-5 民国六年黑龙江省地图之连环湖诸湖

镜泊湖

镜泊湖,中国面积最大的熔岩堰塞湖,在宁安县,牡丹江上游,张广才岭与老爷岭之间的崇山峻岭之中。湖水主要依赖地表径流和湖面降水补给,入湖大小河流30余条。水量主要以夏秋两季降雨径流补给为主,其中6—9月为主要径流补给时期,常有大到暴雨。

《中国湖泊志》载,镜泊湖古称湄沱湖、阿卜湖、呼尔海金、忽汗海和毕尔腾湖,唐永徽二年(651年)称阿卜湖,又称阿卜隆湖,后改称呼尔海金,唐开元六年(718年)称忽汗海,明始称镜泊湖,清朝称毕尔腾湖,今称镜泊湖。刘晓东所著《渤海国湄沱湖考》提及,湄沱湖之位置,史书缺乏明确记载,《宁安县志》认为是今之镜泊湖,而《海东绎史》《渤海国志长编》认为是今之兴凯湖,刘晓东认定唐时湄沱湖即今之镜泊湖。后孙正甲撰文《镜泊湖即湄沱湖说置疑》,重申湄沱湖非镜泊湖,而是兴凯湖。关于镜泊湖名称演变的看法,存在分歧和争议,主要集中在两点:一是唐代湄沱湖是今之镜泊湖还是兴凯湖?二是明代镜泊湖是清代的毕尔腾湖,还是兴凯湖?张连伟通过求证相关史料,认为今之镜泊湖,唐时称忽汗海,又称湄沱湖,金代称为阿卜萨湖,明代始有镜泊湖之名,清代又称毕尔腾湖、比尔特恩、阿卜湖等。

康熙年间地图显示镜泊湖湖中有群山(图17-6),湖泊面积较大,约182.5平方千米。由于镜泊湖在崇山峻岭之中,古人测算时可能误差较大,导致湖泊面积偏大。美国国会图书馆馆藏吉林图显示,镜泊湖形状如兽类,可能做了形象化处理,导致湖泊面积与实际大小偏差较大。民国早期地图镜泊湖名字显示为"必尔滕湖"(图17-7),湖泊面积约157.1平方千米。根据现代湖泊流域地形,尤其是镜泊湖北部被狭束在山中的情况,其水面不可能如康熙年间地图所显示的形状。因此，早期的地图，如康熙年间、民国前期地图中其湖泊面积偏大。《中国湖泊志》载，镜泊湖水位350米时长41千米，最大宽4.85千米，平均宽2.23千米，面积91.5平方千米。综合来看，康熙以来镜泊湖的面积可能变化较小。

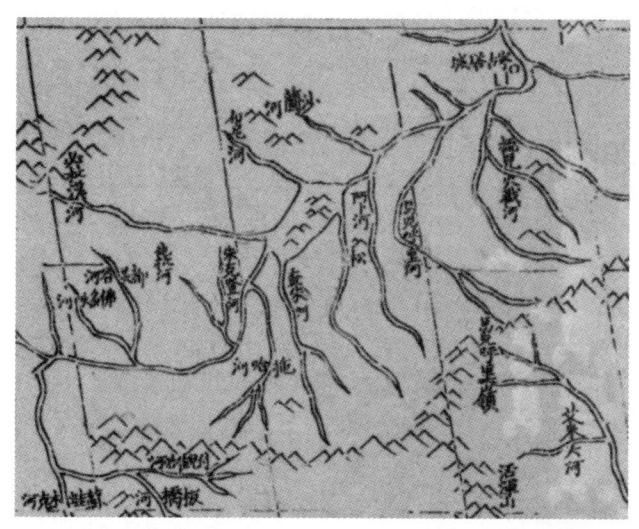

图 17-6　《康熙皇舆全览图》（盛京）之镜泊湖

图 17-7　民国六年吉林省地图之镜泊湖

第十八章 吉林省湖泊

波罗泡

《中国湖泊志》载,波罗泡在吉林省农安县三盛玉镇南约 10 千米,系岗间洼地积水成湖。湖水依赖湖面降水和坡面漫流补给,入湖溪流 2 条,长 5 千米,属闭流类微咸水湖。《吉林波罗湖自然保护区志》载,笸箩泡子因其地形相似大笸箩而得名,随着时代演变,又被叫作波罗泡子。

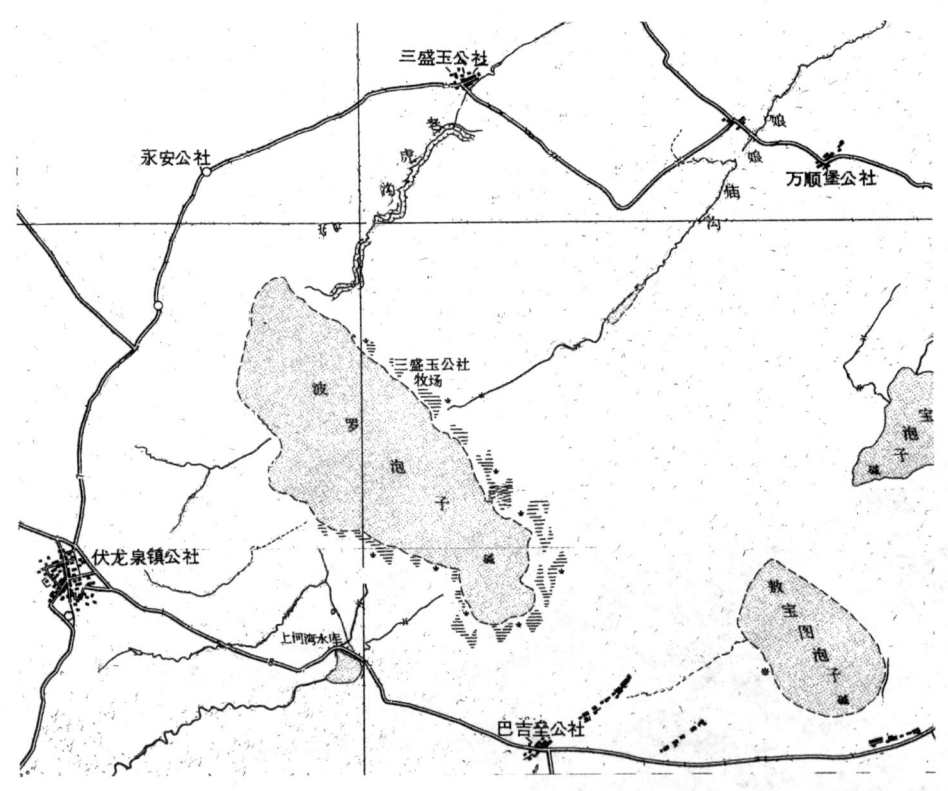

图 18-1　20 世纪 60 年代末地形图(伏龙泉镇公社)之波罗泡

民国六年吉林省地图以及丁文江等申报六十周年纪念的中国分省新图第四版(1939)的吉林省地图均未发现波罗泡。《吉林波罗湖自然保护区志》载,民国时期泡长 25 千米,宽 7.5 千米,水面面积 187.5 平方千米。新中国成立之初,为开发利用水面资源，人工疏通 16 条自然沟渠，使集水面积扩大到 1 297.5 平方千米。1962 年，泡塘干涸。20 世纪 60 年代末地形图揭示湖泊面积约 50.6 平方千米（图 18-1）。1970、1971 两年自然降水，水面近 100 平方千米。1980 到 1982 年的三年干涸。1983 年起"引松济波"即引松花江水至波罗泡子。《中国湖泊志》载，波罗泡水位 190 米，长 14 千米，最大宽 7.3 千米，平均宽 5 千米，面积 70 平方千米。2000 年后，波罗泡子称为波罗湖。1998 年至 2001 年连续四年干旱少雨，湖泊干涸。有水则湖，无水则涸，波罗泡的变化与降雨多寡以及人为引水关系密切。

月亮泡

月亮泡，位于吉林省大安、镇赉之间，濒嫩江右岸，是经洮儿河迂回摆动和变迁形成的季节性河成洼地湖。1974 年兴建控制工程，1976 年完工并投入运行，因工程未达标准，1977 年遭洪水破坏，1978 年再次加固，并同时兴建哈尔金泄水闸等工程。

《中国湖泊志》载，月亮泡又名运粮泡、塔尔浑泡。清末《黑龙江全界地图》载，大赉县西北有月亮泡。据《辽金时期的月亮泡与渔猎文化传承》一文，民国二年（1913 年）于英旋编纂的《大赉县志略》记载"城北偏东相距八十里有最大之塔尔浑湖，土名月亮泡，亦名运粮泡"。

康熙年间地图显示（图 18-2），托罗河（洮儿河）流入他拉运鄂模（今月亮泡和他拉红泡所在地）。民国六年地图显示今月亮泡所在位置标记为军粮泡（图 18-3），洮儿河入流进入军粮泡，湖泊的东部有河流与嫩江相连，洮儿河入流进入军粮泊。民国早期地图揭示月亮泡面积约116.7平方千米（图18-4）。《中国湖泊志》载，水位131米，长25千米，最大宽11.1千米，平均宽8.2千米，面积206平方千米。可见人工干预后，月亮泡的面积进一步扩大。

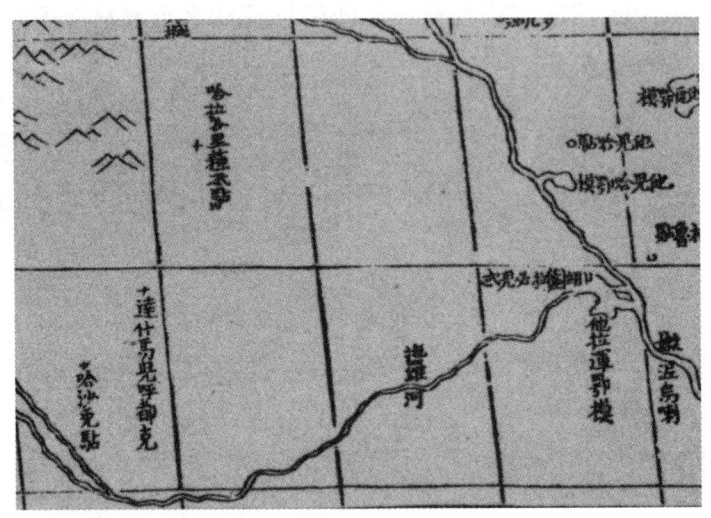

图18-2 《康熙皇舆全览图》（黑龙江中）之洮儿河

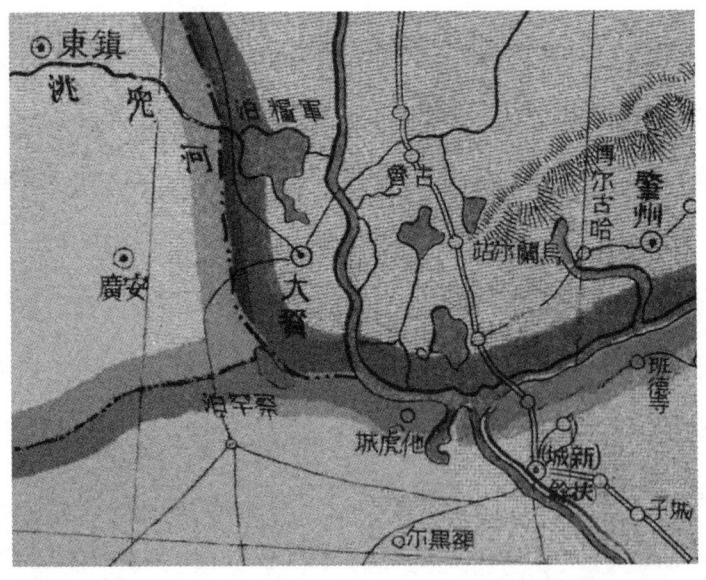

图18-3 民国六年吉林省地图之月亮泡、查干湖等湖

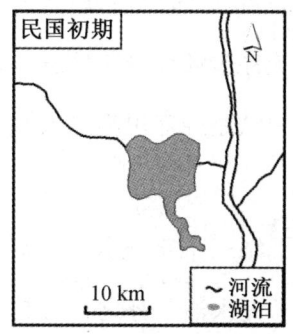

图 18-4　民国初期地图中月亮泡数字化

查干湖

查干湖，位于吉林省前郭尔罗斯蒙古族自治县西北。辛甸泡位于查干湖北侧，原属低湿草地，附近村民的牧场。1982年，辛甸泡苇场进行引水，将草场改造成苇源。1984年，"引松工程"后又与查干湖紧紧相连不可分割，面积100平方千米。库里泡位于查干湖东6千米处。库里泡东临嫩江，日常靠提取嫩江水维持。汛期，霍林河、洮儿河洪水进入查干湖，水位超过130米时，通过十家子溢流堰以及粮店间泄水，查干湖水流经库里泡后进入嫩江。

历史上的查干湖属于洮儿河和霍林河下端的间歇性湖泊，水源主要靠洮儿河、霍林河发大水时供给，因此十年九旱。洮儿河是嫩江右岸最大支流，源出内蒙古大兴安岭阿尔山东南麓高岳山，东南流经科右前旗洮南市、镇赉县，在大安市北部注入月亮泡，再流入嫩江。涨洪时洪水充塞河道，进入平原，河道增宽，河水出槽，汪洋一片，洮儿河与霍林河相连进入查干湖。霍林河是嫩江右岸最下游的一条支流，属间歇性河流。霍林河发源于内蒙古自治区扎鲁特旗大兴安岭山脉后福特勒罕山北麓，洪水泛滥时流经吉林省通榆县后分为南北两股，分别穿过平齐铁路到大安后又合二为一，之后水流穿过通让铁路桥进入查干湖，当湖水面增大水量增多时，溢出湖面的水流穿过长白铁路经库里泡进入嫩江。霍林河断流始于1962年左右。

《查干湖渔场志》载，查干湖三个字属蒙汉两种语言的结合体。北宋曾公亮在其主编的《武经总要》中以"大水泊"呼之，言其"周围三百里"，是"鸭雁生育之处"。明嘉靖二十六年（1547年）科尔沁举部东迁，成吉思汗仲弟哈萨尔第十四世孙奎蒙克塔斯哈喇之孙乌巴什率部占据了以松嫩两江汇合处为中心的辽阔草原，重建由孛儿只斤氏统领的郭尔罗斯部。查干湖也从此才正式由郭尔罗斯认定，名为"拜布尔察罕大泊"或查干淖尔。清末开始称之查干泡。《中国湖泊志》载，查干湖又名旱河、大水泊。

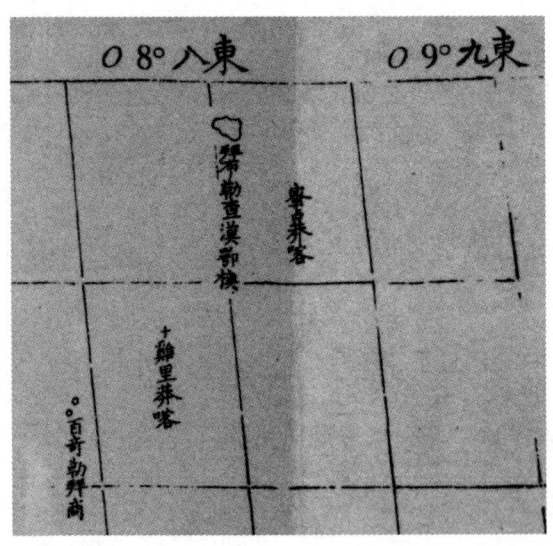

图 18-5 《康熙皇舆全览图》（热河）之查干湖

康熙年间地图有关查干湖的信息颇为简单（图18-5），仅有一个较小的湖泊形状，其名为拜布勒查漠鄂模，周边不见水系。民国六年地图（图18-6）显示该时期查干湖远小于月亮泡。20世纪70年代以来，多年干旱少雨和霍林河上游修建水库，使霍林河入湖水量锐减，湖泊几度出现干涸，成为时令湖，至1974年后查干湖终于完全干涸消亡。1983年当地有关部门，修引松渠道，1984年引松工程完成后，入湖水量始有保证并使该湖重新复活，1988年又兴建十家子溢流堰，查干湖始成为平原水库型湖泊。《中国湖泊志》载，水位130米，长35千米，最大宽12.6千米，平均宽9.9千米，面积347.4平方千米。可见查干湖在民国以前湖泊面积较小，20世纪70年代中期干涸，人为引水才使得查干湖重新焕发生机。

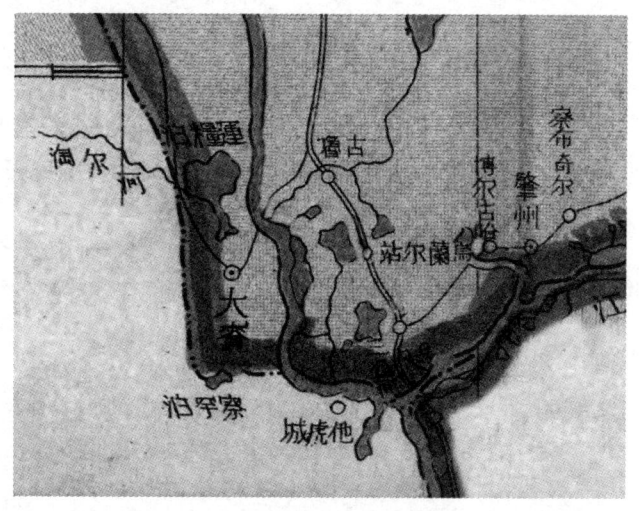

图18-6 民国六年黑龙江省地图之查干湖诸湖

参考文献

阿依努尔·买买提,玉米提·哈力克,阿依加马力·克然木,宋泽亮(2017).博斯腾湖面积变化遥感监测及其驱动因素分析.新疆农业科学 54(4):766-774.

安徽省地方志编纂委员会(1999).安徽省志:自然环境志,方志出版社.

安庆市地方志编纂委员会(1983).安庆市志,方志出版社.

安新县地方志编纂委员会(2000).安新县志,新华出版社.

毕琼,李孝聪(2005).彩绘《吉林图》.地图(002):22-24.

《查干湖渔场志》编纂委员会(2010).查干湖渔场志:1960—2009,吉林大学出版社.

曹竟成(1987).古今高邮湖.治淮:43.

常全旺(2011).明清时期大陆泽、宁晋泊湖区垦殖情况及影响.邢台学院学报 26(1):8-10.

巢湖市地方志编著委员会(1989).巢湖志,黄山书社.

陈克造,黄第藩,梁狄刚(1964).青海湖的形成和发展.地理学报(3):34-53.

陈满荣,胡荣清(2012).黄河源头扎陵湖鄂陵湖地名谈.中国地名(4):34-35.

陈萍(2004).洪湖近 1300 年来的环境演变研究,中国科学院研究生院(测量与地球物理研究所).

陈曦(2006).以江陵县为例看宋元明清时期荆北平原的水系变迁——以方志为中心的考察.中国地方志(9):51-56.

陈钰,刘兴起(2016).青藏高原可可西里库赛湖年纹层石英颗粒表面形态特征研究.湖泊科学 28(5):1123-1133.

仇国华(2014).新编东钱湖志,宁波出版社.

崔乾(2014).明清以来嘉丽泽湖泊演变研究(1472—1980),复旦大学.

崔乾,杨煜达(2017).历史时期高原浅水湖泊变迁的复原方法研究——以明清以来嘉丽泽演变为例.云南大学学报(社会科学版)16(4):71-79.

当涂县志编纂委员会(1996).当涂县志,中华书局.

窦鸿身,马武华,张圣照,邓家璜(1988).太湖流域围湖利用的动态变化及其对环境的影响.环境科学学报8(1):1-9.

段毅,夏嘉,何金先,张晓丽,徐丽,吴保祥(2011).茶卡盐湖沉积物和周围地区植物中正构烷烃及其氢同位素组成特征.地质学报85(12):2084-2092.

方国瑜(1979).滇池水域的变迁.思想战线(1):33-38.

房建昌(1996).历史上柴达木的盐业.柴达木开发研究(1):57-60.

冯学武(1994).岱海湖变迁的分析探讨.内蒙古水利(1):55-56.

冯钟葵,李晓辉(2006).青海湖近20年水域变化及湖岸演变遥感监测研究.古地理学报8(1):131-141.

高淳县地方志编纂委员会(1988).高淳县志,江苏古籍出版社.

何华春,丁海燕,张振克,施晓冬,李书恒,毛龙江(2005).淮河中下游洪泽湖湖泊沉积物粒度特征及其沉积环境意义.地理科学25(5):590-596.

何慧(2007).巢湖东部古河道遥感信息提取及水系变迁研究,安徽师范大学.

河北省水文水资源勘测局(2016).河北省水文志,河北人民出版社.

洪湖市地方志编纂委员会(1992).洪湖县志,武汉大学出版社.

胡方佳,徐洁(2013).寻觅古硕项湖.中国地名(10):52-53.

《湖北省湖泊志》编纂委员会(2014).湖北省湖泊志,湖北科学技术出版社.

湖南省国土资源厅编著(2011).洞庭湖历史变迁地图集,湖南地图出版社.

霍邱县地方志编纂委员会(1992).霍邱县志,中国广播电视出版社.

季祥猛(2014).洪泽湖水志考略.淮阴工学院学报23(6):1-6.

贾铁飞,戴雪荣,张卫国,俞立中(2006).全新世巢湖沉积记录及其环境变化意义.地理科学

26(6):706-711.

江苏省地方志编纂委员会(1999).江苏省志·地理志,江苏古籍出版社.

江西省地质矿产局(1984).江西省区域地质志,地质出版社.

姜加虎,窦鸿身,苏守德(2009).江淮中下游淡水湖群,长江出版社.

郎溪县地方志纂委员会(1998).郎溪县志,方志出版社.

李玲(2002).江汉平原四湖地区河湖环境与人类活动系统研究,中国科学院研究生院(测量与地球物理研究所).

李欣泽(2015).马湖滑坡群发育特征与形成、演化过程研究,成都理工大学.

溧水县地方志编纂委员会(1992).溧水县志,江苏人民出版社.

梁匡一(1987).遥感影像上的罗布泊及其变迁.遥感学报(4):47-57.

廖高明(1992).高邮湖的形成和发展.地理学报47(2):139-145.

凌申(2003).全新世以来硕项湖地区的海陆演变.海洋通报(4):48-54.

刘军,李灿(2018).淀山湖往事.江苏地方志(2):31-34.

刘瑞霞,刘玉洁,郑照军,黄彦彬(2006).博斯腾湖面积定量遥感.应用气象学报17(1):102-108.

刘晓东(1985).渤海国湄沱湖考.北方文物(2):51-52.

刘耀先,曲耀光(1984).新疆博斯腾湖的改造和利用.干旱区地理(4):23-35.

吕健(2002).大纵湖.风景名胜(5):86-88.

马道典,张莉萍,王前进,曾庆江,姜逢清,王亚俊,胡汝骥(2003).暖湿气候对赛里木湖的影响.冰川冻土25(2):219-223.

马同军(2012).明清时期山东运河沿线湖泊变迁及相关历史地理问题研究,暨南大学.

米学芹,周怀宇(2009).巢湖生态历史变迁考论.安徽农业科学37(5):2313-2315.

牧寒(2003).内蒙古湖泊,内蒙古人民出版社.

南陵县地方志编纂委员会(2007).南陵县志,黄山书社.

宁国县地方志编纂委员会(1997).宁国县志,生活·读书·新知三联书店.

宁河县地方史志编修委员会(1991).宁河县志,天津社会科学院出版社.

潘凤英(1989). 历史时期射阳湖的变迁及其成因探讨. 湖泊科学 1(1):45-51.

彭艳芬(2012). 白洋淀历史与文化,河北大学出版社.

秦磊.(2012). 天津七里海古潟湖湿地环境演变研究. 湿地科学 10(2):181-187.

山东省东平县志编纂委员会(1989). 东平县志,山东人民出版社.

山东省黄河位山工程局东平湖志编纂委员会(1993). 东平湖志,山东大学出版社.

山东省寿光县地方史志编纂委员会.(1992). 寿光县志,中国大百科全书出版社上海分社.

山东省微山县地方史志编纂委员会(1997). 微山县志,山东人民出版社.

沈芳,匡定波(2003). 青海湖最近25年变化的遥感调查与研究. 湖泊科学 15(4):3-10.

沈吉,张祖陆,杨丽原,孙庆义(2008). 南四湖——环境与资源研究,地震出版社.

石超艺(2007). 15—20世纪大陆泽与宁晋泊演变的影响因素分析. 湖泊科学 19(5):522-529.

石超艺(2007). 明代以来大陆泽与宁晋泊的演变过程. 地理科学 27(3):414-419.

石蕴琮(1996). 黄旗海的演变与发展前景. 地球(3):10-11.

孙博,葛兆帅(2017). 骆马湖历史演变研究. 齐齐哈尔大学学报(哲学社会科学版)4(24):86-91.

孙立梅(2013). 辽金时期的月亮泡与渔猎文化传承. 兰台世界(33):63-64.

孙正甲(1986). 镜泊湖即湄沱湖说置疑. 北方文物(1):104-106.

谭其骧(1982). 中国历史地图集,中国地图出版社

谭其骧,张修桂(1982). 鄱阳湖演变的历史过程. 江西水利科技(2):42-51.

天津市地方志编修委员会(2005). 天津通志·水利志,天津社会科学院出版社.

桐城县地方志编纂委员会编(1984). 桐城县志,黄山书社.

屠清瑛,顾丁锡,尹澄清等(1990). 巢湖——富营养化研究,中国科学技术大学出版社.

王德成(1999). 洪泽县志,中国大百科全书出版社.

王富葆,马春梅,夏训诚,曹琼英,朱青(2008). 罗布泊地区自然环境演变及其对全球变化的响应. 第四纪研究 28(1):150-153.

王建,刘金陵(1996). 太湖16 000年来沉积环境的演变. 古生物学报 35(2):213-222.

王十梅(2016).茶卡盐湖:盐的神话.中国盐业(18):11-13.

王守春,郑滨海,李瑞成,黄艾华(1999).巨淀湖的变迁及其在鲁北地区历史进程中的作用.中国历史地理论丛 3:30-44.

王苏民,窦鸿身(1998).中国湖泊志,科学出版社.

王禹浪(2011).乌裕尔河流域的历史与文化——以北安市为中心.哈尔滨学院学报(7):1-22.

王长松,尹钧科(2014).三角淀的形成与淤废过程研究.中国农史 33(3):104-111.

乌梁素海渔场志编纂委员会(1990).乌梁素海渔场志,内蒙古人民出版社.

芜湖市志编纂委员会(2009).芜湖市志,方志出版社.

吴必虎(1988).黄河夺淮后里下河平原河湖地貌的变迁.扬州师范学报(自然科学版)8(1,2):132-138.

五河县地方志编纂委员会编(1992).五河县志,浙江人民出版社.

武汉地方志编纂委员会(1991).武汉市志·农业志,武汉大学出版社.

夏增民(2017).历史时期武汉沙湖的变迁.历史地理(第三十五辑):46-53.

谢平(2008).翻阅巢湖的历史——蓝藻、富营养化及地质演化,科学出版社.

新疆维吾尔自治区地方志编纂委员会(2007).新疆通志·文物志,新疆人民出版社.

新沂市地方志编纂委员会(1995).新沂县志,江苏科学技术出版社.

宣城县志编纂委员会(1996).宣城县志,方志出版社.

荀德麟(2014).沧海桑田硕项湖.江苏地方志 14(3):29-32.

杨迈里,王云飞(1989).骆马湖的成因与演变.湖泊科学 1(1):37-44.

杨霄,韩昭庆(2018).1717—2011年高宝诸湖的演变过程及其原因分析.地理科学 73(1):129-137.

杨嘉祐(1981).淀山湖的变迁与元李升《淀山送别图》.上海博物馆集刊:120-122.

姚晓军,刘时银,孙美平,郭万钦,张晓(2012).可可西里地区库赛湖变化及湖水外溢成因.地理学报 67(5):689-698.

尤宝良,邓红(2009).东平湖与黄河文化,黄河水利出版社.

尤宝良,武士国(1999).东平湖治理与运用,黄河水利出版社.

于希贤(1999).滇池历史地理初步研究.云南地理环境研究(1):7-15.

喻宗仁,窦素珍,赵培才,刘桂成,张成,裴放(2004).山东东平湖的变迁与黄河改道的关系.古地理学报6(4):469-479.

袁宝印,陈克造,J. M. Bowler,叶素娟(1990).青海湖的形成与演化趋势.第四纪研究(3):233-243.

云南省永胜县志编纂委员会(1989).永胜县志,云南人民出版社.

翟世航(2011).明清时期江汉平原环境变迁研究,华中师范大学.

张铖(2016).明清时期鲁西南地方社会与湖泊变迁,山东大学.

张华艳(2015).近2.5ka来博斯腾湖流域环境演变与人类文明的关系研究,新疆师范大学.

张建青(1998).黄河源头姊妹湖.中学地理教学参考(11):25-26.

张丽娜(2003).莱州湾南岸平原中全新世以来古湖泊与环境演变研究,山东师范大学.

张连伟(2014).关于镜泊湖的两点考辨.东北史地(1):90-93.

张瑞虎(2012).洪泽湖的成因及其水灾治理.农业灾害研究2(3):72-75.

张修桂(1981).洞庭湖演变的历史过程.历史地理(1):100-104.

张修桂(2006).中国历史地貌与古地图研究,社会科学文献出版社.

张修桂(2009).太湖演变的历史过程.中国历史地理论丛24(1):5-12.

张志波,姜凤元(1998).呼伦湖志,内蒙古文化出版社.

张祖陆,沈吉,孙庆义,姜鲁光(2002).南四湖的形成及水环境演变.海洋与湖沼33(3):314-321.

长江水利委员会长江勘测规划设计研究院编著(2007).长江志规划,中国大百科全书出版社.

赵为民,李端璐(2006).江苏南部潟湖成因演化的初步认识.江苏地质30(2):106-111.

郑喜玉(1984).扎仓茶卡盐湖形成条件的初步探讨.地质论评(2):65-70.

中国人民政治协商会议天津市宁河县委员会(2014).七里海文史集(宁河文史资料第11辑).

周建超,吴敬禄,曾海鳌(2016).新疆喀纳斯湖沉积物粒度组分所揭示的环境特征.地球科学与环境学报 38(6):859-868.

周忠伟,谷瑾,马春雨(2013).南四湖历史演变及其现状.山东水利(12):85-87.

朱立平,谢曼平,吴艳红(2010).西藏纳木错1971—2004年湖泊面积变化及其原因的定量分析.科学通报 55(18):1789-1798.

朱兴华(1998).洪泽湖成湖历史及演变过程.江苏水利 8(22):47-48.

朱宣清,施德荣,何乃华,许清海,王兴放(1986).白洋淀的兴衰与人类活动的关系.河北省科学院学报(2):26-36.

邹松梅,蒋梦林,唐兴元(1999).江苏南部潟湖成因演化再研究.地质学刊 23(1):30-33.

邹逸麟,张修桂(2013).中国历史自然地理,科学出版社.